Medienkulturen im digitalen Zeitalter

Herausgegeben von
K. Hahn, Salzburg, Österreich
R. Winter, Klagenfurt, Österreich

Fortgeschrittene Medienkulturen im 21. Jahrhundert zeichnen sich dadurch aus, dass alle Kommunikation durch Erfahrungen mit „neuer", digitaler Medientechnologie beeinflusst ist. Es kommt nicht nur zu vielfältigen Transformationen von Praktiken und Identitäten. Überdies entstehen neue Identifikationen und Gebrauchsweisen. Auch die Medien selbst werden verändert, weil Inhalte leichter verfügbar sind, sich Plattformen und Produzenten vervielfältigen und multiple Konvergenzen herausbilden. Die Verknüpfung von traditionellen und neuen Medien führt immer mehr zur Entfaltung komplexer und intensiver Medienkulturen, die unser Leben maßgeblich prägen. Dabei ist Medienkommunikation immer bereits in spezifische Kulturen eingebettet und wird eigensinnig implementiert.

Die Reihe enthält empirische und theoretische Beiträge, die gegenwärtige Medienkulturen als spezifische Facette des sozialen Wandels fokussieren. Die damit verbundenen medialen Transformationen sind gleichzeitig Untersuchungskontext als auch Gegenstand der kritischen Reflexion. Da Medien in fast allen sozialen Situationen präsent sind, gehen wir nicht von einem Gegensatz zwischen Medienkultur und Nicht-Medienkultur aus, sondern eher von einem Kontinuum bzw. einem Spektrum an Veränderungen. Während bisher die Erforschung der medienbasierten Fernkommunikation überwiegt, gibt die Reihe auch der face-to-face oder kopräsenten Kommunikation und Interaktion in Medienkulturen ein Forum. Die Beiträge basieren damit auf Untersuchungskonzeptionen, in deren Zentrum die soziologische Analyse von Medienkulturen steht.

Herausgegeben von

Kornelia Hahn
Universität Salzburg
Österreich

Rainer Winter
Alpen-Adria-Universität Klagenfurt
Österreich

Kornelia Hahn (Hrsg.)

E<3Motion

Intimität in Medienkulturen

Springer VS

Herausgeber
Kornelia Hahn
Universität Salzburg
Österreich

ISBN 978-3-658-02731-5   ISBN 978-3-658-02732-2 (eBook)
DOI 10.1007/978-3-658-02732-2

Die Deutsche Nationalbibliothek verzeichnet diese Publikation in der Deutschen Natio-
nalbibliografie; detaillierte bibliografische Daten sind im Internet über http://dnb.d-nb.de
abrufbar.

Springer VS
© Springer Fachmedien Wiesbaden 2014

Lektorat: Cori Antonia Mackrodt, Katharina Gonsior

Gedruckt auf säurefreiem und chlorfrei gebleichtem Papier

Springer VS ist eine Marke von Springer DE. Springer DE ist Teil der Fachverlagsgruppe
Springer Science+Business Media.
www.springer-vs.de

Inhalt

E<3Motion. Intimität in Medienkulturen

Kornelia Hahn

Die spätestens seit Ende des 20. Jahrhunderts einsetzende, schnelle und weitreichende Diffusion der digitalen Medientechnologie in allen Kommunikationsbereichen hat den – in zeitdiagnostischer Absicht verwandten – Begriff von der „Medienkultur" bzw. den „Medienkulturen" aufgebracht. Damit wird nicht nur ausgedrückt, dass Bedingungen, Formen und Konsequenzen der „neuen" Kommunikation entscheidende Prozesse sozialen Wandels angestoßen haben, sondern auch, dass die Medientechnologie zu einem Fokus der Gesellschaftsanalyse geworden ist. Die damit einhergehende Betonung der Bedeutung von Materiellem, impliziten Zeichencodes oder systemischen Verknüpfungslogiken hat zweifellos viele fruchtbare Ansätze und Theorien zur Beschreibung und Analyse der veränderten Kommunikations- und damit auch Gesellschaftsstrukturen hervorgebracht. Eine weitere Möglichkeit, die Bedeutung der neuen Medientechnologien zu erfassen, stellt der Versuch dar, die Diffusion neuer Medientechnologien *innerhalb* von Wirklichkeitsausschnitten des Sozialen zu beobachten, die auch vor den Zeiten der „neuen Medien" – mindestens soziologisch, aber auch alltagssprachlich – ein *Begriff*, im Sinne eines kulturell sinnvollen Zusammenschlusses von Zeichen, waren. Dieser Untersuchungsmöglichkeit widmen sich die Beiträge dieses Bandes, indem sie Veränderungstendenzen der Sphäre von *Intimität* in Verbindung mit neuen Medientechnologien diskutieren.

Mit dem Bezug auf die Sphäre von Intimität ist jedoch kein beliebiger Wirklichkeitsbereich gewählt, sondern er betrifft sozusagen das „Herzstück" von Medienkulturen, optisch angedeutet durch das Herzsymbol in der Onlinekommunikation: <3. Hinter der spielerischen Optik stehen jedoch Fragen, die auf die sozialen Grenzen der neuen technologisch vermittelten Kommunikation zielen und deshalb fundamental sind. Sowohl im Alltags- als auch im sozialwissenschaftlichen Diskurs wird häufig davon ausgegangen, dass sich intime Beziehungen durch ein spezifisch empfundenes, intensives Erleben oder innere *Bewegtheit* auszeichnen und insofern „emotional" sind. Es sind die in modernen, rationalisierten Gesellschaften vor allem

„anderen" Beziehungsarten, gleichwohl erst die dichotomische Betrachtung zur Schärfung sowohl der rationalen, kalkulierten oder mit innerer Distanz erlebten Beziehungen als auch der als „intim" erlebten beiträgt. Innerhalb dieser kulturellen Vorstellung stehen sinnliche Eindrücke in Kontrast zu einem Vorgang des Analysierens, Studierens oder Berechnens, umgekehrt wird eine solche kognitiv gesteuerte Interpretation nicht leibgebunden erlebt oder konzipiert. In diesem Konzept scheint Intimität als erlebte *Nähe* immer auch mit körperlich-sinnlicher Nähe zu korrespondieren: Individuen, die räumlich entfernt voneinander sind, können keine *intimen* Kontakte eingehen oder keine *intimen* Beziehungen aufrechterhalten. Damit enthalten gerade die neuen Medienkulturen, die durch digitale Medientechnologien geprägt sind, auf den ersten Blick bzw. der Intuition nach, nicht *mehr* Chancen auf intimes Erleben, sondern eher *weniger*, weil in fast allen Lebensbereichen räumlich distanzierte, medialisierte Kommunikation immer mehr Personen als Alternative zur face-to-face Kommunikation zur Verfügung steht.

Diese Ausgangssituation wirft sowohl in alltäglichen als auch in sozialwissenschaftlichen Diskursen neue Fragen in Bezug auf Intimität auf: Kommt es nicht mehr zum Erleben von Intimität angesichts fortschreitender Möglichkeiten zu räumlicher Distanzkommunikation? Verändert sich intimes Erleben, wenn Erfahrungen aus face-to-face vermittelter Kommunikation seltener werden oder an Bedeutung abnehmen? Was bedeutet ein *Wechsel* zwischen online- und offline-Kommunikation für das Erleben intimer Beziehungen? Entwickeln sich neue Intimitätscodes in der digitalisierten Kommunikation? Können intim erlebte Beziehungen zukünftig in formalisierten kommunikativen Settings entstehen und (technologisch vermittelt) gesteuert werden? Stellt sich intimes Erleben ohne „vollständige" körperbasierte Zeicheninterpretation mit allen Sinnen bald vielleicht subjektiv schneller oder intensiver ein? Diese (und andere Fragen) fügen sich in eine seit fast 20 Jahren breit geführte Diskussion ein, die zwei unterscheidbare Argumentationslinien aufweist: Kommt es in spät- oder postmodernen Gesellschaften zu einer *Intimisierung* von vormals öffentlich-unpersönlich verstandener, technologisch vermittelter Kommunikation oder, im Gegenteil, kommt es zu einer *Erosion* von vormals „intimen" Beziehungen, denen durch fortschreitende, technologisch vermittelte Kommunikation die Grundlage entzogen ist? Die erste Argumentationslinie scheint dabei von spezifischen, „intimen" *Inhalten* auszugehen, die durch deren kommunikative Behandlungen in und durch Medien mit Öffentlichkeitscharakter, d. h. potentiell ohne individuell limitierbarem und steuerbarem Adressatenkreis, als solche entwertet werden. Die zweite Argumentationslinie zieht aus anderer Perspektiven die Schlussfolgerung, dass „Intimität" als etwas per se Informelles, nicht formalisiert – *Formen* einer Medientechnologie und eines Mediencodes – unterworfen werden kann. Es erscheint sinnvoll, anhand von vertiefenden Ergebnissen aus thematisch begrenzten, aber varianten (empirischen) Studien zum Verhältnis von Intimität und Medienkommunikation dieser anhaltenden Diskussion um die (Be-)Deutung elektronisch vermittelter Zirkulation digitaler Zeichen in Bezug auf die Beförderung oder Verhinderung von Intimität noch weiter nachzugehen. Mit diesem Ziel sind die in diesem Band versammelten Beiträge eingeladen worden.

Im Folgenden möchte ich dazu einleitend eine *Klassikerinterpretation* versuchen. Die Fruchtbarkeit eines solchen Versuchs liegt nicht auf der Hand, weil die zu den soziologischen Klassikern zählenden Werke Weniges zu technologisch-medialer Kommunikation enthalten, überhaupt nichts zur Kommunikation mit neuen, digitalen Technologien. Dieser auf den ersten Blick missliche Umstand soll jedoch gerade zum Vorteil genutzt werden, da er erlaubt oder besser: dazu zwingt, nicht die technologische Innovation, sondern abstraktere Konzepte gesellschaftlicher Strukturen zu fokussieren. Aus einer solchen Perspektive heraus liegt der Schluss wieder näher, einen Blick auf Georg Simmels formale Soziologie und seine Unterscheidung zwischen Inhalten und Formen von Phänomenen des sozialen Lebens zu werfen. Als „Wechselwirkung" beschreibt Georg Simmel den Prozess, in dem aus einem isolierten Nebeneinander der Individuen bestimmte *Formen* des Miteinanders und Füreinanders werden (*Geselligkeit*[1]). Innerhalb dieser Perspektive der Wechselwirkung verbleibt Simmel nicht bei der Idee von Intimität als individuellem Gefühl[2], sondern bindet sein Konzept zur Intimität in einen *sozialstrukturellen Kontext* ein. Dennoch wird durch diese Perspektive deutlich, wie Intimität als sozialer Sinn von den Individuen ausgehend emergiert. In einem ersten Schritt wird die „intime Beziehung" im Kontext von Simmels formaler Soziologie vorgestellt; in einem zweiten Schritt werden Wandlungsprozesse der Moderne mit der Frage einer Intimisierung verknüpft und in einem dritten und abschließenden Schritt, Simmels zeitdiagnostisches Potential in Bezug auf intime Beziehungen diskutiert.

Wie ist Intimität im Simmel'schen Sinne zu verstehen? In seinen vielfältigen Arbeiten findet sich *kein explizites* Konzept von Intimität, wie es etwa für die *Kreuzung der sozialen Kreise* oder die *Tragödie der Kultur* der Fall ist. Vielmehr durchzieht sich sein gesamtes Werk mit Hinweisen auf Intimität und intime Beziehungen. Für Simmel bildet die Basis der Intimität eine soziale Beziehung, die keine *institutionelle Überformung* erkennen lässt. Die intime Beziehung verbleibt vielmehr in einem „personalen Aufeinander-Angewiesensein"; ihre Bedingung ist, dass man nur das andere Individuum sich gegenübersieht und nicht zugleich

---

1   Im Folgenden werden die Literaturangaben, die sich auf Georg Simmels Schriften beziehen, der besseren Nachvollziehbarkeit halber nicht mit dem Autorennamen, sondern dem jeweiligen Werknamen, abgekürzt.

2   Vergleiche hierzu aber z. B. „Georg Simmel – Emotion und Wechselwirkung in intimen Gruppen" (Nedelmann 1983).

ein objektives, überindividuelles Gebilde (*quantitative Bestimmtheit*, 104f.). Als Gegenbeispiel für eine nicht-intime Beziehung gilt der „Zweckverband": Hier kann die Beziehung seiner Mitglieder darauf beschränkt bleiben, dass sie wissen, den Zweckverband gemeinsam zu bilden (*Geheimnis*, 392). Dagegen basiert die intime Beziehung auf etwas subjektiv Individuellem, das meist nur mit einer Person geteilt wird, und das darüber hinaus das *konstitutive* Merkmal der Beziehung sein muss (*Gesellschaft zu zweien*, 351; *Fremder*, 769). Diese Einbettung von Intimität in Simmels formale Soziologie verweist darauf, dass es, zum einen, keine Unterstellung „intimer Inhalte" oder „intimer Handlungen" per se gibt. So machen nach Simmel keine spezifischen Konfessionen eine Beziehung zu einer intimen; vielmehr kann gerade umgekehrt eine inhaltlich anscheinend „intime Konfession" dem Umstand geschuldet sein, dass gerade keine intime Beziehung oder auch nur Bekanntschaft besteht (*quantitative Bestimmtheit*, 108) – zu Simmels Zeiten typisch etwa bei einer Zugfahrt von zufällig Mitreisenden oder heute zum Beispiel in einem Chat-Room. Dagegen wäre, zum anderen, nach Simmels Auffassung die moderne Paarbeziehung von ihrer exklusiven und individualisierten Anlage her ein guter Nährboden für Intimität. In dieser Beziehungsform liegt jedoch die „Sprengkraft" darin, dass das geteilte und konstitutive Individuelle in den vor Dritten verborgenen Schwächen oder in sachlich vollkommen Irrelevantem liegen kann (*Gesellschaft zu zweien*, 352). Auch an diesem Punkt scheint ein Beispiel aus der neuen Medienkommunikation treffend: Extensiver Austausch von anscheinend banalen SMS ausschließlich zwischen einem Paar, deren intimer Mitteilungscharakter gerade in der Häufigkeit und dem Rhythmus dieses Austausches liegt (und unter Umständen große Irritationen in Form von Deutungsproblemen aufwirft, wenn diese – nicht unbedingt die „Inhalte" der SMS – geändert werden).

Wie alle Beziehungstypen bei Simmel, so kann auch die intime Beziehung generell *formal* in ihrer räumlichen, zeitlichen und quantitativen Bestimmtheit charakterisiert werden. Zu den räumlichen Kategorien zählen die Nähe oder Distanz der Beteiligten, zu den zeitlichen Kategorien Rhythmus und Tempo ihrer Interaktionen, und die Kategorie der Zahl bezieht sich auf die Gruppengröße sowie die Relation dieser Gruppe zu der sie umgebenden größeren Gruppe. Diese drei Bestimmungsfaktoren können in ihren subjektiven und objektiven Komponenten unterschieden werden. Während die Kategorie der Zahl der Gruppenmitglieder die objektivste darstellt, ist die Kategorie des Raumes insofern rein subjektiv, da Distanz sich nicht auf eine physikalische Maßeinheit bezieht, sondern auf die Gliederung, die – wie Simmel sagt – „von der Seele aus" (*Raum/ Ordnung*, 688) vorgenommen wird. Die Kategorie der Zeit liegt in gewisser Weise dazwischen, da hier objektive Faktoren wie der Wechsel von Moden mit subjektiven Faktoren wie dem *Empfinden* von Schnelllebigkeit korrespondieren. In allen Fällen sind die Ausprägungen der Kategorien als *Graduierungen* aufzufassen. Das heißt, der Raum gliedert sich in Form eines *Kontinuums* zwischen sozialer Distanz und Nähe, die Zeit wird als *relatives* Tempo zwischen „schnell" und „langsam" erlebt und jede soziale Beziehung wird durch die *Anzahl* der Beteiligten (mit)bestimmt. Simmels Anmerkungen zur Intimität lassen sich anhand dieser formalen Kategorien zusammenfassen: In Bezug auf die Kategorie der Zahl ist festzustellen, dass das Phänomen der Intimität nicht notwendigerweise auf Beziehungen zwischen zwei Personen beschränkt ist. Jedoch kann innerhalb einer Zweierbeziehung, der Dyade[3], am ehesten das Prinzip der Absenz eines überindividuellen Ganzen realisiert werden, da die Zweierbeziehung stets vom Wissen um ihr definitives Ende durch den möglichen „Ausfall" einer der Beiden begleitet ist (*Gesellschaft zu zweien*, 349). Die Dyade ist durch diese wechselseitige Abhängigkeit vor allem *zeitlich* strukturiert; ihr Rhythmus wird durch die *Häufigkeit* der Begegnungen markiert[4]. Simmel weist darauf hin, dass gerade die intime Beziehung Pausen und Distanzen einschließen muss (*Geheimnis*, 391)[5], ein Sachverhalt, der gerade durch eine medienvermittelte Kommunikation im Gegensatz zur face-to-face Situation durch varianteres turn-taking gut herstellbar ist. Das Tempo der intimen Beziehung wird dagegen durch die *allmähliche*, wechselseitige Offenbarung als schrittweise Informationsvergabe bestimmt. Es kann nach Simmel nicht beschleunigt werden[6], da seelische Nähe – im Gegensatz zu körperlicher Nähe – sich (langsam) entwickelt (*Raum/ Ordnung*, 743). Mit *gesteigerter Vorstellungskraft*, einem objektiven Faktum, das Simmel in der Kultur der Moderne als ausgeprägt ansieht, entsteht darüber hinaus subjektive Nähe als „seelisch erzeugte" Tatsache (*Raum/ Ordnung*, 743) – gerade unabhängig von der physikalischen Distanz der Personen. Und so erklärt Simmel überhaupt diese *erlebte* Nähe zum formalen Träger des intimen Verhältnisses (*Geheimnis*, 391). Diese erlebte Nähe kann als Produkt einer räumlich empfundenen Vorstellungskraft und ihrer subjektiven zeitlichen Dauer in Abhängigkeit zur *Intensität* der Sinneseindrücke interpretiert werden

---

3 Das als Herzsymbols <3 der Onlinekommunikation eingeführte Zeichen kann insofern auch Simmels Dyade, die Gesellschaft zu zweien, formal symbolisieren.

4 Simmel formuliert: „Der Charakter von Vergesellschaftungen wird in hohem Maße dadurch formal bestimmt, wie oft ihre Mitglieder zusammenkommen." (*Raum/ Ordnung*, 763)

5 Darüber hinaus gibt es auch noch das „für die Soziologie des intimen Verhältnisses höchst wichtigen Problemgebiete(s), ob das Maximum von Gemeinsamkeitswerten … erreicht werde, (wenn) … die Persönlichkeiten ihr Fürsichsein … gänzlich aufgeben … oder gerade durch ein Zurückbehalten" (*Geheimnis*, 402).

6 Vielmehr kann es vorkommen, dass „die Plötzlichkeit der körperlichen oder dauernden Nähe uns über die Langsamkeit, mit der die seelische ihr nachwächst, hinweg getäuscht hat" (*Raum/ Ordnung*, 743).

(worauf noch einmal zurückzukommen ist). Damit lässt sich nun fragen, ob und wie intime Beziehungen in Strukturen der Moderne eingebettet sind. Die Beantwortung dieser Frage in Anlehnung an Simmels räumliche, zeitliche und quantitative Bestimmtheit von Beziehungen soll erst nach einem kontrastiven Blick auf jüngere Konzepte von Intimität erfolgen. Zunächst lässt sich feststellen, dass Intimität in der soziologischen Theorie der Moderne keine große Rolle spielt. Wenn sozialstrukturelle Veränderungen mit kulturellen Wandlungsprozessen der Lebens- und Befindlichkeitslagen verbunden werden, stehen Phänomene wie Rationalisierung, Anonymisierung, Individualisierung oder Beschleunigung an erster Stelle. Dagegen ist in der Soziologie selten von zunehmender oder abnehmender Intimisierung als *zentralem* Kennzeichen der modernen Gesellschaft die Rede. Hiervon ist unbenommen, dass sich in bestimmten Zusammenhängen wie zum Beispiel der Ausdifferenzierung von Privat- und Öffentlichkeitssphäre, der Innerlichkeit in Romantik und Empfindsamkeit oder der Bildung moderner Personalstrukturen im Sinne Norbert Elias', Anknüpfungspunkte zum Phänomen und Begriff der Intimität finden lassen. Einige der wenigen, jedoch jeweils mit durchaus großer Aufmerksamkeit bedachten Arbeiten, die der *expliziten* Untersuchung von Intimität gewidmet sind, sollen hier angesprochen werden. In den Siebziger-, Achtziger- und Neunzigerjahren des letzten Jahrhunderts sind mit – chronologisch – Richard Sennetts: *Tyrannei der Intimität* (1986/1974), Niklas Luhmanns: *Codierung von Intimität* (1982) und Anthony Giddens: *Wandel der Intimität* (1996/1992) drei Werke vorgelegt worden, die ebenfalls die Analyse von Intimität an den gesellschaftlichen Wandel knüpfen. Auch interdisziplinär sind diese drei Werke Standardliteratur geblieben, wenn es um Intimitätsforschung geht. Generell lässt sich feststellen, dass sie im Vergleich zu den Arbeiten von Georg Simmel viele Parallelen zeigen. Es bleiben in den neueren Werken aber auch Desiderata im Vergleich zu Simmel, ohne mit diesem Urteil ihren Stellenwert für zahlreiche wissenschaftliche Diskurse schmälern zu wollen.

Richard Sennetts kulturkritische Analyse diagnostiziert einen grundlegenden Wandel in der *Organisation* des modernen Lebens. Dieser führt zu einer abnehmenden kollektiven Fähigkeit, strategische oder „verdeckende" Rollen zu spielen, bei gleichzeitiger Konzentration auf die individuelle Persönlichkeit. Nach Sennett wird dadurch die öffentliche nicht mehr von der *intimen* Interaktion abgegrenzt, sondern das ehemals „intime" Rollenspiel wird auf öffentliche Sphären übertragen, die nun ihrer positiven Funktion für die Geselligkeit beraubt werden. Ein Anknüpfungspunkt an Simmels Konzeption besteht darin, dass Simmel „Intimität" ebenfalls in Verbindung mit positiven *und* negativen Auswirkungen diskutiert. Darüber hinaus werden bei Simmel intime Beziehungen auch mit einem spezifischen Rollenspiel verbunden, wenngleich ex negativo: Intimität entsteht hier ja gerade dann, wenn die Beziehung sich *nicht* auf ein institutionalisiertes Rollenmuster stützt. Ein solches stellt jedoch auch der von Sennett herausgearbeitete „veröffentlichte Innerlichkeitsdiskurs" dar, der für ihn zum Ausweis der neuen Intimisierung wird. Das bedeutet, dass Intimität hier nur *inhaltlich*, und nicht *formal*, bestimmt wird. Die Deutung der von Sennett ansonsten treffend beobachteten historisch-empirischen Phänomene ist in ihrer Interpretation des Umschlags von einem unpersönlichen zu einem intimen Rollenspiel zu absolut. Eine differenzierte Analyse der *graduellen* Veränderungen der ehemals typischen „unpersönlichen" oder „intimen" Rollen erscheint gerade im Hinblick auf aktuelle Phänomene in Medienkulturen, wie etwa offene Diskurse relativ anonym bleibender Autorinnen und Adressaten, fruchtbarer.

Innerhalb Niklas Luhmanns systemtheoretischer Untersuchung von „Intimität" bietet die *Codierung* von Intimität eine Lösung für das paradoxe Problem, dass die Ausdifferenzierung in der Moderne zu einem individuellen Erleben der Welt führt, aber dennoch Anschlusskommunikation in persönlichen Beziehungen gesichert werden muss. Der hierzu entwickelte semantische Code ermöglicht die wechselseitige Strukturveränderung zweier psychischer Systeme (zwischenmenschliche Interpenetration), die Luhmann als Intimbeziehung kennzeichnet (1982: 14). Damit ist Intimität, wie bei Simmel, eine soziale Beziehungs*form* und nicht Ausdruck eines individuellen Gefühls. Ebenfalls wie bei Simmel ist auch bei Luhmann formuliert, dass sich in der Moderne eine Binarität der Beziehungstypen dergestalt bildet, dass mehr Möglichkeiten zu *unpersönlichen*, aber gleichzeitig auch zu *intensiveren* persönlichen Beziehungen bestehen (1982: 13). Eine letzte Parallele besteht schließlich darin, dass Luhmann Intimbeziehungen zwar als Systemtyp charakterisiert, der dadurch prozessiert, dass der Kommunikation nichts Persönliches entzogen werden darf (1982: 15); er geht aber wie Simmel davon aus, dass „Intimität" als Informationszuwachs stets *graduellen* Charakter hat (1982: 14): Man kann nie *alles* von einer anderen Person wissen. Die Unterscheidung zwischen einer Intimbeziehung und anderen, in der modernen Kultur als intim geltenden Beziehungsformen wie der romantischen Liebe oder dem modernen Eheideal wird dagegen bei Simmel stringenter als bei Luhmann (aber auch bei Sennett und Giddens) durchgehalten. Damit enthält Simmels Konzeption von Intimität eine Analyseleistung, die unabhängig von kulturspezifischen Beziehungsformen genutzt werden (und damit auch noch stärker in Bezug auf Medienkulturen gedeutet werden) kann.

Anthony Giddens Theorie baut auf der Beobachtung einer derzeit stattfindenden Transformation des *Codes* für Intimbeziehungen auf: nicht mehr die möglichst ausgedehnte Kommunikation des persönlichen Erlebens oder gar die unvernünftige Passion stehen im Vordergrund, sondern eine permanente kommunikative Aushandlung der individuellen Beziehungsgrundlage. Damit formiert sich nach Giddens der Typ einer *reinen* Beziehung, die unter egalitären, selbst bestimmten

Individuen eingegangen wird. Diese definieren von beiden akzeptierte, spezifische Rechte und Ansprüche, die Identitäten bewahren und persönliche Autonomie stärken sollen. Dies geschieht in der reinen Beziehung, in dem nicht ein romantisch verklärender, sondern im wechselseitigen Sich-Öffnen, das zur intensiveren Kenntnis und Respektierung voranschreitet, der „verbindliche" Blick aufeinander, oder besser: zueinander, im Mittelpunkt steht. Scheinbar scheint dieser Beziehungstyp eng an Simmel angelehnt zu sein, jedoch sieht Giddens in der reinen Beziehung in erster Linie die politische Idee des demokratischen Zusammenlebens freier Individuen – in trivialisierter Form – verwirklicht. Sein Konzept ist damit eher auf eine Zeitdiagnose von intimen Beziehungen bezogen und bietet weniger *allgemeines* Analysepotential.

Nach diesem Exkurs auf andere Intimitätstheorien zurück zu Simmels Deutung der *Kultur der Moderne*: Beeinflusst durch die rasche Einwohnerzunahme, den Ausbau des Verkehrswesens und das neue Angebot auf vielfältigen Märkten der Konsum- und Unterhaltungsindustrie im Berlin zur vorletzten Jahrhundertwende, schildert und analysiert Simmel vor allem das *Leben in der Großstadt* sehr plastisch. Er kommt dabei zu dem Schluss, dass die mit der Dichte an Menschen möglich, aber auch notwendig gewordenen Differenzierungen im Erwerbsleben und – damit verbunden – den sozialen Kontaktkreisen eine Individualisierung bewirken, die paradoxerweise *keine individuell* gestalteten Beziehungen fördert. Mit dieser Individualisierung, und zwar sowohl als deren Folge als auch Ursache, ist nämlich die Vielfalt des modernen Lebens in einen *formellen* Austauschmechanismus eingebettet, der zur sozialen *Distanzierung* führt. Auch dieser Sachverhalt ist eng mit den Graduierungen innerhalb der räumlichen und zeitlichen Bestimmtheit verbunden. Die räumliche Bestimmtheit ist dabei an die quantitative gekoppelt, da die drangvolle Enge in der Großstadt ja eine Korrelation von Gruppengröße und Raumerleben ist. Gerade die durch die „seelische Gliederung" empfundene Enge führt jetzt dazu, dass *soziale* Distanzen im Kontakt errichtet werden. Gleichzeitig korrespondiert die Distanzierung mit der quantitativen und, damit verbunden, räumlichen *Ausweitung* des Kontaktes durch den Geldverkehr. Dabei bringt die Geldwirtschaft eine „rechnerische Exaktheit" in das praktische Leben. Diese verschärft sich dadurch, dass ein Zeitschema für Versprechungen und Leistungen den modernen Alltag bestimmt, das – so Simmel – für „minutenhafte Präzision der Lebensform" sorgt. Dieser Umstand fügt sich in eine weitere Abstraktion ein, die dadurch entsteht, dass durch das rasche Anwachsen der Kulturtechniken im Sinne einer Verlängerung und Verdichtung der – nach Simmel – „Reihen der Mittel für unsere Endzwecke" (*Krisis*, 1) eine „Fülle unpersönlich gewordenen Geistes" (*Großstädte*, 205) entsteht. Die Geldwirtschaft bestimmt im Weiteren auch den zeitlichen Ablauf des Alltags durch eine *Verflüssigung* des Austauschs. In der Kontinuität des

Waren- und Produktionsstroms erhöht sich das *Tempo* des Lebens und durch den gleichzeitigen schnellen Wechsel von Moden und Tätigkeitsformen findet eine spezifische *Rhythmisierung* des Alltags statt. Angesichts dieser Charakteristika überwiegt nach Simmel die überindividuelle Formung des Lebens und eine höchste *Unpersönlichkeit*. Innerhalb dieser geschilderten Interaktionszusammenhänge ist die Bildung intimer Beziehungen, deren Merkmal ja gerade die *individuelle Formung* ist, eingeschränkt. Simmel selbst konstatiert, dass mit der zunehmenden Differenzierung intime Beziehungen schwieriger werden und es wahrscheinlicher ist, dass sich differenzierte Freundschaften bilden werden, die auf spezifischen Gemeinsamkeiten oder Interessen beruhen. Außerdem können nach Simmel intime Beziehungen nur noch unter einer immer geringeren Personenzahl eingegangen werden. Die Konzentration auf die intime Zweierbeziehung erweist sich damit also dem vorausgegangenen *gesellschaftlichen* Individualisierungsprozess geschuldet.[7]

Nach dieser – recht kulturpessimistischen – Einschätzung der Einbettung von Intimität in die moderne Sozialstruktur lässt sich nun die *subjektorientierte* Seite der Wechselwirkung von Sozialstruktur und Intimität betrachten. Hierbei kann in Bezug auf das bereits erwähnte *Erleben intimer Nähe* gefragt werden, ob es im modernen Alltag *typische* Chancen zu spezifischen Sinneseindrücken gibt, die intime Beziehungen begünstigen oder eher unterbinden. Nach Simmel spiegeln sich die Erfahrungen aus den objektiven Überformungen des sozialen Lebens als seelischer Eindruck, der die Seeleninhalte bildet. Durch das Tempo und die Rhythmisierung des modernen Alltags steigern sich nun die Eindrücke und damit das Nervenleben (*Großstädte*, 185). An diesem Prozess sind die Sinne in spezifischer Weise beteiligt. Simmel identifiziert das Auge in räumlich nahen Zweierbeziehungen – also face-to-face Beziehungen dem Wortsinn nach – als sozusagen Intimitätsgenerator, da Zeichen nur in *reziproker* Weise wahrgenommen und interpretiert werden können: Ich kann nicht in ein Gesicht blicken und mich gleichzeitig dem Blick entziehen. Diese Funktion des visuellen Sinneseindrucks ändert sich jedoch in Abhängigkeit zur Gruppengröße. Die visuelle Wahrnehmung einer großen Gruppe als *Gesamtheit* fördert keine Intimität, sondern gerade soziale *Distanzierung*.[8] Das Ohr – in Kombination mit der Rede – besitzt dagegen weniger Reziprozität und auch weniger Abstraktionsfähigkeit. Jedoch verbleibt die Rede einer Person meist *eindrücklicher* als die Erinnerung an ihren Anblick (*Sinne a*, 731). Der Geruch

---

7   Es ließe sich anfügen, dass dieser auch bereits als Folge der Beschränkung auf die Zweierbeziehung gesehen werden kann, wie es besonders im Hinblick auf die moderne Eheform der Fall ist.

8   Simmel nennt in diesem Zusammenhang den Fabriksaal, in dem eine große Anzahl von Arbeitern als Gesamtheit beobachtet werden kann, als ein Phänomen, von dem ausgehend sich die Idee der modernen Anonymität entwickelte.

eines anderen Körpers ist die intimste Wahrnehmung, da er nach Simmel „in luftförmiger Gestalt in das Sinnlich-Innerste" (*Sinne a*, 735) eindringt. Auch hier ist zum Beispiel mit der Parfümierung des Körpers eine Distanzierungstechnik konventionalisiert, die die Intimität des individuellen Geruchs aufhebt. Wie auch Schmuck und Kleidung, umgibt das Parfum den Körper und distanziert, indem vom individuellen Körper abstrahiert wird. Interessanterweise kann jedoch diese Abstraktionsfähigkeit nun auch wieder als Ausgangspunkt für eine *Intensivierung* des sinnlichen Eindrucks gesehen werden. Ebenso wie in abgeschwächter Form in Bezug auf die modische, das heißt hier: jeweils immer „neue" Bekleidung, formuliert Simmel in Bezug auf den Schmuck, dass dieser den *Eindruck* der Persönlichkeit steigert: Der Schmuck bewirkt eine sinnlich merkbare Ausstrahlung, die dem Träger des Schmucks zugerechnet wird (*Schmuck*, 415f.). Neben der Zunahme der Abstraktionsfähigkeit, an der vor allem der Sehsinn beteiligt ist, identifiziert Simmel in der Kultur der Moderne allgemein ein *Sinken* der sinnlichen Wahrnehmungs*schärfe* bei gleichzeitiger Steigerung ihrer Lust- oder Unlustbetonung: Unzählige Sinneseindrücke erscheinen dem modernen Mensch nun unaushaltbar (*Sinne b*, 1034). Dabei beobachtet Simmel eine mehrdimensionale Entwicklung: Einerseits ergibt sich durch die Abstraktionsfähigkeit eine innere Beziehung zu räumlich und zeitlich entfernten Interessen; andererseits werden räumlich nahe erzeugte Eindrücke umso intensiver empfunden. Diese unmittelbaren Eindrücke erlebt das Individuum jetzt jedoch in Form von „Chocs und Wirrnissen" (*Geld*, 660). Und somit entwickeln sich Abschwächungen in den Beziehungen (*Raum/ Ordnung, 742*), die sich durch Gleichgültigkeit, Blasiertheit oder Aversion gegenüber den anderen ausdrücken (*Großstädte*, 190). An dieser Stelle *ließe* sich bilanzieren, dass nach Simmel die Kultur der Moderne eher soziale Distanz als soziale Intimität begünstigt. Gerade mit Blick auf die subjektorientierte Perspektive ist jedoch der Schluss auf eine generelle Unwahrscheinlichkeit intimer Beziehungen voreilig.

Aus Simmels Intimitätskonzept lassen sich für unseren Zusammenhang relevante Schlussfolgerungen ziehen: Intimität ist das Produkt einer kommunikativen Wechselwirkung. Sie bildet ein Dazwischen und somit gewissermaßen selbst ein Medium oder eine Form für vor allem dramaturgisches Handeln.[9] Diese konstitutive, fehlende institutionelle Überformung der intimen Beziehungen verweist darauf, dass Intimität nicht an spezifische, intime Inhalte gebunden ist. Damit ist eine Grundlage geschaffen, Intimbeziehungen in Wechselwirkung mit sozialstrukturellen Faktoren und als kulturvariante Erscheinungen zu untersuchen. Sie müssen nicht etwa ausschließlich als Komplementärbereich unpersönlicher

---

9   In diesem Zusammenhang ist eine Monographie interessant, die der Begriffsgeschichte von Intimität nachgeht und dabei „auf dem Theater um 1900" fündig wird (Streisand 2001).

oder öffentlicher Beziehungen der Moderne gesehen werden. Dies verhindert eine vorschnelle Annahme, dass eine Zunahme oder Intensivierung auf der einen Seite – zum Beispiel durch neue Veröffentlichungstechniken – mit einer Abnahme oder Schwächung auf der anderen Seite einhergehen muss. Simmels genuine Antwort auf die Frage der Möglichkeit von Intimität lässt sich ja mit einer in modernen Kulturen geläufigen Stilfigur, der Paradoxie, umschreiben: sowohl Distanzierung als auch Intimisierung. Simmel zeigt somit in der Wechselwirkung zwischen den gesellschaftlichen Wandlungsprozessen, den sozialen Beziehungen und der Interpretation von Sinneswahrnehmungen, dass sich ein Nebeneinander ganz unterschiedlicher, in Simmels Worten, „Seeleninhalten" realisiert. Erst durch die jeweilige Kombination von kultureller Überformung und sinnlichem Eindruck können Aussagen über die Wahrscheinlichkeit oder Unwahrscheinlichkeit intimen Erlebens getroffen werden. Ob zum Beispiel ein Phänomen einen intensiven Sinneseindruck erzeugt oder nicht und, davon abhängig, als „nah" wahrgenommen wird oder vielmehr als Auslöser zur Distanzierung, ist stets innerhalb seines situativen Kontextes zu untersuchen. Simmels formale Soziologie von Intimität behält somit gerade dann ihre Stärke, wenn es um die Untersuchung aktueller, oft räumlich, zeitlich und sozial „unübersichtlich" strukturierter Beziehungen geht. Hier liegt ein bisher noch wenig genutztes Potential von Simmels Theorie mit Bezug auf neue Medienkommunikation. Intimität ist nicht auf einen ontologischen Zustand, sondern prinzipiell auf situative Zuschreibungen zurückzuführen: Sie wird kommunikativ oder handlungspraktisch hergestellt. Damit öffnen sich soziologische Untersuchungsfelder, die etwa Intimität als (gruppenspezifische und kulturvariante) Intimitätsskripte, -vorstellungen, -codes oder -praktiken behandeln. Darüber hinaus sind diese situativen Zuschreibungen in sozialstrukturelle Rahmungen und spezifische, auch formal bestimmbare Settings eingebettet. Ob typische Settings für neue Medienkulturen als besonders geeignet oder ungeeignet für die Herausbildung intimitätsbezogener Vorstellungskraft sind, wird in unseren und kommenden Analysen weiter zu untersuchen sein.

Literatur

Fremde – Simmel, Georg (1992) [1908]: Der Fremde. In: Ders.: Soziologie. Untersuchungen über die Formen der Vergesellschaftung, Frankfurt am Main: Suhrkamp, S. 764-771
Geheimnis – Simmel, Georg (1992) [1908]: Das Geheimnis und die geheime Gesellschaft. In: Ders.: Soziologie. Untersuchungen über die Formen der Vergesellschaftung, Frankfurt am Main: Suhrkamp, S. 383-455

Geld – Simmel, Georg (1989) [1900]: Philosophie des Geldes. Frankfurt am Main: Suhrkamp

Geselligkeit – Simmel, Georg (1917): Die Geselligkeit. In: Ders.: Grundfragen der Soziologie, Berlin und Leipzig: Göschen, S. 23-32

Gesellschaft zu zweien – Simmel, Georg (1993) [1908]: Die Gesellschaft zu zweien. In: Ders.: Aufsätze und Abhandlungen 1901-1908, S. 348-362

Giddens, Anthony (1996): Wandel der Intimität. Sexualität, Liebe und Erotik in modernen Gesellschaften, Frankfurt am Main: Fischer

Großstädte – Simmel, Georg (1903): Die Großstädte und das Geistesleben. In: Petermann, Th. (Hg.): Die Grossstadt. Vorträge und Aufsätze zur Städteausstellung (= Jahrbuch der Gehe-Stiftung Dresden, Band 9), Dresden, S. 185-206

Krisis – Simmel, Georg (1916): Die Krisis der Kultur. In: Frankfurter Zeitung, Jg. 60, Nr. 43, 3. Morgenblatt, S. 1-2

Luhmann, Niklas (1982): Liebe als Passion. Zur Codierung von Intimität, Frankfurt am Main: Suhrkamp

Nedelmann, Birgitta (1983): Georg Simmel – Emotion und Wechselwirkung in intimen Gruppen. In: Friedhelm Neidhardt (Hg.): Gruppensoziologie. Sonderheft 25 der Kölner Zeitschrift für Soziologie und Sozialpsychologie. Opladen: Westdeutscher Verlag, S. 174-209

Quantitative Bestimmtheit – Simmel, Georg (1992) [1908]: Die quantitative Bestimmtheit der Gruppe. In: Ders.: Soziologie. Untersuchungen über die Formen der Vergesellschaftung, Frankfurt am Main: Suhrkamp, S. 63-159

Raum/ Ordnung – Simmel, Georg (1992) [1908]: Der Raum und die räumlichen Ordnungen der Gesellschaft. In: Ders.: Soziologie. Untersuchungen über die Formen der Vergesellschaftung, Frankfurt am Main: Suhrkamp, S. 687-790

Schmuck – Simmel, Georg (1992) [1908]: Exkurs über den Schmuck. In: Ders.: Soziologie. Untersuchungen über die Formen der Vergesellschaftung, Frankfurt am Main: Suhrkamp, S. 414-421

Sennett, Richard (1986): Tyrannei der Intimität. Verfall und Ende des öffentlichen Lebens, Frankfurt am Main: Fischer

Sinne a – Simmel, Georg (1992) [1907]: Exkurs über die Soziologie der Sinne. In: Ders.: Soziologie. Untersuchungen über die Formen der Vergesellschaftung, Frankfurt am Main: Suhrkamp, S. 722-742

Sinne b – Simmel, Georg (1907): Soziologie der Sinne. In: Die neue Rundschau, 18. Jg., H.9, S. 1025-1036

Streisand, Marianne (2001): Intimität. Begriffsgeschichte und Entdeckung der „Intimität" auf dem Theater um 1900. München: Fink

„Raum am Draht": Empirische Beobachtung zur Soziologie der mediatisierten Anmache am Fallbeispiel von Grindr

Michael Liegl und Martin Stempfhuber

Einleitung

Über zumindest eines scheinen sich soziologische Beobachter des „virtuellen" Theaters der Anmache einig zu sein: in dezidiertem Gegensatz zu traditionellen Kennenlerntänzen, deren Parkett scheinbar nicht in unterscheidbaren ontologischen Seinsregionen verankert ist oder war (Werther etwa beobachtet Lotte zunächst beim Schwarzbrotschneiden; vgl. dazu Luhmann 1986, S. 43), ist Kontaktanbahnungen im Internet scheinbar ein zentraler Moment des Switchens einprogrammiert. „Denn schließlich", so formuliert das beispielsweise Jean-Claude Kaufmann in *Sex@mour*, „verläuft dank Internet die erste Begegnung in zwei sehr unterschiedlichen und voneinander getrennten Phasen: Vor dem ‚echten' Rendevous, dem Date im Real Life, wie man inzwischen zu sagen pflegt, haben die beiden Liebeskandidaten mehr oder weniger lang am Bildschirm miteinander geplaudert" (Kaufmann 2011, S. 8-9). Der Moment dieses Switchens ins sogenannte Real Life wird sehr schnell zu einem „Moment der Wahrheit" stilisiert, die Gefahr von „peinlichen Begegnungen" (Kaufmann 2011, S. 39) lauert im Hintergrund; die Intimsoziologin Eva Illouz spricht in diesem Zusammenhang sogar davon, dass hier Enttäuschung als neue „kulturelle Praxis" etabliert wird (Illouz 2011, S. 387). Mehr noch als die Aufteilung in spezifische Zeitabschnitte, die den Kontaktanbahnungstanz segmentieren und disparat werden lassen, geht es immer auch um die Aufteilung in sehr unterschiedliche und voneinander getrennte Räume; auf der einen Seite ist die virtuelle Welt, aus deren Perspektive die Interaktion unter Anwesenden dann auf der anderen Seite als „Real Life" erscheinen kann.

Illouz und Kaufmann haben in ihrer Topographie virtueller und realer Räume dabei durchaus schon das Web 2.0 im Blick; sie etablieren sich damit auch als Zeitgenossen eines Phänomens, dem wir im Folgenden unsere Aufmerksamkeit schenken wollen. Nach einer Lektüre intimitätssoziologischer Analysen der Raumverhältnisse mediatisierter Kennenlernsettings und -praktiken mag es vielleicht verwundern, was uns als ethnographischen Beobachtern begegnet ist, als wir das erste Mal den Gebrauch von Grindr in einem Echtzeit-Setting beobachten. Wir stehen in einer Bar. Wir unterhalten uns, gucken rum und trinken Bier und tanzen. Wir beobachten die anderen Gäste, wie sie sich unterhalten, herumschauen, Bier trinken und tanzen. Und wir beobachten vor allem, wie von den anderen Gästen der Bildschirm ihrer Smartphones beobachtet wird – vor, nach und während des Redens, Biertrinkens, Tanzens. Diese Gleichzeitigkeit, dieses ständige Switchen der beobachtbaren Aufmerksamkeitsbündelung von „realen" auf „virtuelle" Räume, zwischen Interaktion und Interaktivität, ist keine Beobachtung mehr, die als solche die Aufmerksamkeit eines Barbesuchers auf sich ziehen wird; so sehr haben medienkulturelle Formate (vgl. Hahn 2009) die Interaktionsordnung schon nachhaltig penetriert, dass Mediensoziologen schon von einem „Lebensmix" sprechen (Turkle 2012). Was sich aber herausstellt ist, dass bei einigen der Gäste eine besondere *application* auf dem Smartphone verwendet wird – sie haben sich, wird sich dem ethnographischen Beobachter nach einiger Zeit und einigen Nachfragen erschließen, in die Internetplattform Grindr eingeloggt (http://www.grindr.com). Der Blick aufs Handy ist nun auch dem ethnographischen Beobachter nicht unbekannt. Stefan Hirschauer hat ihn in seiner Soziologie einer Fahrstuhlfahrt als Element einer Praxis entschlüsselt, die ein voraussetzungsreiches *doing absence* in einem Rahmen ermöglicht, der schon durch seine technische und architektonische Beschaffenheit eine räumliche Nähe erzeugt, die negiert, zumindest aber minimiert werden muss (Hirschauer 1999, 2004). In der Bar, in der wir uns befinden, scheint es aber so zu sein, dass sich die Besucher durch Interaktion mit ihrem Interface bzw. Display gerade nicht absentieren und sich aus dem Anmachraum in ein virtuelles Anderswo verabschieden; es stellt sich im Laufe des Abends heraus, dass die Smartphone app vielmehr die unmittelbar physische Umgebung fokussiert. Der Blick aufs Handy sucht tatsächlich die „unmittelbare" Umgebung ab und stellt die alles entscheidende Grindr-Frage: „Wer ist in der Nähe?" Es zeigt sich also, dass diese Internetplattform ein Kennenlern-device ist. Grindr initiiert, unterbricht, modifiziert (und verhindert vielleicht) den Kontakt zwischen Gästen der Bar, die sich nicht kennen, die vorher noch nicht (oder noch nicht bewusst) auf ihren jeweiligen Bildschirmen aufgetaucht sind. Wenn man hier noch mit Illouz und Kaufmann davon reden kann, dass einander zwei „sehr unterschiedliche und voneinander getrennte Phasen" oder Räume des intimen Kennenlernens ablösen – so tun sie es zumindest in einer Geschwindigkeit, die dieses Bild erheblich kompliziert; wir werden im Folgenden argumentieren, dass sich dieser erste Eindruck einer konstitutiven „hybrid ecology" (Crabtree und Rodden 2008) in einem 2.0-Kontextes auch bei näherer Analyse noch verstärken wird. Das beobachtete Kontinuum von

simultan stattfindenden Phasen und sich überlagernden Räumen wird sowohl auf
die Art und Weise Auswirkungen haben, wie hier die Bühne und das Skript eines
Theaters der Anmache verstanden werden muss, als auch auf das begriffliche, methodische und theoretische Instrumentarium, wie die Topographie dieser Bühne
soziologisch zu fassen ist.

Eine genauere Betrachtung der Nutzeroberfläche von Grindr und seinen Funk-
tionsweisen soll nun Aufschluss darüber geben, wie dieses *device* zum Kennenlernen, aber auch zunächst zum Suchen, zum Abtasten der näheren Umgebung nach
„Gleichgesinnten" genutzt werden kann. Grindr ist eine Smartphone-*application*
und gleichzeitig ein Location-Based-Social-Network (LBSN), das heißt es ermöglicht mittels GPS die physische Umgebung nach Gleichgesinnten, also ebenfalls in
dieser Plattform angemeldeten schwulen Männern abzusuchen.

Wen genau kann man aber konkret im Kontext von Grindr finden? Wer sind die
„Gleichgesinnten", von denen unsere *native informants* sprechen und die Grindr
in ihrem Online-Teaser lapidar als „gay, bi and curious guys [...] near you" spezifi-
ziert? Darüber gibt das Interface schon ein wenig Aufschluss: Als Profil kann man
Auskünfte über sich geben – etwa ob man in einer Beziehung lebt oder nicht, ob
man auf der Suche nach einem Date ist, und ob man verbindliche oder eher lose
Beziehungen pflegt. Als mögliche Angaben bietet Grindr zum Zeitpunkt unserer
Feldforschung die Kategorien *Single, Dating, Exclusive, Committed, Partnered,
Engaged, Married* oder *Open Relationship* an. Dem Nutzer bietet sich weiterhin die
Möglichkeit, ein Foto von sich einzustellen und Eigenschaften, die dort bereits eini-
germaßen sichtbar werden, in Multiple-Choice-Kategorien wie *Ethnicity, Age, Height*
und *Weight* weiter explizieren. Auf den ersten Blick lässt die Benutzeroberfläche
Gestaltung von Grindr-Profilen und die sich aus ihnen zusammensetzende Karte
auf der Benutzeroberfläche des Smartphones offen, ob sich hier der *pictorial turn*
(Mitchell 2008) in seiner reinsten Form vollzogen hat, nur um sich wieder den oft
beobachteten Tendenzen zur Wiederversprachlichung und Rekategorisierungen in
den Katalogen von Dating-Plattformen (Illouz 2011) zu fügen. Schließlich gehören
zum Profil noch optionale Angaben darüber, woran die Nutzer „im Allgemeinen"
und im Moment der Echtzeitnutzung gerade interessiert sind und was sie suchen
oder zu suchen vorgeben; unter der Rubrik *Looking for* lassen sich etwa die Optionen
Chat, Dates, Friends, Networking und *Relationship* angeben. Um die Suche etwas
einzugrenzen kann schließlich ein *age filter* eingebaut werden, der die Auswahl der
angezeigten Profile der *gay, bi, and curious guys near you* einschränkt und zu alte
oder zu junge Nutzer ausblendet; es ist dies, wohlgemerkt, die einzige Funktion,
die dem Nutzer erlaubt, schon auf technisch vorprogrammierter Ebene die auf der
Nutzeroberfläche angezeigte Palette von gleichgesinnten Nutzern zu manipulieren
und das komplexe Angebot an möglichen Kommunikationsadressen zu reduzieren.

Zunächst besteht also kein erheblicher Unterschied zu konventionellen Dating-Sites. Ein Alleinstellungsmerkmal von Grindr ist aber der auf den ersten Blick unscheinbare Zusatz des *near you*; dieser wird interessant, wenn man sich die Suchmodi näher ansieht. Um eine Karte seiner Umgebung zu erstellen, hat der Nutzer die Anzeigemöglichkeiten (*Views*) *Everyone*, *Nearby*, *Favorites* und *Recent*:

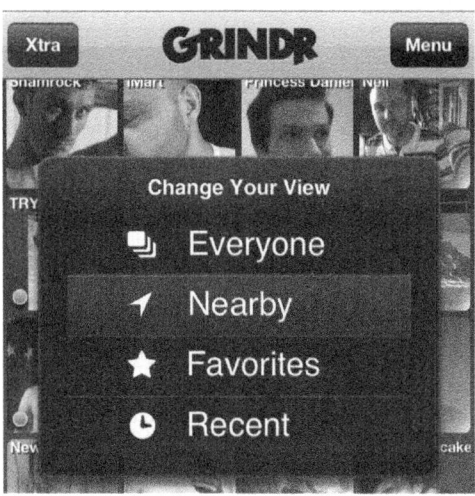

Abb. 1   Suchmodi

Die einzige Information, die dem individuellen Nutzer dabei immer bereitgestellt wird, ist die *relative* räumliche Nähe der angezeigten Mitnutzer. Wenn diese auch die Möglichkeit haben, unter der Rubrik *Show Distance* die ungefähre Anzeige der Distanz zu verbergen, ist der aktuelle Ort des Smartphones der alles entscheidende Schlüssel für die Erstellung der Kartographie von Gleichgesinnten, die Grindr leisten will.

Die Nutzungsweisen, die ein solches auf Geolocation basiertes Netzwerk bietet, sind (trotz oder wegen) dieser medialen Respezifizierung der Such-, Sicht-, Zeige- und Kommunikationsmöglichkeiten auf die relative räumliche Distanz sehr vielfältig. Sie sind, wie uns mehrere Nutzer versichert haben, immer abhängig von „moralischen" Dispositionen, den eigenen und denjenigen anderer Nutzer. In jedem Fall aber verwandelt Grindr die Umwelt in eine Karte und in einen Katalog, ermöglicht es den Nutzern zu stöbern und sich zu zeigen. Im Folgenden werden wir einige dieser vielfältigen Nutzungsmöglichkeiten vorstellen, uns aber im wesentlichen auf die eingangs skizzierte Fall-Vignette konzentrieren, in der sich Face-to-face-Kontakt und Interface-to-interface-Kontakt überlagern. Wir nähern uns dabei dem Phänomen Grindr in vier Schritten. Zunächst skizzieren wir die technischen und technologischen Voraussetzungen und pragmatischen Anwendungsmöglichkeiten, die LBSNs durch ihre spezifischen Rekonfigurationen von Kontakten und die Neuverschaltung von Telepräsenz und körperlicher Kopräsenz bieten. Wir kontextualisieren unseren Fall neben anderen Varianten von LBSNs, wie sie vor allem in Gaming-Kontexten zu finden sind, sowie neben Varianten von Telepräsenz, aus dem Bereich der Neuorganisation von Arbeitsplätzen (1). In einem zweiten Schritt respezifizieren wir unsere Ergebnisse, indem wir uns auf das spezifische Feld (post-)moderner Intimität begeben. Wir werden hier die Raumvorstellung ausgewählter zeitgenössischer Intimitätssoziologen rekonstruieren (2). Eine ethnographisch interessierte Perspektive kann dann auf die Besonderheiten von Grindr fokussieren – Grindr entpuppt sich dabei als Raumkonstitutionsdevice (3). Schließlich erlaubt uns dieser Ausflug in die Welt der mediatisierten Anmache die in den analysierten Thematisierungen des Internets, der mediatisierten Kommunikation und Interaktion und den Studien zur zeitgenössischen Intimität identifizierte „Zwei-Welten-Theorie" des realen und virtuellen Lebens in ein Kontinuum von Mediatisierungen aufzulösen (4).

1 Standortbezogene (Location-Based)-Social-Networks

Folgt man den Nutzern von Grindr ins Feld der mediatisierten Anmache, so scheint es auf den ersten Blick, dass man es in guter ethnographischer Manier mit der Erforschung einer fremden Kultur zu tun hat, nur um auf den zweiten Blick festzustellen, dass man sich auf ein ethnographisches Projekt eingelassen hat, das die „Befremdung der eigenen Kultur" betreibt (Amann und Hirschauer 1997). Denn so exotisch Grindr zunächst auch wirken mag, als spezifischer Fall eines LBSNs steht es sicherlich nicht alleine da. Die Palette der LBSNs ist mittlerweile groß; zu ihnen zählen nicht nur primär auf die Techniken von Geolocation gegründete Netzwerke wie Foursquare oder WikiMe, denn auch Facebook lässt sich durch die Integration von GPS, mit Hilfe derer man den aktuellen Aufenthaltsort im Netzwerk posten kann, in diese Kategorie einordnen. Auf den Spuren der Frage, wie Räume, Orte und Verortungen in einer vernetzten Welt bemerkbar machen, beschreiben Eric Gordon und Adriana de Souza e Silva in der Eingangsszene ihres Buches *NetLoca-*

lity (2011), wie sich geographischer Raum, digitalen Raum und soziale Netzwerke typischerweise miteinander verknüpfen:

> He pulls out his phone and checks into a location based social network (LBSN). The application makes note of his location and registers his first stop of the day. He touches the 'tips' tab on the application and looks at what other people have said about nearby locations and discovers that many have complained about its unfriendly service and high prices. While doing that, he gets notified that someone in his social network just checked into another coffee shop down the street. He walks over there to meet her (2011, S. 1).

Gordon und de Souza e Silva beschreiben diese Szene nonchalant als typische; sie implizieren, dass wir es hier mit Nutzungsweisen von LBSNs zu tun haben, die sich bereits etabliert hätten und die – zumindest in diesem konkreten Beispiel – mehrere soziale Felder umspanne und sie übereinanderlagerten; der (fiktive) Nutzer dieser Szene erwartet von seinem Smartphone sowohl Hilfestellung für eine mögliche Kauf- bzw. Konsumentscheidung und tastet mit ihm die Umgebung für mögliche private Kommunikationsadressen ab. Das Bild einer als ritualisierten, als vollkommen alltäglich etablierten Nutzungsweise muss aus unserer Perspektive jedoch noch einmal hinterfragt werden – gerade im Bereich der vermarktungsstrategischen Einsatzes von LBSN-Services, dessen Erfolg Gordon und de Souza e Silva schreiben von „Location Awareness goes mainstream" (ebd., S. 52ff.) hier eher als (zu) „optimistische" Prognose erscheinen sollte. Wenn Gordon und de Souza e Silva gar davon sprechen, dass „location awareness" zum Mainstream wird (2011, S. 52), haben eigene Interviews mit Software-Entwicklern von LBSN-Services ergeben, dass die Bereitschaft, diese im Alltag zu nutzen, bislang kaum vorhanden ist. Ein Hinweis auf mögliche Einschränkungen findet sich bereits bei Gordon und de Souza e Silva selbst, wenn sie den ungewöhnlichen Erfolg von *foursquare* analysieren; sie sehen seine Gründe in der gelungenen Kombination von „motivations of game play with the affordances of social networks. Foursquare offers points and badges for 'checking in' to locations. Players are motivated to participate because these become public displays of one's accomplishments." (2011, S. 78f.)

Insofern verweist das von Gordon und de Souza e Silva anfangs skizzierte Bild nicht nur auf die etablierte Institutionalisierung eines alltäglichen Umgangs mit den Möglichkeiten von LBSNs, sondern wirft ein Schlaglicht auf eine Charakteristik des Umgangs mit zunächst befremdlichen Nutzungs- und Verknüpfungsoptionen, die uns auch im Falle von Grindr wieder begegnet ist: ihre *playfulness* (de Souza e Silva und Sutko 2011). Auch bei Grindr begegnen wir Praktiken, die durch einen nonchalanten, spielerischen Umgang mit neuen technischen Möglichkeiten, die gerade in ihrer zur Schau getragenen Selbstverständlichkeit verwundern. Sie installieren kompetente Nutzer neuer Medien, deren elegantes Navigieren in den *hybrid ecologies* schnell vergessen lässt, dass LBSN-Services nicht zwangsläufig auf ein Publikum treffen, das deren Angebote auch mit offenen Armen annimmt. Empirisch lässt sich vielmehr konstatieren, dass es neben rein kommerziellen Coupon-Systemen und vor allem Online-Spielen hauptsächlich schwule, auf intime Kontakte abzielende Geolocation-Applications wie Grindr, Scruff und Nearox sind, die sich einer größeren Beliebtheit erfreuen. Man kommt nicht umhin, sich an dieser Stelle nach den Erfolgsbedingungen von LBSNs zu fragen und die sich empirisch aufdrängenden unterschiedlichen Akzeptanzschwellen Neuer Medien durch Nutzer, denen immer auch bestimmte Kompetenzen, Interessen und Bereitschaften zugemutet werden, ernst zu nehmen.

Christian Licoppe und Romain Guillot haben sich dieser Frage am Beispiel des durchschlagenden Erfolgs von Online-Gaming angenähert; ein Paradefall ist für sie das Spiel Jindeo: „Jindeo is a game that takes part of its inspiration from massive multi-player online role playing games (MMORPG). In Jindeo, the players are supposed to set up teams that are to accumulate resources to construct ever more powerful artificial intelligences, by means of quest and interaction with other players" (Licoppe und Guillot 2006, S. 155). Zwei Charakteristiken sind hier auffällig. Zum einen ist der spielerische Umgang mit den Neuen Medien hier nicht nur eine Stilfrage, sondern der Grundbaustein der Mediennutzung selbst. Jindeo ist ein Online-*Spiel*, das die *playfulness* nicht nur im Umgang mit den technischen Möglichkeiten, sondern auch in der Interaktion mit Netzwerkkontakten forciert. Darüber hinaus wird aber auch klar, dass Jindeo von Voraussetzungen zehrt, die es nicht selbst geschaffen hat. Die Existenz von eingespielten „multi-player online role playing games", von denen es inspiriert ist, ist seine *conditio sine qua non*. Es ist dies eine Voraussetzung, die schon mit versierten Online-Spielern rechnen lässt, die sich in komplexen virtuellen Netzwerken zurechtfinden können und denen nur noch zusätzlich die Komponente einer über Geolocation hergestellten Respezifizierung von räumlichen Koordinaten zugemutet werden muss.

Im Gegensatz zu diesen prinzipiell spielerischen Gaming-Kontexten kartographieren Forschungsarbeiten aus Workplace Studies, Computer Supported Cooperative Work (CSCW) und Computer Mediated Communication (CMC) auf den ersten Blick ein vollkommen anderes Terrain. Die Erforschung von LBSNs spielt hier bisher eine eher kleine Rolle, abgearbeitet wird sich aber zentral an der auch für LBSNs relevanten Frage, ob und wie medial vermittelte Kommunikation wie ihn diverse Telepräsenztechnologien, sei es Mobiltelefon, Email, Chat oder Videokonferenz, ermöglichen, soziologisch zu konzeptualisieren, aber auch funktional oder gesellschaftskritisch zu bewerten sei (vgl. Meyrowitz 1985; Gergen 2002; Rettie 2009). Aus unserer vergleichenden Perspektive fällt dabei vor allem auf, dass die

Erfolgskriterien für die Beurteilung medialer Raum-Rekonfigurierungen in erster
Linie darin gesehen werden, ob sie an die Leistungsfähigkeit von Interaktion für
soziale Koordinationsprozesse heranreichen (Boden und Molotch 1994; Knorr
Cetina und Brügger 2002). Mit dieser Linse werden organisatorische Abläufe unter
Bedingung medialer Vernetzungsmöglichkeiten und -zumutungen vor allem hinsichtlich der Frage untersucht, ob die technischen Systeme vergleichbares leisten
wie Interaktion unter Anwesenden und ob die dabei entstehende Konstellation als
soziale Situation betrachtet und mit entsprechend modifizierten interaktionistischen
Analysevokabular betrachtet werden kann. Knorr Cetina spricht am Fall von über
Systeme von Bildschirmen (*scopic systems*) mit dem Markt verbundenen Finanz-
produkthändlern (Tradern) von einer „synthetic situation" in der die Beteiligten
in „response presence" zueinander interagierten und schlägt die Erweiterung
interaktionistischen Vokabulars für medial vermittelte Zusammenhänge vor, wie
sie in globalisierten Lebens- und Arbeitsverhältnissen alltäglich geworden sind.
(Knorr Cetina 2009). Greschke (2009) folgt dieser Analyse, betont aber für Fälle
des „globalen Zusammenlebens" paraguayischer Migranten eine Skepsis gegenüber
rein virtuellen Communities, weist auf Misch- und Überlagerungsformen hin, in
denen digital mediatisierte und face-to-face Kontakte einander abwechseln und
überlagern.

   Ein möglicher Hinweis darauf, dass sich die technisch funktionalen Aspekte der
körperlichen Anwesenheit in der Interaktion medial simulieren und substituieren
lassen, nicht aber die der affektiven Bindung? Arbeiten zu Vertrauen und *commitment* auf Online-Communities legen eine solche Einschätzung nahe (Boden und
Molotch 1994; Thiedeke 2007), lassen aber keine pauschale Unterscheidung von
medialen vs. Face-to-face-Situationen zu, wie die Studie von Gershon zum medial
vermittelten „Schlussmachen" zeigt, die teils sehr individuell gestaltete „media
ideologies" findet. Ob man face-to-face, per Telefon oder SMS schlussmachen sollte
und was das jeweils bedeutet, ist an teils recht phantasievolle (Privat-)konzeptua-
lisierungen des jeweiligen Mediums geknüpft (Gershon 2010).

   Erstaunlicherweise wird der Aspekt der *affektiven Bindung* zum Medium, der
sich bei der Konzentration der neuen Workplace Studies auf das Feld der „kreativen" Arbeit eigentlich aufdrängen müsste noch weitgehend ausgeklammert (vgl.
hierzu aber Liegl 2012).

   Die Frage nach der Affektivität von medial vermittelten Rekonfigurationen von
körperlicher Nähe wird nun besonders dringlich, wenn wir uns dem dritten Feld
zuwenden, in dem die Geschichte der LBSNs eine Erfolgsgeschichte ist. Grindr ist
ein paradigmatisches Beispiel für ein *intimisiertes* Setting. Wir haben schon darauf
hingewiesen, dass sich Grindr an eine spezifische Subkultur richtet – *gay, bi, and
curious guys near you*. Während die Betreiber von Grindr verkünden konnten, dass

die Zahl der angemeldeten Nutzer in 192 Ländern im Juni 2012 die Grenze von vier Millionen überschritten hat (www.grindr.com/blog), bleibt sein desexualisiertes, auf heterosexuelle Nutzer ausgerichtete Pendant Blendr (www.blendr.com) die Zielscheibe von Spott (Clark-Flory 2011). Bevor wir uns aber auf Spekulationen über die spezifisch subkulturell imprägnierten, geschlechtlich konnotierten und historisch gewachsenen Voraussetzungen des Erfolgs von intimisierten LBSNs einlassen können, müssen wir uns zunächst einer anderen Frage annehmen. Wie ist dieser Erfolg gerade in einem *intimisierten* Setting möglich?

2 Intimitätssoziologische Räume und die Metapher des Virtuellen (Raumes)

Eine klassische intimitätssoziologische Perspektive auf das Phänomen Grindr müsste dieser Erfolg zunächst verwirren. Im Fall der schon angeführten klarsichtigen Analysen von Eva Illouz (2011) etwa, die sich akribisch auf die Rekonfiguration von Gefühlswelten und Kennenlernpraktiken einlässt, die sie durch eine Dominanz von Kontakt- und Dating-Börsen im Internet eingeleitet sieht, flüchtet sich eine empirische Beschreibung neuer medialer Wirklichkeiten in Ideologiekritik (vgl. hierzu Funken und Ellrich 2007). Illouz entschlüsselt die von ihr beobachteten Setting aus einer Perspektive, die in ihrem Gegenstandsbereich zwei Räume in Konkurrenz treten lässt – den Marktplatz des Virtuellen, die Karte und den Katalog des medial erzeugten Überangebots einerseits, und die Authentizität garantierende Interaktionsbühne realer, anwesender Körper andererseits. Eva Illouz etwa entwickelt ihre Analyse internetvermittelter Kennenlernpraktiken anhand der mehr oder weniger explizierten Kontrastfolie eines idealisierten (körperliche) Nahraums bürgerlichen Kennenlernens, vor der das Kennenlernen im Internet dann als das ganz Andere und in vielerlei Hinsicht pathologisch erscheint. Der virtuelle Raum erscheint ihr als Parasit der lebendigen Körperlichkeit des intimen Nahraums; Grindr müsste sich aus dieser Perspektive als ein besonders heimtückischer Parasit dechiffrieren lassen, denn die von ihm erzeugte Karte der Wirklichkeit tritt nicht einfach nur neben das räumliche Setting unserer Anmachkneipe, sondern saugt die Aufmerksamkeit der beobachteten Nutzer, ihr Bewusstsein und ihren Körper, buchstäblich in sich auf und lässt das vermeintlich Reale verblassen.

Unmittelbar plausibel ist diese Illouzsche Perspektive, so würden wir argumentieren, schon aus dem Grund, weil sie ein etabliertes Motiv, einen tradierten Topos wiederholt, der sich schon in frühen Diskursen zu Möglichkeiten des computergenerierten virtuellen Raums deutlich zu Tage tritt (Kümmel et al. 2004). Sie reiht sich in dieser Hinsicht in die seit den 90er Jahren etablierte Rede über das Internet als einem im Gegensatz zum realen, physischen Raum stehenden virtuellen Raum ein, der als körperloser Raum figuriert. Es ist ein Raum, in dem der Körper zerfließt und morpht, in dem das Spiel der virtuellen Identifikationsangebote Gelegenheit für das Ausleben allerhand Phantasien bietet (Turkle 1999; Sandbothe 1998). Aus dieser Perspektive würde man also beim mediatisierten Theater der Anmache zwei distinkte Bühnen beobachten, sich also einer analytischen Trennung von *zwei* Räumen verschreiben. Ganz klassisch wird in diesem Szenario der eine Raum – „real" aufeinandertreffende, voneinander überraschte Körper in der Interaktion – im Hinblick auf die Möglichkeit von Liebe und Verlieben privilegiert und der andere Raum – die mediale Vermittlung durch das Internet und sich daran andockende Techniken – als Parasit konzipiert, der den körperlichen Bewohnern des realitätsgesättigten Interaktionsraums gleichsam das Blut entzieht. Dieser Parasit wird noch dazu in die wiederum räumlich konnotierte Metapher eines virtuellen Supermarkts der Anmache gekleidet, der mit seinen Regalen Auswahl, Vergleichbarkeit, Masse, Rationalisierung und Oberflächlichkeit suggeriert. Demgegenüber steht der Nahraum des gepflegten, zivilisierten und zeitlich gedehnte Zusammenseins mit (und von) besonderen und einzigartigen Anderen.

Illouz dockt hier an Selbstbeschreibungen früher Internetaktivisten an und wendet diese ideologiekritisch, bleibt dabei aber einer „Metageography of the Internet" (Eric Gordon 2009) verhaftet, die dieses als ein Anderweltliches konzipiert – das Internet ist der Hasenbau, in den Alice hineinfällt und durch den sie in eine Welt strauchelt, in der nicht nur Größenverhältnisse verändert sind. Der Cyberspace ist zunächst einmal ein utopischer Raum, der die Tyrannei des Physikalischen überwindet und auf Emanzipation von Ort, Territorium und Körper setzt. Unter der Ägide dieser Metageographie waren die Apologeten des Internets – den frühen Warnungen etwa von Barry Wellman (1988) zum Trotz, der schon vor der Dominanz des Internets darauf hinwies, dass doch der größte Teil des Online-Kontakts zwischen Personen stattfindet, die sich auch kennen – schnell bereit die Welt der Atome und die Welt der Bits voneinander zu trennen. In seiner berühmten „Declaration of Independence of Cyberspace" schreibt etwa John Perry Barlow:

> Cyberspace consists of transactions, relationships, and thought itself, arrayed like a standing wave in the web of our communications. Ours is a world that is both everywhere and nowhere, but it is not where bodies live. (Barlow 1996)

Nicht weniger eindrücklich trennt Nicholas Negroponte die Bits von den Atomen:

> If I really could look out the electronic window of my living room in Boston and se the Alps, hear the cowbells, and smell the (digital) manure in summer, in a way I am

very much in Switzerland. If instead of going to work by driving my atoms into town, I log into my office and do my work electronically, exactly where is my workplace? (Negroponte 1995, S. 165)

Gleichzeitig lud dieses Szenario auch schon zu kulturpessimistischen Deutungen ein. Auffällig ist in den berühmt-berüchtigten Formulierungen Jean Baudrillards etwa die Evokation einer parasitären Karte, die die hierarchischen Vorgängigkeitsverhältnisse pervertieren: „The territory no longer precedes the map, nor survives it. Henceforth, it is the map that precedes the territory." (Baudrillard 2006, S. 389) Gordon bringt die Hoffnungen und die Befürchtungen der frühen Internetbeobachter gleichermaßen auf den Punkt, wenn er in ihnen eine räumliche Invertierungsdiagnose identifiziert: „When subjects engage with spaces, they engage only with its simulation; and the real eventually loses all distinction." (Gordon 2009, S. 403) Das einprägsamste Bild für diese Dichotomie liefert William Gibson in seiner Charakterisierung des Cyberspace in *Neuromancer* (1984) das Subjekt ist entweder ‚jacked in' – eingesteckt – oder draußen. Ständig setzt es sich der Gefahr aus ein Gefangener des Cyberspace zu werden und damit der Welt abhanden zu kommen.

Die Metageographie des Virtual Space imaginiert diesen also als eine von der physischen Welt der Territorien, der Distanzen und der Körperlichkeit abgetrennte andere Welt, die erstere schlimmstenfalls ersetzt oder kolonisiert. Mit der Brille dieses Zwei-Welten-Theorems betrachtet, erscheint nun das medialisierte Theater der Anmache in ein besonders düsteres Licht getaucht. Was den frühen Internet-Apologeten als Utopie, zumindest aber als ambivalenter Ort erschien, gerät im Feld der Intimität zur Dystopie. Vor diesem Bild zweier komplett getrennter und disparater Welten, gerät nun Illouz der virtuelle Raum zu einem Supermarkt, dessen von der Marktlogik durchdrungene Architektur von der Spontaneität des Nahraums körperlicher Annäherung verschiedener kaum sein könnte (vgl. Illouz 2003). Beim ersten Blick auf Nutzeroberflächen von Partnerbörsen – wie wir gesehen haben aber eben auch bei Grindr – ist dieser Eindruck durchaus plausibel. Potentiellen Partnern begegnet man hier in Form zweidimensionaler Oberflächen, potentielle Ansprechpartner bekommen Kontur über eine Ansammlung von versprachlichten und vorgefertigten Labels und potentielle Kandidaten werden in Listen anhand verschiedener Kriterien sortiert. Am Grindr-Interface lässt sich diese Metapher des Supermarkts – in der Hand der Supermarkt – ohne weiteres nachvollziehen:

Abb. 2   Load more guys

Die Interpretation dieser Oberfläche als Supermarkt erweist sich allerdings ab dem Moment als fragwürdig, in dem man sich ethnographisch für die Internetnutzung als *situierte Praxis* interessiert. Ethnographische Studien der konkreten Praktiken, kreativen Umdeutungen und absichtlichen oder unabsichtlichen Missbräuchen von medialen Kommunikationstechniken haben immer wieder zum Vorschein bringen können, wie die Aneignung von technischen Möglichkeiten in konkreten Situationen überraschende Freiräume eröffnet, die in der Architektur Neuer Medien nicht immer schon angelegt sind (vgl. etwa Greschke 2009; Bakardijeva 2005; Hirschauer 2004). Weder ist es das Medium, das seine Nutzer schlicht zu *dopes* macht, noch sind es die Nutzer, die das Medium bzw. die Technik frei nach ihren Wünschen handhaben; es handelt sich vielmehr immer um komplexe Prozesse gegenseitiger Anpassung und „Einbettung" (Polanyi 1973). Wir werden im nächsten Abschnitt nachzeichnen, wie sich Grindr als situiertes Raumkonstruktionsdevice etabliert, das die Metageographie des Internets entscheidend modifiziert. Was dabei besonders zu tragen kommt ist der Umstand, dass im Fall von Grindr paradigmatisch zu beobachten ist, wie Situiertheit selbst ins technische Medium wiedereingeschrieben wird und Lokalität thematisch wird.

Unsere These ist dabei, dass Grindr die Unzulässigkeit der Zwei-Welten-Theorie plastisch vor Augen führt; bei Grindr ist das ständige *Switchen* zwischen, die Simultanität von Face-to-face- und Interface-to-interface-Kontakten die pragmatische Anwendungslogik. Weit davon entfernt, die Logiken des „realen" und des „virtuellen" Raums gegeneinander auszuspielen – sei es als Widerspruch, als Umkehrung der Vorgängigkeitsverhältnisse oder als „Parasitentum" – werden hier virtueller Raum und physischer Raum hybridisiert. Grindr verwirklicht räumliche, affektive und soziale Mischverhältnisse, wie sie sich in William Gibsons Cyberspace und Donna Harraways Cyborg (1991) im Genre der Science Fiction bereits angedeutet haben, in pragmatischen Alltagsverhältnissen.

3   Grindr als Raumkonstruktionsdevice

Wie das Virtuelle enge Beziehungen zu dem vermeintlich Realen, Unvermittelten unterhält, die mal als primäre, mal als veraltet und defizitäre imaginiert werden, unterhält auch die lokal-medial-vermittelte Anmachsituationen, die Grindr ermöglicht, enge Beziehungen zu kulturhistorisch etablierten Räumen und Raumpraktiken der Anmache, in die sich mittlerweile das Internet und bestimmte Internetplattformen umstandslos eingereiht haben.

Wir können hier nur kurz einige Räume der Anmache erwähnen, an die Grindr andockt. In dieser Sammlung stehen der Club, die (Schwulen-)Sauna, die Klappe, Cruising Parks, Darkrooms und die Internetplattform GayRomeo in loser Verbindung (Humphreys 1999; Chauncey 1994; D'Emilio 1998; Stempfhuber 2012). Grindr bedient sich dieser historisch etablierten Raumkonstruktionen – den Bühnen der Anmache – mit jeweils eigenen Konstitutionsbedingungen für Nähe und Distanz, Anwesenheit und Abwesenheit, Ansprechbarkeit und Unverfügbarkeit von Körpern, nicht ohne sie zu rekonfigurieren. Ebenso wie sich der Erfolg und die *Gelingensbedingungen der* oben erwähnten Location Based Mobile-Games aus ihrer Einbettung (Polanyi 1973) in etablierten Formaten von Online-Spielen erklärt, funktioniert Grindr nur auf der Grundlage von eingeübten, historisch gesättigten Konventionen des Cruisings und damit verbundenen Raumkonstruktionen einer „schwulen" Praxis der Kontaktaufnahme. Zugleich lassen sich aber ebenso wie bei den location-based game-settings auch bei Grindr eine ganze Reihe von Rekonfigurationen zu beobachten, die mit dem Medium eigentümlichen kommunikativen Sequenzierungen und räumlichen Überlagerungen arbeiten; im Folgenden charakterisieren wir diese Rekonfigurationen als medienspezifische Hybridisierungen und Simultanisierungen. Wir charakterisieren im Folgenden vier prominente Varianten dieser Verknüpfungen:

Die erste Variante ist die *Interface-to-face-Verknüpfung*, die eine Spielart der eingangs bereits skizzierten Nutzung im Nahbereich ist. Unsere Nutzer verbinden mit Nahbereich die potentielle Möglichkeit rascher körperlich kommunikativer Kontaktaufnahme, im zugespitzten Fall mit jemandem, der sogar im lokalen Sichtfeld auftauchen könnte, bzw. mit dem man sich im selben „Raum" – etwa in einer Bar – befindet. In diesem Fall also sucht der Nutzer zunächst im LBSN, also auf seinem Display (der Blick geht aufs Handy) nach möglichen Ansprechpartnern, danach, wer oder ob überhaupt *jemand* in der Nähe ist –

Also ich checke hier die Leute in meiner Nähe die schwul sind und dann im echten Leben treffe ich sie wieder quasi irgendwie

– und sondiert dann im zweiten Schritt ob man diesen vielleicht schon sieht bzw. wie weit er entfernt ist. Erst zum Schluss stellt sich die Frage ob sich eine Kommunikationsofferte überhaupt lohnt. Das Interface und die Sortierungsfunktion legen nahe, Entfernung als primäres Auswahlkriterium zu benutzen und bieten zudem einen zusätzlichen *thrill*: „spricht" man jemanden an, der in der Nähe ist, könnte „es" gleich passieren. Der Suchmodus in Grindr ist in diesem Fall auf „nearby" gestellt, dem Modus, der für einige unserer Informanten zugleich eindeutig auf die Rekrutierung von Sexpartnern verweist:

M: *Welche Liste nutzt man?*
S: *Kommt drauf an, wenn man reingeht und jemanden zum Sex braucht, ist es halt normalerweise nearby. Oder mal kennenlernen, wenn man jemanden kennenlernen möchte, dann reicht mir München, dann brauch ich nicht, dass er mein Nachbar ist.*
M: *ok, das heißt*
S: *von meiner Sicht ist nearby, ganz auf Sex ausgerichtet*

Der zweite Modus – und auch hier bewegen wir uns im Nahbereich – ist die *Face-to-interface-Verknüpfung*: Hier sucht der Nutzer zuerst lokal mit den Augen den Barraum ab (man sieht sich um, man „scannt", man „screent") und vergewissert sich über das LBSN – bereits thematisch sortiert – wer in der Nähe auf bestimmte und gewünschte

Weise ansprechbar ist; die Software übernimmt in beiden Fällen die *pre-opening sequence* (Schegloff 1979, 1980), das heißt, sie identifiziert Adressierbarkeiten und stellt somit Ansprechgelegenheiten und –lizenzen her. Durch diese situative Konstruktion von Adressen wird über die Relevanz und die Bedeutung von räumlicher Nähe für weitere Interaktionsmöglichkeiten überhaupt erst entschieden wird. Auch in dieser Variante und finden sich Mischformen und raum-zeitlich entzerrten Spielarten, in denen der Blick in die Umgebung mit dem Gedächtnisprotokoll einer Grindr-Palette verknüpft wird, das dann wiederum den Blick aufs Display nahelegen kann:

Und dann sehe ich einen Typ der geil aussieht und der kommt mir bekannt vor, der war beim grindr der ist schwul, weil er in meiner Nähe wohnt, den hab ich noch nie gesehen.

Für den dritten Verknüpfungsmodus verlassen wir nun endgültig die Bar. Grindr bietet auch die etwas konventionellere aus Online Portalen bekannte Möglichkeit einer *Interface-to-interface-Verknüpfung*, wobei auch hier die spezifische Qualität des *mobile* Devices nicht übersehen werden darf: die Nutzer chatten oder cammen (vgl. Boll 2012) auf ihren Smartphones mit jemandem, der potentiell in der physischen Umgebung ist. Auch hier ist der räumliche Aspekt der potentiellen Nähe der zusätzliche *thrill*: der potentielle, aber nicht notwendigerweise vollzogene Übergang von Online zu Offline ist hier der ständig präsente Kommunikationsanreiz, versicherten uns Interviewpartner, die Grindr nutzen. Dieser Verknüpfungsmodus eröffnet auch die Möglichkeit einer gewissermaßen touristische Nutzungsvariante. Zurückgekehrt von einer Reise erzählt uns ein Informant: „Schau mal, den hab ich mir aus Hamburg mitgebracht".

Die vierte Variante ist die Interface-to-space-Verknüpfung. Das Besondere an diesem Fall ist das Fehlen einer menschlichen Kommunikationsadresse. Die Beschäftigung ist hier nicht primär auf Interaktion angelegt, sondern eher einer Lust an der Kartierung geschuldet. Grindr baut in diesem Modus an der *wired city* (Thrift und French 2002) mit. So formulieren Thrift und French etwa, dass zunehmend Software nicht nur für die Planung von Städten verwendet wird, sondern städtischer Raum durch das mechanisierte Schreiben der Software konstituiert wird: „Increasingly, spaces like cities – where most software is gathered and has ist effects – are being run by mechanical writing, are being beckoned into existence by code" (Thrift und French 2002, S. 311). Im Fall von Grindr und LBSNs hieße das, dass durch das geographische In-Beziehung-Setzen, das die Software bewerkstelligt, relationale städtische Landschaften hergestellt – getextet, geschrieben und gewoben – werden durch die sich der Nutzer auch nur als Leser lustvoll bewegen kann (vgl. Thrift und French 2002, S. 312).

4   Kontinuum von Mediatisierungen: Unmittelbarkeit – Hybridisierung – Körper

In einer dualistisch angelegten Konzeption einer klaren aber ständig bedrohten Trennung von Virtualität und Realität war für die hier behandelten Intimitätssoziologen wie Eva Illouz die Unmittelbarkeit körperlicher agency bedroht. Illouz spricht über ein Ideal romantischer Liebesbeziehung, deren Anbahnung durch „Technologien der Wahl" (Illouz 2011, S. 319) an Kontingenz und dadurch ihren Zauber verliert. Entscheidendes Element ist für sie das Fehlen des Körpers, dessen Unmittelbarkeit für Überraschung und Unverfügbarkeit sorgt und der seinen unverzichtbaren Beitrag für die Anbahnung von Intimität an einem *bestimmten* Ort in der Kennenlernsequenz leistet. Es ist die Unverfügbarkeit körperlicher Reaktionen, die Liebe und Anziehung rationaler Wahl entzieht. Darin ist die Vorstellung einer *richtigen Sequenzierung* medialer Formen des Kennenlernens – in zeitlicher wie vor allem auch in *räumlicher* Hinsicht – formuliert, in der den Sequenzen ihr „richtiger" und „angemessener" Platz zugeteilt wird und die der körperbasierten Face-to-face-Begegnung einen primären und nicht parasitären Status zuweist.

In unserem Hybridisierungsszenario verschwindet nun der Körper freilich nicht, sondern fügt sich in ein Kontinuum von Mediatisierungen ein. Wir zoomen also noch ein letztes Mal auf die medial verschalteten kopräsenten Körper in unserer Grindr-Bar: Hier ist „Nähe", auch körperliche Nähe, in mehrerlei Hinsicht ein Produkt der Verschaltung durch das mediale *device*. Nähe, so ließe sich mit Hilfe dieses Falles argumentieren, ist aber immer medial hergestellt – *unter anderem* über den Körper, der aus dieser vergleichenden Perspektive dann als ein weiteres Medium unter mehreren zur performativen Generierung von Nähe erscheinen kann. Schwerlich ließe sich bestreiten, dass es sich bei ihm um ein in dieser Hinsicht besonders wirkmächtiges Medium handelt – wir haben das vor allem in der Interface-to-face- und den Face-to-interface-Verschaltungen beobachten können und nur einen kurzen Hinweis darauf geben können, in welchen historischen räumlichen Setting die Ko-Präsenz von Körpern als eine Grundbedingung für Intimität funktioniert. An dieser Stelle müssen wir es mit einem Hinweis darauf belassen, dass der Topos der Verschränkung von *räumlicher* und *intimisierter und affektiver* Nähe die soziologische Literatur seit ihren Anfängen begleitet (vgl. nur Simmel 1984, 1992; Goffman 1963; Boden und Molotch 1994; Hirschauer, 1999); hier arbeitet sich die soziologische Perspektive an der durchaus begründeten Intuition ab, dass geographische Nähe soziale Nähe gleichsam zwingend produziert, dann aber soziologisch gerade der Umstand interessant wird, dass sich bestimmte Sozialformen dadurch auszeichnen, dass diese „automatische" Verknüpfung unterlaufen wird.

Demgegenüber simuliert der Nähegenerator Grindr Kopräsenz und stellt sie in bestimmten situierten Praktiken erst her. Wir haben ihn in dieser Hinsicht als funktionales Äquivalent zu körperlicher Kopräsenz vorgestellt und betont, dass damit der Körper als Grundlage, als „primärer Rahmen" (Goffmann 1963) von Kopräsenz nicht verschwindet, aber nur ein bestimmtes Glied in einer Verkettung von Medien und Mediatoren darstellt. Nähe, wie sie auch von Christian Licoppe und Romain Guillon konzipiert wird (2006), ist hier nicht als Lagerungsphänomen zu verstehen, als ein schlichter Tatbestand, der sich umstandslos einstellt, wenn sich Menschen in bestimmter Distanz zueinander befinden oder einfinden, sondern als interaktiv hergestelltes Phänomen. Licoppe und Guillon sprechen in diesem Zusammenhang von einer „production of proximity events". Demgegenüber zeigt Stefan Hirschauer in seiner Forschung zur Herstellung von Fremdheit im Fahrstuhl (1999) auf, wie voraussetzungsreich, vermittelt und aufwendig die Herstellung von Distanz und Dethematisierung von Nähe ist. Körperliche Nähe ist also, wie sie sich im Grindr-Setting zeigt, etabliert sich prinzipiell noch sehr unbestimmt als Nähe und muss als Nähe auch prinzipiell gar nicht relevant werden; erst wenn benachbarte Körper auf dem Bildschirm auch noch auftauchen sind sie für einander sichtbar, adressierbar und schließlich „nah" – andernfalls sind sie schlicht und einfach unansprechbar, ja unnahbar.

Uns hat bisher vor allem ein mikrosoziologischer Zugang zu den situierten Praktiken medialer Verschaltung von kopräsenten Körpern interessiert. Welche Motive den Grindr-Nutzern dabei zu unterstellen sind – etwa eine strategische Suche nach Intimität oder ein bewusster und intendierter Eintritt in das Theater der mediatisierten Anmache – haben wir hier ausgeklammert. Einige der Nutzer, die bereitwillig über ihre Erfahrungen mit Grindr berichten, sind sich den eigenartigen Hybridisierungen von unterschiedlichen Ebenen, mit denen sie konfrontiert sind, durchaus bewusst. In der folgenden Auskunft erscheint ihr Ausbleiben gar als unheimliches, dysfunktionales Phänomen:

das ist voll bescheuert, stell dir mal vor: du ziehst dich cool aaaan, parfümierst dich, machst deine Frise und bumm stehst da und starrst zwei Stunden auf dein scheiss iPhone.

Der präparierte Körper wird hier reflexiv mit dem Ausbleiben einer Interface-to-Face- oder einer Face-to-interface-Verknüpfung konfrontiert und das von uns ethnographisch beschriebene Szenario der medialen Anmache wird ins Lächerliche gezogen. Dieser User distanziert sich in der Interviewsituation von dem eigenartigen Sog von Grindr, den wir bei unseren Feldaufenthalten beobachten konnten. Dieser Sog wird aber von vielen Informanten auch anerkannt und als schlichtes, pragmatisches

Faktum interpretiert. Ein Informant etwa versichert uns, das die Kontaktanbahnung per Interface einfach „leichter" und „unverbindlicher" ist. Aus unserer Perspektive lässt sich dieser Einschätzung nichts entgegensetzen; wir würden sogar zugespitzt formulieren, dass das die von uns beobachteten Kontaktanbahnungen nur in spezifischen, medial verschalteten Settings erst ermöglicht werden. Dieser Diagnose würden auch Deirdre Boden und Harvey Molotch zustimmen, die in ihrem einflussreichen Aufsatz über „The compulsion of proximity" (1994) bestätigen argumentieren, dass der anwesende verletzliche Körper bestimmte Äußerungen gefährlicher macht. Am Telefon etwa ist das Übermitteln schlechter Nachrichten einfach leichter. In der Kontaktanbahnung im Face-to-face-Situation wiederum ermöglicht das leichtgängigere und unverbindlichere Ansprechen über Grindr, der es in ein Face-to-Interface- oder ein Interface-to-face-Setting verwandelt, ein weniger gefährdetes oder gefährliches Näherkommen. Die rekonfigurierte Produktion von Nähe macht unter diesem Aspekt auch die Produktion von Distanz leichter und bietet die Möglichkeit, sich „unbeschädigter" auch wieder zu entfernen. Denn für diesen Umstand liefert die praktische Nutzung von Grindr ein geradezu paradigmatisches Beispiel: Kopräsenz benötigt ebenso wie Distanzierung mediale *devices*, deren Multiplizität und Heterogenität aufgrund der soziologischen Fixierung auf die vermeintliche Unmittelbarkeit des Körpers bisher noch kaum forsch wurde. Besonders Intimitätssoziologen dürften aber in einer Hinsicht aufatmen: Liebe tut auch im Internet weh!

Literatur

Amann, Klaus und Stefan Hirschauer. 1997. Die Befremdung der eigenen Kultur. Ein Programm. In *Das Befremden der eigenen Kultur. Zur ethnographischen Herausforderung soziologischer Empirie*. Hrsg. Stefan Hirschauer und Klaus Amann, 7-52. Frankfurt/Main: Suhrkamp.

Bakardijeva, Maria. 2005. *Internet Society. The Internet in Everyday Life*. London, Thousand Oaks, New Delhi: Sage.

Barlow, John Perry. 1996. A Declaration of Independence of Cyberspace. https://projects.eff.org/~barlow/Declaration-Final.html (Zugegriffen: 16. Aug. 2012).

Baudrillard, Jean. 2006. The Precession of Simulacra (1983). In: *Cultural Theory and Popular Culture: A Reader*, Hrsg. John Storey, 389-396. New York: Harlow.

Boden, Deirdre und Harvey L. Molotch. 1994. The Compulsion of Proximity. In *NowHere: space, time and modernity*. Hrsg. Roger Friedland und Deirdre Boden, 257-286. Berkeley and Los Angeles: University of California Press.

Boll, Tobias 2012: Mediengebundene Lebenswelten und Beobachten mit anderen Augen. In *Lebenswelt und Ethnographie*, Hrsg. Norbert Schröer, Simone Kreher, Angelika Poferl, Volker Hinnenkamp, 411-424. Essen: Oldib.

Chauncey, George. 1994. *Gay New York Gender, urban culture, and the makings of the gay male world, 1890-1940*. New York: Basic Books.

Clark-Flory, Tracy. 2011. Blendr: Are straight people really this boring? The supposed hetero version of the gay hookup app Grindr is full of men, and glitches. http://www.salon.com/2011/09/14/blendr/ (Zugegriffen: 12. Okt. 2012).

Crabtree, Andy und Tom Rodden. 2008. Hybrid ecologies: understanding cooperative interaction in emerging physical-digital environments. *Personal and Ubiquitous Computing* 12(7): 481-493.

D'Emilio, John. 1998. *Sexual politics, sexual communities: The making of a homosexual minority in the United States, 1940-1970*. Chicago: University of Chicago Press.

Funken, Christiane und Lutz Ellrich. 2007. Liebeskommunikation in Datenlandschaften. In *Dating.21*, Hrsg. Marc Ries, Hildegard Fraueneder, Karin Mairitsch, 67-97. Bielefeld: transcript.

Gershon, Ilana. 2010. *The breakup 2.0: Disconnecting over new media*. Ithaca: Cornell University Press.

Gibson, William. 1984. *Neuromancer*. New York: Ace.

Gergen, Kenneth J. 2002. The challenge of absent presence. In *Perpetucal Contact. Mobile Communication, Private Talk, Public Performance*. Hrsg. James E. Katz, 227-241. Cambridge: Cambridge University Press.

Goffman, Erving. 1963. *Behavior in Public Places. Notes on the Social Organization of Gatherings*. New York: The Free Press.

Gordon, Eric. 2009. The Metageography of the Internet: Mapping from Web 1.0 to 2.0. In *Mediengeographie. Theorie – Analyse – Diskussion*, Hrsg. Jörg Döring und Tristan Thielmann, 397-412. Bielefeld: transcript.

Gordon, Eric und Adriane de Souza e Silva. 2011. *Net Locality: Why Location Matters in a Networked World*. Boston: Blackwell-Wiley.

Greschke, Mónika Heike. 2009. *Daheim in www.cibervalle.com*. Stuttgart: Lucius & Lucius.

Haraway, Donna. 1991. A Cyborg Manifesto: Science, Technology, and Socialist-Feminism in the Late Twentieth Century. In *Simians, Cyborgs and Women: The Reinvention of Nature*, Hrsg. Donna Haraway, 149-181. New York: Routledge.

Hahn, Kornelia. 2009. *Ent-fernte Kommunikation. Zur Soziologie fortgeschrittener Medienkulturen*. Konstanz: UVK.

Hirschauer, Stefan. 1999. Die Praxis der Fremdheit und die Minimierung von Anwesenheit. Eine Fahrstuhlfahrt. *Soziale Welt* 50: 221-245

Hirschauer, Stefan. 2004. Praktiken und ihre Körper. Über materielle Partizipanden des Tuns. In *Doing Culture. Neue Positionen zum Verhältnis von Kultur und sozialer Praxis*. Hrsg. Karl H. Hörning und Julia Reuter, 73-91. Bielefeld: transcript.

Humphreys, Laud. 1999. Tearoom Trade: Impersonal Sex in Public Places (1970). In *Public Sex/Gay Space*, Hrsg. William L. Leap, 29-54. New York: Columbia University Press.

Illouz, Eva (2003): Der Konsum der Romantik. Liebe und die kulturellen Widersprüche des Kapitalismus. Frankfurt am Main.

Illouz, Eva, 2011. *Warum Liebe weh tut. Eine soziologische Erklärung*. Berlin.

Kaufmann, Jean-Claude. 2011. *Sex@mour. Wie das Internet unser Liebesleben verändert*. Konstanz: UVK Verlag.

Knorr Cetina, Karin. 2009. The Synthetic Situation: Interactionism for a Global World. *Symbolic Interaction* 32(1):61-87.

Knorr Cetina, Karin und Brügger, Urs. (2002). Global Microstructures: The Virtual Societies of Financial Markets. *American Journal of Sociology*, 107(4), 905-950.

Kümmel, Albert, Leander Scholz und Eckhard Schumacher (Hrsg.). 2004. *Einführung in die Geschichte der Medien*. München: Utb.

Licoppe, Christian und Romain Guillot. 2006. ICTs and the Engineering of Encounters: A Case STudy of the Development of a Mobile Game Based on the Geolocation of Terminals. In *Mobile Technologies of the City*, Hrsg. Mimi Sheller und John Urry, 152-176. London & New York: Routledge.

Liegl, Michael. 2013. Nomadicity and the Care of Place – on the aesthetic and affective organization of space in freelance creative work. erscheint bei CSCW Journal Special Issue: *Work Practices, Nomadicity and the Mediational Role of Technology*, Hrsg. Luigina Ciolfi und Fabiano Pinatti.

Luhmann, Niklas. 1986. *Liebe als Passion*. Frankfurt am Main: Suhrkamp.

Meyrowitz, Joshua. 1985. *No Sense of Place: The Impact of Electronic Media in Social Behaviour*. New York: Oxford University Press.

Mitchell, W.J.T. 2008. *Bildtheorie.*Frankfurt am Main: Suhrkamp.

Negroponte, Nicholas. 1995. *Being Digital*. New York: Alfred A Knopf.

Polanyi, Karl. 1973. *The Great Transformation. Politische und ökonomische Ursprünge von Gesellschaften und Wirtschaftssystemen*. Frankfurt am Main: Suhrkamp.

Rettie, R. 2009. Mobile phone communication: Extending Goffman to mediated interaction. *Sociology* 43(3):421-438.

Sandbothe, Mike. 1998. Mediale Temporalitäten im Internet. Zeit- und Medienphilosophie nach Derrida und Rorty. In *Anthropologische Markierungen*, Hrsg. Alfred Schäfer, Winfried Marotzki und Jan Masschelein, 257-276. Weinheim: Beltz Deutscher Studienverlag.

Schegloff, Emanuel A. 1979. Identification and recognition in telephone conversation openings. In *Everyday language: Studies in ethnomethodology*, Hrsg. George Psathas, 23-78. New York: Jon Wiley & Sons.

Schegloff, Emanuel A. 1980. Preliminaries to preliminaries: "Can I ask you a question?". *Sociological inquiry* 50(3-4):104-152.

Simmel, Georg. 1984. Die Großstädte und das Geistesleben (1903). In *Das Individuum und die Freiheit: Essais*, Hrsg. Georg Simmel, 192-204. Berlin: Wagenbach.

Simmel, Georg. 1992. Exkurs über die Soziologie der Sinne (1907). In *Soziologie. Untersuchungen über die Formen der Vergesellschaftung*, Hrsg. Georg Simmel, 722-742). Frankfurt am Main: Suhrkamp.

de Souza e Silva, Adriana, und Daniel M. Sutko. 2011. Theorizing Locative Technologies Through Philosophies of the Virtual. *Communication Theory* 21(1):23-42.

Stempfhuber, Martin (2012): Paargeschichten. Zur performativen Herstellung von Intimität. Wiesbaden.

Thiedeke, Udo. 2007. *Trust, but test! Das Vertrauen in virtuellen Gemeinschaften*. Konstanz: UVK.

Thrift, Nigel und Shaun French. 2002. The automatic production of space. *Transactions of the Institute of British Geographers* 27(3):309-335.

Turkle, Sherry. 1999. *Leben im Netz. Identität in Zeiten des Internet*. Reinbek bei Hamburg: Rowohlt.

Wellman, Barry, Peter J. Carrington, Alan Hall. (1988). Networks as personal communities. In *Social structures: A network approach Vol. 2*, Hrsg. Barry Wellman und S.D. Berkowitz, 130-185. Cambridge, New York, Melbourne: Cambridge University Press.

Empathie und Introspektion in einem Netz von Gleichgesinnten

Polyamore Begehrensstrukturen in virtuellen Räumen

Karoline Boehm

Im Internet, wie in physisch-materialisierten Räumen verbinden sich Menschen mit anderen. Die AkteurInnen, die im Fokus dieses Textes stehen, vernetzen sich aufgrund ihres Interesses an Polyamorie. Es geht ihnen um die Auseinandersetzung mit offenen Beziehungsmodellen, um nicht-monogame Praktiken, die nicht heimlich sondern im Einvernehmen aller Beteiligten stattfinden. Indem polyamore AkteurInnen parallel zueinander und konsensual, mehrere intime Beziehungen eingehen oder zumindest die Option dazu haben, kommt es zu weitreichenden Aushandlungsprozessen. Die Betrachtung dieser Aushandlungsprozesse öffnet den Blick für verschiedene, gegenwartsspezifische Veränderungen und Voraussetzungen von intimen Systemen. Zentral erscheint die kollektive Erfahrung der Serialität und Auflösbarkeit von romantisch und monogam konzipierten Beziehungen.

Ausgehend vom Beispiel der Polyamorie wird im Folgenden sichtbar gemacht, welche emotionalen und kommunikativen Stile im Kontext einer Pluralisierung der Lebensformen in hochindividualisierten Gesellschaften entstehen und welche Rolle neue Medien dabei einnehmen. Im Zentrum steht die Beobachtung, dass sowohl im intimen Handeln der polyamoren AkteurInnen als auch in Formen ihres virtuellen Rat-Suchens und -Tauschens spezifische Kulturen der Empathie ausgebildet werden, die neue Lesarten postmoderner Gemeinschaftsformen nahe legen. Bevor die Argumentation dieser These im Detail aufgenommen wird, soll zunächst das Phänomen der Polyamorie genauer beleuchtet werden. Grundlage für die Ausführungen bildet meine ethnografische Forschung zu diesem Thema, die in Wien angesetzt hat und insbesondere auf qualitativen Interviews sowie teilnehmenden Beobachtungen basierte (vgl. Boehm 2012).

1   Vernetzungen, ‚Sexual Story' und Virtualität

Wie in der Forschung zu Polyamorie bereits dargelegt wurde, ist die „Kritik von Monogamie und Zweierbeziehung schon seit den 1960er Jahren ein fester Bestandteil vieler progressiver feministischer, lesbischer, schwuler, bisexueller und linker gegenkultureller Bewegungen" (Klesse 2007, 316; vgl. Pieper und Bauer 2005, 61 f.) gewesen. Im Kontext dieser Bewegungen wurden teilweise neue Formen der Intimität erprobt. Zum Teil greifen ProtagonistInnen meiner Forschung Handlungsmuster und ähnliche politische Positionen auf, wenn sie tradierte Beziehungsmodelle und Sinngebungen intimer Handlungen hinterfragen. Trotzdem lässt sich die gegenwärtige Polyamorie-Bewegung weder in einer direkten Traditionslinie zu einer der genannten Gruppen verorten, noch als neue soziale Bewegung oder per se als gegenkulturell charakterisieren. Zu heterogen und multipel sind die Positionen der AkteurInnen im sozialen Raum und zu vielfältig die weltanschaulichen, politischen, philosophischen oder religiös-spirituellen Orientierungen (vgl. Haritaworn, Lin et al. 2006; Willey 2006; Klesse 2006).

Begreift man die AkteurInnen als Angehörige eines thematisch fokussierten Netzwerkes, mit dynamischer Struktur, so lässt sich die Polyamorie-Bewegung als Szene charakterisieren. Die Szene stellt eine jener postmodernen Gemeinschaftsformen dar, die im Zuge komplexer „Subjektivierungs-, Pluralisierungs- und Globalisierungsprozesse" (vgl. Hitzler, Bucher et al. 2005) entstanden sind. Sie begründet sich auf der Basis eines geteilten Interesses und konstituiert sich fortlaufend durch die Beschreibung und Stilisierung von Gemeinsamkeiten. Über Formen der Medialisierung, Differenzierung, Ästhetisierung, Eventisierung und Kommerzialisierung kommt es zu einer themengebundenen Verstetigung sozialer und kommunikativer Strukturen.

Anders als bei den oben genannten Bewegungen spielen politische Forderungen eine untergeordnete Rolle. Im Zentrum des heterogenen Netzwerkes steht die Auseinandersetzung über individuelle Alltagspraktiken. Verhandelt wird der Umgang mit konkreten Situationen und Konstellationen und was die ideelle Grundlage der Handlungen bilden sollte. Den vielfältigen Weltdeutungsschemata entsprechend werden viele unterschiedliche Standpunkte vertreten. Sie betreffen nicht nur persönliche Fragen sondern auch das Thema der Repräsentation von polyamoren Lebensformen und Konzepten. In den Positionen zeigen sich sowohl normalisierende Tendenzen (vgl. Klesse 2006), als auch solche, die die Entstehung einer „Polynormativity" (Zanin 2013) kritisieren. Während einige Personen vor allem den Aspekt der Liebe ins Zentrum rücken, ist anderen an einer weniger gefühlsbetonten Deutung gelegen. Sie vertreten die Ansicht, dass auch kurzfristige oder ausschließlich sexuell begründete Handlungen unter dem Begriff der Polyamorie mitgedacht werden sollten.

Die Autorinnen Ani Ritchie und Meg Barker machen einen weiteren Aspekt sichtbar, indem sie Polyamorie nicht nur als Lebensform und Szene betrachten, sondern, mit Verweis auf Ken Plummer (1995), auch als „burgeoning sexual story" (Ritchie und Barker 2006, 584). Der Begriff der ‚Sexual Story' macht auf Diskurslogiken aufmerksam, nach denen ein Thema wie Polyamorie bestimmte, zeitspezifische Narrative und mediale Inszenierungen entstehen lässt und diese bedient. Sichtbar wird dabei, dass Produktion als auch Konsumtion der Geschichten und Erzählweisen von Lebensformen Spiegel von politischen Auseinandersetzungen und sozialen Kämpfe sind.

Praxis und ‚Sexual Story' der Polyamorie, die ihren Ausgang in den USA hat, finden mittlerweile auch in deutschsprachigen Räumen Verbreitung und Ausgestaltung. Als maßgeblich hierfür erscheint die Nutzung des Internets und die Etablierung interaktiver Foren zum Thema (vgl. Klesse 2007, 318). Über die Herausbildung von Treffpunkten, Medien, Veranstaltungen und in der Nutzung spezifischer ästhetischer Codes haben sich viele emotional und sexuell kodierte Szene insbesondere in physisch-materialisierten Räumen konstituiert. Zu diesen zählen insbesondere LesBiSchwule-, Queere-, Bondage-, Sadomaso- und Tantra-Szenen. Im Hinblick auf die Polyamorie-Szene stellt sich dies anders dar. Sie formiert sich, nicht ausschließlich aber doch vornehmlich, in virtuellen Räumen. Foren wie *Joyclub, Beziehungsgarten, Facebook*-Gruppen aber auch eigens eingerichtete Mailinglisten wie *poly.ch* bilden zentrale Orte zum themenbezogenen Austausch. Das Internet bildet somit gleichermaßen eine wesentliche Voraussetzung als auch den Modus der Popularisierung polyamorer Praktiken.

2   Dem Kind einen Namen geben

Im Rahmen von virtuellen Medien haben viele Personen, so auch einige meiner InformantInnen, zum ersten Mal vom Modell der Polyamorie erfahren. In vielen selbstbiografisierenden Erzählungen und informellen Gesprächen bildete dies einen zentralen Topos. Das Entdecken des Begriffs wurde für die AkteurInnen zum biografisch bedeutsamen Ereignis weil die, zunächst ‚zufällige', Begegnung folgenreich werden sollte. Die Neuentdeckung bot die Möglichkeit einem Begehren, Gedanken oder einer bereits forcierten Praxis einen Namen zu geben.

In einigen Fällen sind die AkteurInnen dem Konzept in Lebensphasen begegnet, in denen sie auf der Suche nach Anregungen und Machbarkeiten waren, ihren Beziehungsvorstellungen folgen zu können. In anderen Fällen hat mit dem Entdecken des Begriffs eine Suche begonnen. Diese Suche nach der eigenen Art und Weise, polyamor zu leben, hat oftmals vornehmlich in virtuellen Räumen stattgefunden. GesprächspartnerInnen berichten von nächtelangem Surfen auf unbekannten Pfaden, von Horizont erweiterndem Googeln und ihrem Austausch mit Anderen.

3 Etablierung neuer Gefühlskulturen

Im (Ein-)Finden und Ausbilden einer polyamoren Begehrensstruktur spielen sowohl persönliche und unpersönliche Vernetzungen eine zentrale Rolle.

Wie eine Untersuchung der SoziologInnen Marianne Pieper und Robin Bauer (2005) gezeigt hat, lassen sich z. B. Gefühle der Verlustangst, des Neides und andere, die häufig unter dem Begriff der Eifersucht zusammengefasst würden, nicht einfach mit dem Eintritt in eine neuartige Beziehungsform ablegen. Vielmehr bilde der Umgang mit diesen Empfindungen ein essentielles Thema in einem umfassenden Prozess der Neuorientierung. Auch Ergebnisse meiner Studie zeigen an, dass neue Lesarten und vielfältige Strategien entwickelt werden um mit normativ besetzten Empfindungen und nicht-monogamen Situationen umzugehen. In diesem Zusammenhang ist der Austausch in der virtuellen Community äußerst bedeutsam.

Im kontinuierlichen Prozess des Poly-Werdens und -Seins, mit dem Übergang in ein neues Wertesystem, wird mit einem komplexen normativen Apparat gebrochen. Viele AkteurInnen gehen eine offensive Auseinandersetzung mit mono- und heteronormativ geprägten Praktiken, Idealen und Gefühlskulturen ein. Eifersucht, Beziehungs- und Wohnformen aber auch Fragen des Outings und Nicht-Outings bilden insofern wichtige Themen individueller und kollektiver Aushandlungsprozesse. Ausschlaggebend ist unter anderem die Erfahrung der Devianz(en), die mit der Verortung und Vernetzung des Selbst in einem Kollektiv der Devianten neue Gestalt annimmt und relativiert werden kann.

Digitale Kommunikationsweisen, die eng in Alltagshandlungen eingeflochten sind, wie das Chatten, (Video-)Telefonieren, SMS- und E-Mailschreiben wurden von meinen GesprächspartnerInnen nicht nur als Hilfsmittel des Kontakt-Haltens beschrieben, sondern auch als essentielle und zum Teil hoch emotionalisierte Momente des Kontakt-Habens. Der Weg durch virtuelle Formate der Kommunikation löst oftmals das Gefühl einer ideellen Einsamkeit im physisch-materialisierten Raum ab.

4   Freude über die Freuden der Anderen

Zentralen Stellenwert hat in polyamoren Kontexten das Prinzip der Mitfreude (engl. Compersion). In ihm geht es darum, sich auch an den Freuden der PartnerInnen zu erfreuen, bzw. ihnen diese zu vergönnen. Der empathische Modus wird insbesondere im Hinblick auf nicht-monogame Handlungen angewendet und bietet eine Möglichkeit, Beziehungen zu Dritten und Vierten in einem anderen Licht zusehen. Einige InterviewpartnerInnen erwähnen, dass sie sich über den In-Put durch eine neue oder weitere Person freuen würden. Es mache sie zufrieden, ihre jeweilige PartnerIn glücklich zu sehen. Andere betonen, dass es entlastend sei, wenn man nicht alles für eine andere Person sein müsse und weisen darauf hin, dass unterschiedliche Wünsche und Bedürfnisse durch unterschiedliche PartnerInnen erfüllt werden können. Diese Aussagen gehen nicht allein aus individuellen Erfahrungen hervor sondern werden häufig getroffen. So oder so ähnlich sind sie an vielen Stellen, in szenespezifischer Ratgeberliteratur, in Blogs und digitalen Briefen, nachzulesen.

Mit Eva Illouz interpretiere ich diese veränderte „Art des Denkens über die Beziehung des Selbst zum anderen" (Illouz 2007, 16) als neuen „emotionalen Stil" (ebd.). Emotionale und sexuelle Handlungen, jenseits eines dyadischen Systems, stellen in polyamoren Kontexten eine forcierte Praxis dar. Sie werden nicht länger kategorisch als Treubruch, Seitensprung, Ausrutscher oder Anfang vom Ende angesehen. Vielmehr bilden sie einen integralen Bestandteil des Intimsystems, den es zu gestalten gilt. Mit dieser neuartigen Herausforderung kommt es zu veränderten Formen der Bezogenheit und Formationen der Intimität in denen einige mononormativ geprägte Wünsche, Erwartungen, Versprechungen reformuliert und andere aufgegeben werden. Im Kleinen geht es um die Organisation des polyamoren (Beziehungs-)Alltags und im Größeren um die Etablierung neuer Gesten, Bedeutungen und Zeichensysteme.

Ich vertrete die These, dass der empathische Modus dabei eine Schlüsselrolle spielt und in virtuellen Kulturen des Austauschs, des Rat-Suchens und -Gebens, weiter ausgebildet wird.

5   Empathie als Gegenwartsphänomen

Kulturen der Empathie, also Handlungen und Momente in denen das Hineinversetzen in die Position und Perspektive eines anderen Menschen, zum zentralen Thema wird, lassen sich nicht nur in polyamoren Kontexten ausmachen (vgl. Illouz 2007, 35). Beispiele finden sich nicht nur in Gesprächssituationen mit Vertrauten sondern auch in diversen medialen Handlungen, wenngleich diese teilweise ‚oberflächlich‘ anmuten. Ändert eine Person bei *Facebook* ihren „Beziehungsstatus" und scheint ein rosa eingefärbtes, rot umrandetes Herz auf, so wird dies üblicherweise von einer Reihe von Leuten ‚geliket'. Im Kino wird mitgefiebert, geweint und gelacht, die Übertragung eines Fußballspiels erscheint wichtiger als vieles andere und das Gesehene kann zum stimmungsbedingenden Thema stundenlanger Gespräche werden. Politische Ereignisse werden u. a. über Twitter und andere Online-Medien mitgeteilt oder initiiert und über das Medium inbrünstig verfolgt und mit Kommentaren versehen.

Wie in diesen Beispielen sichtbar wird, können medial vermittelte Ereignisse Gefühle evozieren, über die sich Personen mit Anderen, oft nur un- oder einseitig Bekannten, verbinden. Formen der Empathie lassen sich angesichts dieser Bandbreite nicht als alleiniges Signum der Polyamoren ausmachen. Vielmehr erscheinen sie als ein zentrales Charakteristikum gegenwärtiger Medien- und Gefühlskulturen, das in polyamoren Kontexten besonders augenscheinlich wird. Nicht nur der emotionale Stil der Mitfreude bietet zu dieser These Anlass, sondern auch Kommunikationsweisen im Virtuellen.

Medien des Rat-Tauschens

Für die ProtagonistInnen meiner Forschung erscheinen, neben der anwendungsorientierten „Bibel der Polyamorie" *The Ethical Slut* (Easton und Hardy 2009) und einigen anderen populären Büchern und Online-Portalen insbesondere Mailinglisten bedeutsam. Mailinglisten sind als E-Mail-Verteiler organisiert und ermöglichen den Inskribierten eine überwiegend Text- und Link-basierte, vergleichsweise ausführliche Kommunikation. Eine erste deutschsprachige Internetplattform und Mailingliste zum Thema Polyamorie gibt es seit dem Jahr 2002 (vgl. Lambing 2011). Sie wird aktuell von mehreren hundert Personen genutzt und hat ein E-Mail-Aufkommen von durchschnittlich 14 E-Mails pro Woche. Im Text der Administration heißt es: „In der poly-ch Mailingliste wollen wir uns schriftlich über unsere Erfahrungen, unsere Sorgen und Nöte, hoffentlich aber auch über die erfreulichen Erlebnisse und Begebenheiten im Zusammenhang mit dem Thema polyamory austauschen." (http://www.polyamory.ch/doc/mailingliste).

Im Rahmen der Mailingliste kommt es neben diversen Ankündigungen und Bekanntmachungen zu umfassenden Schilderungen, die über die Verteilerfunktion jeweils mehrere hundert EmpfängerInnen erreichen. In Briefform abgefasst, werden Lebens- und Liebesgeschichten, Problemlagen, Momente der Eifersucht, Trennungserfahrungen, frische Begegnungen, langjährige Beziehungen, Versöhnungen, Aussprachen und Zeremonien beschrieben und kommentiert. Die ProtagonistInnen antworten auf die Schilderungen der Anderen, sie erzählen, stellen Fragen, suchen und geben Inspiration oder Rat, sie reflektieren und diskutieren. Während einige Wenige den Dissens kultivieren, ist der kommunikative Stil im Allgemeinen insbesondere durch einen unterstützenden Impetus und eine empathische Grundhaltung gekennzeichnet.

Die Analyse der empathischen Haltung in polyamoren Kontexten gibt neue Kollektivbildungen zu erkennen. Praktiken des Mitfühlens genauer zu betrachten und nach Bedingungen, Motiven und Wirkungsweisen zu fragen erscheint mir vor diesem Hintergrund insbesondere sinnvoll, weil sich im skizzierten Phänomen die Kehrseite einer verschiedentlich konstatierten Entsolidarisierung (Vogel, Schultheis et al. 2010; Iring 2002) offenbart. Im beschriebenen Ausschnitt zeigt sich jedoch zumindest eine emotionale Solidarität, die stellenweise auch zu temporären politischen Allianzen führt.

6 Dialogizität und der Wille zum Konsens

Auf der Mailingliste *poly-ch* werden neben oben genannten Themen insbesondere Aspekte der emotionalen und sexuellen Selbstbestimmung, Entfaltung und Vereinbarkeit behandelt. Zentrale Themen stellen aber auch Fragen der Authentizität, sowie der Genese und Kommunikation von Bedürfnislagen dar. Diese Schlüsselthemen geben eine sehr reflexive Ebene vor, insbesondere eine autoreflexive. Erkennbar wird, dass die, mit den Themen verbundene Befragungen des Selbst, ein zentrales Motiv haben. Es geht den polyamoren AkteurInnen um Dialogizität und darum, etwas über sich selbst zu erfahren. Reflexion und therapeutisch geprägtes Gespräch werden hier als Schlüsselkompetenz, bzw. Voraussetzung im Erlangen von Selbstkenntnis angesehen.

Der Aspekt der Selbstkenntnis wiederum ist aufs engste mit dem Moment des Konsens´ verbunden, dass idealerweise die Prämisse und Basis polyamorer Handlungen bildet. Während viele andere Fragen in online geführten Diskussionen durchaus streitbar erscheinen, steht der Aspekt des Konsens´ kaum zur Disposition (vgl. Schroedter und Vetter 2010, 43). Voraussetzung für einen Konsens ist einerseits das Wissen aller Beteiligten von den nicht-monogamen Handlungen und andererseits, dass die Beteiligten in der Lage sind, zu vermitteln und zu erfahren wie sie selbst und Andere die Situation erleben. Vor diesem Hintergrund wird die Reflexion über eigene Wünsche, Bedürfnisse und Erfahrungen oftmals zum zentralen Akt, mit dem die AkteurInnen nach Selbstkenntnis streben.

Michael Meuser stellt fest, dass Liebe in Folge des feministischen Diskurses um diese nur noch möglich sei, „wenn sie reflexiv wird, wenn sie sich über die eigenen

Voraussetzungen aufklärt" (Meuser 1998, 224). In Konsequenz dieser Entwicklung erscheine die „verbal vermittelte Verständigung der Partner [...] als höchstes Gut und Allheilmittel" (ebd.). Nicht nur in polyamoren Kontexten gilt das Gespräch dieser Skizze zu Folge also als Voraussetzung einer gelungenen Auseinandersetzung. Die Bedeutsamkeit von ‚integeren' Sprechakten oder Handlungen verstärkt sich im Kontext polyamorer Lebenssituationen jedoch, weil kaum auf erprobte Umgangs- und Deutungsweisen tradierter Liebessemantiken zurückgegriffen werden kann. Verbalisierungen sind für die AkteurInnen notwendig um Semantiken zu modifizieren, sowie um Zeichen und neue Gesten des Intimen in ihren Beziehungen zu etablieren und dekodierbar zu machen. Aus Reflexion resultierende Selbstkenntnis und Dialoge, die die innere Auseinandersetzung offen legen, bilden zudem den Modus des Empathisch-Werdens.

7   Facetten der Introspektion

Die Praxis der Introspektion gilt als Sinnbild des romantischen Kults der Innerlichkeit und markiert ein Streben nach Authentizität (vgl. Tripold 2012, 10 ff.). Sie markiert gesellschaftliche Transformationsprozesse: „Durch das Wegfallen von traditionellen und sozialstabilen Bindungen und der Verflüchtigung althergebrachter Wertmuster besteht in der Moderne gewissermaßen ein Zwang, sich am eigenen Selbst – mit allen seinen widersprüchlichen und ständig in Konflikt tretenden Bedürfnissen – als normative Instanz zu orientieren. (...)" (ders., 10). Eine forcierte Innerlichkeit, ihre Wertschätzung und die Idee vom authentischen und autonomen Selbst bilden das Setting, in dem auch polyamore AkteurInnen dem Imperativ der Suche und des Wählens folgen und sich für einen neuen Weg und ein offenes Beziehungsmodell entscheiden.

Umfassende Analysen zeigten, dass sowohl der Imperativ des Suchens, als auch Inszenierung und Thematisierung von Gefühlen und damit einhergehende Akte der Enttabuisierung in ihrer Wirkungsweise ambivalent sind. Sie wurden als Ausdruck von Subjektivierung und Ausgang moderner Disziplinierungsmechanismen interpretiert (vgl. Foucault 1983). Ebenso wurden sie als „Tyrannei der Intimität" umschrieben und für Prozesse der Entpolitisierung und für die Banalisierung öffentlicher Sphären verantwortlich gemacht (Sennett 1986). Andere Analysen behandeln insbesondere das System der Verschleierung und Werteproduktion eines emotionalen Kapitalismus (vgl. Illouz 2003; 2007, 41).

Die detaillierte Betrachtung polyamorer Praktiken vor dem Hintergrund dieser Analysen erscheint äußerst weiterführend weil sie das Spannungsfeld zwischen

Pluralisierung, Flexibilisierung und Prekarisierung weiter durchleuchten könnte. Aus Gründen der argumentativen Engführung kann sie an dieser Stelle jedoch nur partiell vertieft werden: Es interessieren die Praktiken der Introspektion und dass, was sie offen legen. Sie lassen sich als Vorgang des Ordnens und Sondierens betrachten in dem divergierende Ideale, Erfahrungen und Wünsche austariert werden. Soziale Kämpfe und Merkmale des gesellschaftlichen Wandels spiegeln sich darin in besonderer Weise.

8   Serialität und Erfahrungen der Auflösung

Die Betonung des Artikulierten und Einvernehmlichen in polyamoren Kontexten, lässt sich insbesondere als Kommentar zu weit verbreiteten, explizit geheimen, Praktiken des ‚Fremdgehens‘ verstehen, die biografisch für viele AkteurInnen, aus der einen oder anderen Rolle heraus, schon einmal bedeutsam geworden sind. Während die Auseinandersetzung mit der polyamoren Idee, der konsensualen Mehrfachbeziehung insgesamt höchst unterschiedlich motiviert ist (vgl. Pieper und Bauer 2005, 67 f.), erscheint ein Faktor als konsistent. Es ist die kollektive Erfahrung der Serialität, Auflösbarkeit und die Reorganisation von Beziehungen und Bindungen mit der umgegangen wird. Sie haben in der Gegenwart nicht nur einen neuen Grad der Verbreitung erreicht, sondern werden auch (massen)medial vermittelt und in den politischen Diskurs integriert (vgl. Rosenbaum und Timm 2008). Besonders eindrücklich führt dies die Reklame einer österreichischen Tageszeitung vor, die die Zielgruppe für das hier beworbene Familienressort mit folgenden Worten benennt: „Für Mütter, Väter, alleinerziehende Halbstiefmütter, biologische Ex-Erziehungsberechtigte und gleichgeschlechtliche Adoptivgroßeltern. Und für alle anderen." (Quelle: Der Standard). Weitere Beispiele für die politische und populäre Gestaltung jener Diskurse um Auflösung und Neuformation bilden auch gegenwärtige politische Debatten um Sorgerechtsreformen, Berichte über Scheidungsraten, sowie Online-Portale wie *Seitensprung.at*.

Wie meine Untersuchung ergeben hat, liegt eines der zentralen Motive für die Zuwendung zu polyamoren Lebensformen darin, Verlusterfahrungen oder Verletzungen, vorzubeugen oder zu bewältigen. Die SoziologInnen Marianne Pieper und Robin Bauer fassen den Wandel in Wahrnehmung und Praxis wie folgt zusammen: „Die Vorstellung von der einzigen dauerhaften Liebe wird abgelöst von der Wiederholbarkeit des Liebens. Auch das Paar stellt sich als spaltbar und erweiterbar heraus. (…) Neben der Bedeutung romantischer Empfindungen werden Lustbetonung und eine Erweiterung emotionalen Lebens (…) hervorgehoben" (Pieper und Bauer 2005, 68). In polyamoren Beziehungen entdecken die AutorInnen neue Formen sich zu diesem gesellschaftlichen, nicht individuell sondern strukturell begründeten Phänomen der Reorganisation zu verhalten.

9   Widersprüchlichkeit als kollektive Erfahrung

Die Entstehung polyamorer Modelle, im Zuge einer allgemeinen Pluralisierung von Lebensformen, lässt sich nicht nur als Strategie der Bewältigung und des Vorbeugens von Verlusterfahrungen und Verletzungen sehen, sondern auch als ein Umgang mit Liebesidealen und Praktiken des Intim-Werdens im Kapitalismus. Insbesondere in der Gleichzeitigkeit von stark gegenderten Liebesidealen, der Entstehung ‚sexueller Felder' in denen das erotische Kapital zum zentralen Kriterium der PartnerInnen- wahl wird und angesichts veränderter ‚Heiratsmärkte' käme es zu einer Verkettung von Enttäuschungen und leidvollen Erfahrungen (vgl. Illouz 2011). Die große Frage, warum Liebe weh tut, beantwortet Eva Illouz in ihrem gleichnamigen Buch insbesondere mit dem Verweis auf divergierende und letztendlich kulminierende Ideale, Erwartungen und Realitäten.

Im monogamen Versprechen der Ausschließlichkeit und in der Konzentration komplexer Erwartungen auf eine Person, treten die von ihr beschriebenen Wider- sprüche besonders zugespitzt in Erscheinung: Viel höher ist die Wahrscheinlich- keit, dass eine einzelne Person nicht alle Wünsche, z. B. bezüglich des Grades und Motives der Zuwendung, der Ausschließlichkeit oder der habituell bestimmten Praxisformen, der anderen erfüllen kann und umgekehrt. Polyamorie kann als Versuch der Entwirrung hier angesprochener Widersprüche verstanden werden. In polyamoren Beziehungen wird die sexuelle oder emotionale Verbindung zwar auch vielfach zum essentiellen Thema, das Glücksversprechen wird jedoch dezentral organisiert und von einem Netz der Vertrauten und Zugewandten getragen. Die spezifische Integration freundschaftlicher Semantiken in romantische und sexuelle Beziehungen erweitert zudem das Spektrum möglicher Kommunikationscodes und dient als Verstetigung sozialer Beziehungen.

10   Empathie als Reorganisation des Sozialen

Wie die Skizze virtueller Formen des Rat-Tauschens und der Entstehung eines neuen emotionalen Stils und der Ausbildung empathischer Prinzipien gezeigt hat, sind die Prozesse einer weiter voran schreitenden Pluralisierung der Lebensformen und intimen Praxisformen in keinster Weise als Ausgangspunkt von Identitätsverlust oder Abwesenheit sozialer Verantwortung zu deuten. Vielmehr lässt sich entdecken, wie innerhalb dieses Systems der Hybridisierung tradierter Einheiten, neue strukturgebende Strategien gefunden werden (vgl. Eickelpasch und Rademacher 2004).

Zu beobachten sind soziale Verdichtungen, in denen sich AkteurInnen nicht nur temporär sondern auch nachhaltig mit Anderen verbinden. Sie schaffen Netze des Austauschs, kollektive Sinngebungen und Formen der Zusammengehörigkeit. Sichtbar wurde, dass nicht nur Selbstzentriertheit und die Produktion bzw. Introspektion der eigenen Gefühlswelt, sowie ihre weltanschauliche (psychologische, philosophische, spirituelle oder religiöse Befragung) mit den verschiedenen Wellen eines gegenwärtigen romantischen Kults ausgebildet werden. Auch Modi der Empathie werden in virtuellen Kulturen des Rat-Suchens und -Tauschen oder im Prinzip der Mitfreude entwickelt.

Indem das Mitfühlen, bzw. das Hineinversetzen in die Position und Perspektive eines anderen Menschen zu einer zentralen Praxis wird, verändern sich Bedingungen und Formen der Loyalität. Das Verständnis und empathische Begleiten der Handlungen von Fremden, dem insbesondere im Virtuellen raum gegeben wird, erweitert die Vorstellungen der AkteurInnen davon, was sag- und machbar ist. Teilweise offeriert die Betrachtung fremder Lebensgeschichten eine Metaebene, die dem Blick auf das Selbst verwehrt bleibt, und entfaltet Wirkung.

Literatur

Berthold Vogel, Franz Schultheis und Michael Gemperle (Hg.). 2010. Ein halbes Leben. Biografische Zeugnisse aus einer Arbeitswelt im Umbruch. Konstanz: UVK Verlagsgesellschaft.

Karoline Boehm. 2012. Praktiken der Polyamorie. Über offene Beziehungen, intime Netzwerke und den Wandel emotionaler Stile. Wien: Institut für Europäische Ethnologie Wien.

Dossie Easton und Janet W. Hardy. 2009. The Ethical Slut. A Practical Guide to Polyamory, Open Relationships and Other Adventures. 1997. Berkeley: Greenery Press.

Rolf Eickelpasch und Claudia Rademacher. 2004. Identitäten. Bielefeld: Transcript.

Iring Fetscher. 2002. Solidarität und Individualisierung. In: Gewerkschaftliche Monatshefte, Nr. 4-5/2002, S. 196-200.

Michel Foucault. 1983. Der Wille zum Wissen. Sexualität und Wahrheit 1. Frankfurt a. M.: Suhrkamp.

Jin Haritaworn, Chin-ju Lin und Christian Klesse. 2006. Poly/loque: A critical Introduction to Polyamory, Sexualities December 9: 515-529.

Eva Illouz. 2003. Der Konsum der Romantik. Liebe und die kulturellen Widersprüche des Kapitalismus. Frankfurt a. M.: Campus.

Eva Illouz. 2007. Gefühle in Zeiten des Kapitalismus. Frankfurt a. M.: Suhrkamp.

Eva Illouz. 2011. Warum Liebe weh tut. Eine soziologische Erklärung. Frankfurt a. M. : Suhrkamp.

Christian Klesse. 2007. Polyamory – von dem Versprechen, viele zu lieben. Ein Kommentar zum Forschungsstand, Zeitschrift für Sexualforschung 20, S. 316–330.

Christian Klesse. 2006. Polyamory and its 'Others': Contesting the Terms of Non-Monogamy, Sexualities December 9, S. 565-583.

Julio Lambing. 2011. Geschichte der polyamoren Bewegung in Deutschland, Österreich und der Schweiz. http://polyamory.de/Poly%20GeschichteDeutschsprachigerRaum (letzter Zugriff 15. 02. 2013)

Michael Meuser. 1998. Vergesellschaftete Intimität. Geschlechterpolitik und Liebe. In Liebe am Ende des 20. Jahrhunderts. Studien zur Soziologie intimer Beziehungen, Hrsg. Cornelia Hahn und Günter Burkart, 217-233. Opladen: Leske und Budrich.

Marianne Pieper, Robin Bauer. 2005. Polyamory und Mono-Normativität: Ergebnisse einer empirischen Studie über nicht-monogame Lebensformen. In Mehr als eine Liebe – Polyamouröse Beziehungen, Hrsg. Laura Méritt, Traude Bührmann und Nadja Boris Schefzig , 59-70. Berlin: Orlanda.

Ken Plummer. 1995. Telling Sexual Stories. Power, Change and Social Worlds. London: Routledge.

Ani Ritchie und Meg Barker. 2006. 'There Aren't Words for What We Do or How We Feel So We Have To Make Them Up': Constructing Polyamorous Languages in a Culture of Compulsory Monogamy, Sexualities December 9 (5), S. 584-601.

Heidi Rosenbaum und Elisabeth Timm. 2008. Private Netzwerke im Wohlfahrtsstaat. Familie, Verwandtschaft und soziale Sicherheit im Deutschland des 20. Jahrhunderts. Konstanz: UVK Verlagsgesellschaft.

Thomas Schroedter und Christina Vetter. 2010. Polyamory. Eine Erinnerung. Stuttgart: Schmetterling Verlag.

Richard Sennett. 2004. Verfall und Ende des öffentlichen Lebens . Die Tyrannei der Intimität. Frankfurt a. M.: Fischer.

Thomas Tripold. 2012. Die Kontinuität romantischer Ideen. Zu den Überzeugungen gegenkultureller Bewegungen. Eine Ideengeschichte. Bielefeld: Transcript.

Was ist die poly-ch Mailingliste? http://www.polyamory.ch/doc/mailingliste (letzter Zugriff 15. 02. 2013)

Andrea Zanin. 2013. The Problem with Polynormativity, 24.01.2013. http://sexgeek.wordpress. com/2013/01/24/theproblemwithpolynormativity/(letzter Zugriff 15. 02. 2013)

„Wir sind zweimal zweite Wahl"
(Intime) Selektionsempfehlungen im Web. 2.0 systemtheoretisch gesehen[1]

Martin Fritz

> „Und ich dachte: ‚Wie waren die anderen
> auch nicht besser, eher schlimmer
> und mit der Sorte kenne ich mich wenigstens aus
> und Schlussmachen kann man immer.'"
> (Britta 1999)

> „Real love isn't brains, children. It's blood. It's blood
> screaming inside you to work its will. I may be love's bitch,
> but at least I'm man enough to admit it."
> (Spike, zitiert nach Vebber 1998)

Die folgenden Überlegungen sind aus der Perspektive der *(Vergleichenden) Literaturwissenschaft bzw. der Kulturwissenschaft* angestellt. Sie beziehen sich dabei jedoch vor allem auf die *soziologische Systemtheorie Niklas Luhmanns*, dessen theoretische Auseinandersetzungen mit dem Phänomen der *Liebe* (Luhmann 1994, 2008) in einem ersten Abschnitt kurz resümiert werden, sofern sie für die vorliegende Fragestellung relevant sind. Mit anderen Worten gesagt steht dabei ein auf den selbst gewählten Problembereich beschränkter, eklektischer, instrumentalistischer Zugang zu Luhmanns Texten und Theoremen vor einer größte Präzision und Vollständigkeit anstrebenden Exegese des Luhmann'schen Theoriegebäudes wie seiner Terminologie als Selbstzweck. In einem zweiten Schritt wird die Konstruktion und Wirkungsweise von *(intimen) Selektionsempfehlungen im so genannten Web 2.0* beschrieben, die – so meine These – die von Luhmann beschriebene Liebes-Semantik vor ein neues oder zumindest erneut verschärftes strukturelles

---

1 Für ihre hilfreichen Anmerkungen zur Verbesserung der Kohärenz wie der Kohäsion dieses Textes danke ich meiner ersten Leserin Carmen Sulzenbacher, während alle verbliebenen groben Ungereimtheiten, kleineren Ungenauigkeiten und logischen Sprünge nur mein Verschulden sind.

Problem stellt. Darüber, welche Problemlösungen dafür denkbar sind, werden in einem dritten Abschnitt einige Beispiele aus dem Bereich der (Pop-)Kultur (d.h. Romane, Popsongs etc.) befragt.

Auch wenn sich dieser Beitrag – wie aus dem obigen wohl klar geworden ist – eher als theoretische Annäherung an ergiebige Fragestellungen, denn als empirische Untersuchung versteht, werden also zahlreiche (in einem sehr weiten Sinn) literarische Beispiele eines Entwurfs der Weiterentwicklung der Liebes-Semantik vor dem Hintergrund der technischen Entwicklungen des Web 2.0 behandelt. Dass ein solches Vorgehen durchaus theoretisch sinnvoll ist, argumentiert Niklas Luhmann selbst folgendermaßen:

> „Gewiß kann die Verbaldarstellung der Liebe von Soziologen nicht beim Wort genommen und als zuverlässige Realitätsbeschreibung akzeptiert werden. Sie ist andererseits mehr als eine illusionäre Selbsttäuschung oder falsche Rationalisierung. Die folgenden Überlegungen sind von der These getragen, daß die literarische, idealisierende und mythisierende Darstellung der Liebe ihre Themen und Leitgedanken nicht zufällig wählt, sondern damit auf ihre jeweilige Gesellschaft reagiert; daß sie zwar nicht die Realität widerspiegelt, wohl aber angebbare Probleme löst, nämlich funktionale Notwendigkeiten des Gesellschaftssystems in Form bringt." (Luhmann 2008, S. 27f)

Auf die Gefahr, dass aus Sicht der Literaturwissenschaft bei einem solchen Nutzbarmachen (literarischer) Texte durch die soziologisch-systemtheoretische Theorie die eigentliche Literaturwissenschaft (also die Beschäftigung mit der Eigenspezifik einzelner Texte und Text-Genres) zu kurz kommen kann, hat Niels Werber hingewiesen:

> „Soziologen und Diskursanalytiker mögen gleichgültig ihrem literarischen Status gegenüber Romane wie Dramen, Briefsammlungen wie Tagebücher als Quellen benutzen, um ihre Thesen zur Liebe zu illustrieren oder zu belegen, die Literaturwissenschaft darf sich aber damit nicht begnügen, denn sonst müßte sie eine Antwort schuldig bleiben auf die zentrale Frage, was denn die Liebesliteratur von der Intimkommunikation der Gesellschaft deshalb unterscheidet, weil sie Literatur ist" (Werber 2003, S. 46).

Werber stellt also eine Doppelforderung auf nach Beachtung der Eigengesetzlichkeit sowohl soziologischer wie literarischer Sachverhalte. Er beschäftigt sich „[...] mit der doppelten Frage, welche Folgen es für die Intimkommunikation hat, wenn sie zum Medium eines Romans wird und sich literarisch formen läßt, und welche Konsequenzen zu erwarten sind, wenn ein Roman eine bestimmte Intimsemantik und keine andere übernimmt, um seine Geschichte zu erzählen" (Werber 2003, S. 47).[2]

---

2   „Roman" deshalb, weil sich Werber in der betreffenden Studie eben mit der Koevolution der Gattungsgeschichte des Romans und der intimen Kommunikation, also der Entwicklung der Liebes-Semantik, auseinandersetzt.

So sehr Werber dabei grundsätzlich zuzustimmen ist, so kann ich *hier* aufgrund meines oben skizzierten speziellen Erkenntnisinteresses dennoch gewissermaßen nur die Hälfte dieses Programms wahrnehmen und konzentriere mich vor allem auf die dafür zentralen Fragen (und eben keine anderen), nämlich welche Folgen die Empfehlungssysteme des Web 2.0 für die Liebes-Semantik haben und wie sich diese in populären Texten widerspiegeln. Wie dies die jeweiligen Texte oder deren Genres selbst verändert, müsste ein anderes Vorgehen beantworten, das sich eben diese zentrale Frage stellt (und eben keine andere).

1   Liebe als Kommunikationsmedium

„Es geht um Liebe, aber nicht zuvorderst um das Gefühl, sondern um den Kommunikations-Code und die Veränderungen der Liebessemantik, die es erst möglich machen ein Gefühl wie Liebe zu entwickeln und sich entsprechend zu verhalten. […] Ob man danach in der Praxis mit den Wirren der Liebe zurande kommt, ist selbstredend eine andere Frage" (Samsa 2007).

So fasst ein sich selbst „Gregor Samsa" nennender Rezensent auf den Seiten des Internetversandhandels amazon.de Luhmanns berühmtes Liebes-Buch (Luhmann 1994) zusammen und so wenig die Frage nach dem Praxisbezug für Luhmann relevant ist, so treffend sind Luhmanns Überlegungen zu Liebe damit dennoch charakterisiert.[3]

Luhmann beobachtet Liebe eben tatsächlich nicht als Gefühl – dies beträfe das „organische oder psychische System" (Luhmann 2008, S. 11) der verliebten Personen –, sondern er beobachtet die gesellschaftliche Seite des Phänomens. Also beschreibt Luhmann Liebe als *symbolisch generalisiertes Kommunikationsmedium*, das (wie jedes symbolisch generalisierte Kommunikationsmedium) die Unwahrscheinlichkeit von hochspezifischer und damit hochkontingenter Kommunikation so wahrscheinlich macht, dass sie nicht ausbleibt. Mit anderen Worten „[…] encouragiert die Semantik der Liebe, es mit der Aufnahme höchstpersönlicher Kommunikation zu versuchen, obwohl man sich fremd ist" (Werber 2003, S. 20).[4] Das Medium verbindet dabei also

---

3   Bekanntermaßen hat Niklas Luhmann neben der 1982 erfolgten Veröffentlichung von „Liebe als Passion" (Luhmann 1994) bereits 1969 wesentliche Grundzüge seiner theoretischen Beschäftigung mit Liebe in einer Seminarvorlage festgehalten (und dies wesentlich prägnanter, weswegen ich wörtliche Zitate primär diesem Text entnehme, wenngleich die selben Konzeptionen in ähnlicher Weise in „Liebe als Passion" zu finden sind) – dieser Text wurde 2008 postum veröffentlicht (Luhmann 2008).

4   Oder noch einmal in anderen Worten sehr gut zusammengefasst: „Aus soziologischer Sicht wird Liebe nicht als Gefühl beobachtet (dieser Aspekt betrifft die psychischen

eine Selektionsleistung (und damit einen ersten Strukturgewinn: Es wird eben z. B. über Fragen der Liebe kommuniziert und nicht über solche der Wirtschaft, Wahrheit, Kunst etc.) mit der Motivation zur Übernahme dieser spezifischen Selektion unter anderem dadurch, dass Teilnehmer_innen an Kommunikation im Medium der Liebe bei ihrem Gegenüber die Kenntnis der Liebes-Semantik voraussetzen können (und voraussetzen können, dass ihr Gegenüber bei ihnen das voraussetzen kann), was die Annahme solcher Kommunikation wahrscheinlicher macht.

Die gesellschaftliche *Funktion* des Kommunikationsmediums Liebe liegt nun – sehr verkürzt ausgedrückt – gerade in der funktionalen Differenzierung der Gesellschaft begründet. In den einzelnen Funktionssystemen der Gesellschaft werden immer nur spezifische unpersönliche Rollen und Teilaspekte von Teilnehmer_innen an Kommunikation angesprochen (z. b. im Wirtschaftsystem die vom Code haben/nicht haben, im Wissenschaftssystem die vom Code wahr/falsch beobachteten Aspekte), nie aber die ganze Person mit all ihren Ideosynkrasien und eben hochpersönlichen Eigenschaften (z. B. ist es im Wissenschaftssystem unerheblich, ob die Verfasser_innen eines wissenschaftlichen Textes auch reich oder liebevolle Zuhörer_innen oder mit einem attraktiven Äußeren gesegnet sind, weil dort nur zählt, ob die wissenschaftlichen Aussagen wahr oder falsch sind). Im Kommunikationsmedium Liebe wird nun das Individuum „in *all* seinen Rollen" (Luhmann 2008, S. 69, Hervorh. i. O.) thematisierbar:

> „Liebe vermittelt eine doppelte Sinnbestätigung: In ihr findet man, wie oft bemerkt, eine unbedingte Bestätigung des eigenen Selbst, der personalen Identität. Hier, und vielleicht nur hier, fühlt man sich als der akzeptiert, der man ist – ohne Vorbehalte und ohne Befristung, ohne Rücksicht auf Status und ohne Rücksicht auf Leistungen. Man findet sich in der Weltsicht des anderen erwartet als derjenige, der zu sein man sich bemüht" (Luhmann 2008, S. 21).

Dies, also die Weltsicht eines anderen unbedingt zu erwarten und zu bestätigen, ist aber zunächst und nüchtern betrachtet eigentlich ziemlich unwahrscheinlich: Warum sollte das Erleben einer Person, das sich ja gerade durch für andere nicht von vornherein relevante Singularität und Idiosynkrasie auszeichnet, von einer anderen Person zur Grundlage ihres Handelns gemacht werden? Und doch stellt die Liebe genau diese Forderungen auf: „Das gesamte Erleben der Partner soll gemeinsames Erleben sein, jeder soll erzählen, was er täglich erlebt, soll seine Probleme vor dem anderen ausbreiten und sie mit ihm gemeinsam lösen. Es soll keine ‚Fronten' geben,

Systeme), sondern als symbolisch generalisiertes Kommunikationsmedium [...], das es ermöglicht, erfolgreich Gefühle auszudrücken oder zu negieren, dadurch die entsprechenden Erwartungen zu erzeugen und die Annahme der Kommunikation unter besonderen Unwahrscheinlichkeitsbedingungen wahrscheinlicher zu machen" (Baraldi et al. 1998, S. 110).

keine Darstellungen, die aufgebaut, gehalten und verteidigt werden und hinter
denen sich Verschwiegenes verbirgt" (Luhmann 2008, S. 16).[5] Gerade um diese
Unwahrscheinlichkeit doch wahrscheinlich zu machen, um zu erreichen „daß die
Individualität des erlebenden Menschen nicht neutralisiert, sondern gerade zum
Bezugspunkt der Reduktion gemacht wird" (Luhmann 2008, S. 19), entwickelte
sich sich das Medium Liebe und damit eine spezielle Liebes-Semantik, also ein
Formvorrat an Sinnangeboten, der genau dies und damit Folgendes nahelegt:

> „Weil der Mensch, den ich liebe, in bestimmter Weise sieht, fühlt und urteilt, über-
> zeugt sein Weltbild auch mich. Weil er diese Landschaft und diese Menschen, diese
> Themen der Unterhaltung, diese Formen des Wohnens und diesen Stil des Genus-
> ses bevorzugt, liegt auch für mich darin mehr Sinn als in anderen Möglichkeiten"
> (Luhmann 2008, S. 19).[6]

Die Motivation wird also mit anderen Worten aus der selbstreflexiven Struktur des
Mediums, „aufgrund des Liebens von Liebe" (Luhmann 2008, S. 42), gewonnen,
es „genügt für die Begründung die (unerklärliche) *Tatsache, daß man liebt*. Als
selbstreferentieller Kommunikationszusammenhang rechtfertigt die Liebe sich
selbst." (Luhmann 1994, S. 52, Hervorh. im O.)[7] Und da – wie oben bereits angerissen
– die gegenseitige Kenntnis des Mediums wie seiner Semantik vorausgesetzt werden
kann, wird die an sich unwahrscheinliche Kommunikation im Medium der Liebe
wahrscheinlich und kann so ihrer gesellschaftlichen Funktion nachkommen. Denn
so „sehr es denkbar ist, ein Einzelleben ohne Liebe zu führen und gleichwohl – zum
Beispiel durch Leistung und Erfolg – zur Selbstbestätigung-in-der-Welt zu finden,
so wenig läßt Liebe sich als gesamtgesellschaftlicher Mechanismus ersetzen." (Luhmann 2008, S. 23f) Es „gelingt ein Ausgleich von Schicksalsschlägen, ein Aushalten

---

5   Oder anders ausgedrückt: „Liebe färbt zunächst das Erleben des Erlebens und verändert
    damit die Welt als Horizont des Erlebens und Handelns. Sie ist Internalisierung des
    subjektiv systematisierten Weltbezugs eines anderen; sie verleiht damit dem, was der
    andere erlebt oder erleben könnte, in den Dingen und Ereignissen selbst eine besondere
    Überzeugungskraft." (Luhmann 1994, S. 29f)

6   In einem Interview mit Alexander Kluge drückte Luhmann das folgendermaßen und
    auf unnachahmliche Art mit einem Beispiel aus: „Also, der Liebesbeweis ist dann eben
    das Sicheinlassen auf das, was man in den Augen des anderen ist. – Und das zu wissen!
    Also, nicht einfach sich zu fügen, sondern das auch zu wollen und der sein, den der
    andere oder die andere erwartet, dass man es ist. [...] Man tritt ins Haus ein, dreht den
    Hausschlüssel um, die Frau ist in der Küche. Man möchte jetzt natürlich erst einmal an
    Schreibtisch gehen und sehen, was die Post gebracht hat. Aber wenn man das tut, weiß
    man genau, dass sie darin eine Vernachlässigung sieht. Also geht man in die Küche. Sie
    aber weiß, dass man deswegen in die Küche geht, weil sie andernfalls annehmen würde,
    sie würde vernachlässigt werden." (Luhmann 2004, S. 54)

7   Interessanterweise benützt Roland Barthes in seinem berühmten „Fragmente einer
    Sprache der Liebe" eine ähnliche Formulierung: „Die Liebe lieben" (Barthes 1986, S. 85).

einer problemreichen und fluktuierenden Umwelt besser und anstrengungsloser, wenn Intimbeziehungen feste Haltepunkte bieten und Gelegenheiten, auszudrücken und bestätigt zu finden, daß man gerade in diesen Schwierigkeiten und trotz aller Veränderungen derselbe bleibt" (Luhmann 2008, S. 24).[8]

Die dieses leistende Liebes-Semantik ist mit der Entwicklung des Kommunikationsmediums Liebe historisch gewachsen und hat durch diese Entwicklungsgeschichte eine Menge auch paradoxer Formen angehäuft.[9] Es geht dabei um „Sinnmomente wie: willenloses Ergriffensein und krankheitsähnliche Besessenheit, der man ausgeliefert ist, Zufälligkeit der Begegnung und schicksalhafte Bestimmung füreinander, unerwartbares (und doch sehnlichst erwartetes) Wunder, das einem irgendwann im Leben widerfährt, Unerklärlichkeit des Geschehens, Impulsivität und ewige Dauer, Zwangshaftigkeit und höchste Freiheit der Selbstverwirklichung – all dies Sinnbestimmungen, die eine positive oder negative Bewertung offenlassen, sich widersprechen können und für sehr verschiedenartige Situationen ein Deutungsschema bereithalten" Luhmann (2008a, S. 31).

Aus dieser Aufzählung lassen sich grob gesagt drei (miteinander zusammenhängende) paradoxe Sinnkonstruktionen extrahieren, die (unter anderen) die Liebes-Semantik strukturieren:

1. „Impulsivität und Dauer" (Luhmann 2008, S. 56): Einerseits ist Liebe als eine *Passion* konstruiert, die die Liebenden quasi gewaltsam von außen überkommt wie eine Naturgewalt oder Krankheit, für die diese nichts können und die sie weder erklären, noch abwehren oder willentlich herbeiführen können. Dieses Element der Liebes-Semantik ist nicht zuletzt wichtig, um die Motivation zur Annahme von Liebes-Kommunikation zu erzeugen: Wer nicht anders kann, wird dies eben eher tun (und sich verlieben). Andererseits soll diese Passion dem Idealbild zufolge, sofern sie einmal eingetreten ist, möglichst für immer gelten und zu einer *dauer*haften Bindung des Paares führen: Man weiß, man wird sich immer lieben und nicht einige Tage, Monate, Jahre oder Jahrzehnte.

8　In einem literarischen Beispiel klingt das dann etwa so: „Und außerdem solle man doch nicht im Ernst daran glauben können, dass es am Beginn einer Beziehung um den anderen ginge, denn es ginge immer nur um einen selbst, um sich selbst – jedoch um den Bezug auf den anderen gesteigert" (Rinck 2006, S. 84).

9　Diese Paradoxa entstanden extrem verkürzt gesagt dadurch, dass Liebe sich im Zuge der gesellschaftlichen Ausdifferenzierung gewissermaßen von anderen Funktionssystemen und deren Medien und Codes emanzipieren musste, was vor allem mit dem Konzept der Liebe als Passion geschah, das es ermöglichte „daß bei wahrer, echter, tiefer Liebe […] es weder auf Stand noch auf Geld, weder auf Reputation noch auf Familie noch auf sonstige ältere Loyalitäten ankommen kann" (Luhmann 2008, S. 33) – dies allerdings um den Preis, damit Liebes-System-intern die im Folgenden skizzierten Paradoxa zu erzeugen.

Auf Strategien zur Überwindung dieses Gegensatzes von Passion und Dauer gehe ich noch ein.

2. „Zwangsläufigkeit und Freiheit" (Luhmann 2008, S. 56): Wiederum wird Liebe einerseits als etwas vom *Zufall* Herbeigeführtes gedacht (sie ist eben nicht willentlich steuerbar, das Sich-Finden von Liebenden ist ein unerkläriches Wunder), andererseits wird dieser Zufall aber, sobald er zur Wahl von Partner_innen geführt hat, als *Bestimmung* interpretiert (so gut, wie man zusammenpasst, muss man wohl füreinander geschaffen sein). Dem zu Grunde liegt die Paradoxie einer jeden Entscheidung, also auch die der Entscheidung der Partner_innenwahl: Wählen hätte man noch alle können, sobald jedoch die Wahl gefallen ist, hätte sie gar nie anders fallen können, als sie eben gefallen ist, sonst wäre sie ja anders ausgefallen. Oder wie es Peter Fuchs formuliert: „Klar ist [...], daß der Anfang der Liebe, jener erste Blitzschlag, post festum konstruiert wird." (Fuchs 1999, S. 61)[10] Die Lage wird nicht einfacher dadurch, dass für die Partner_innensuche „generalisierte Suchmuster" (Luhmann 2008, S. 38) wie körperliche Schönheit etc. bereitstehen, diese Generalität aber im Gegensatz zur Exklusivität der Wahl steht: Schön sind viele, lieben kann man dem Idealbild der Liebes-Semantik zufolge aber nur eine Person. Auch darauf, wie dieser Gegensatz zwischen Zufall und Bestimmung überwunden werden, wie „das Selektionsbewußtsein latent bleiben oder wieder verdrängt werden kann" (Luhmann 2008, S. 42), gehe ich noch ein.

3. Die letzte Paradoxie, die ich an dieser Stelle extrapolieren möchte, ist schwieriger auf ein begriffliches Gegensatzpaar zu bringen (am ehesten noch: *Wahrnehmung* und *Kommunikation*[11]) und hängt jedoch genau mit dem gerade beschriebenen Selektionsdilemma zusammen: Wie bereits erwähnt, ist die Übernahme einer fremden Weltsicht nicht von vornherein wahrscheinlich und sie wird es umso weniger, je mehr (potentiell Dissens auslösendes) über die potentiellen Liebespartner_innen bereits bekannt ist. Genau zur Überwindung dieser Anfangsschwierigkeit dient wohl die von der Liebes-Semantik geforderte Blitzartigkeit des Verliebens beim ersten Wahrnehmen: Denn wer dann schon einmal verliebt ist, wird sich an später durch Kommunikation festgestellten Hindernisgründen nicht mehr stören, wird also z. B. auch schlechten TV-Geschmack der Geliebten

---

10 Sehr gut auf den Punkt gebracht wird dieser Gegensatz (der als solcher eben nicht bemerkt wird) in einer Textzeile eines Songs der Band Blumfeld: „Liebe fängt an als flüchtiger Moment/das Gefühl, dass man den anderen schon lange kennt" (Blumfeld 2001).

11 In Anlehnung an Luhmanns Aufsatz „Wahrnehmung und Kommunikation sexueller Interessen" (Luhmann 1995), der wenngleich auf ein nur verwandtes Thema bezogen, doch die Funktionsweise von Kommunikation auch in Bezug auf die Liebes-Semantik auf den Punkt bringt: „Es kommt nicht darauf an, die Kommunikation mit übereinstimmend akzeptierten Resultaten abzuschließen. Sie befriedigt unmittelbar. Das Thema ist nur Vorwand, um den anderen zeigen zu können, daß man seine Selbstreferenz als das akzeptiert, was einen Unterschied macht" (Luhmann 1995, S. 201).

gewissermaßen (eben als liebenswerte Schrulle) mitlieben, anstatt sich davon
davon abhalten zu lassen, sich zu verlieben. Je weniger über die potentiellen
Partner_innen bekannt ist (und je weniger gute Gründe also dafür bekannt
sind), desto leichter verliebt es sich.[12]

Die Strategie zum Aushalten all dieser (ja miteinander verknüpften) Paradoxien
und Gegensätze ist eigentlich stets die selbe: Das sowohl im Passion/Dauer-Problem
als auch im Zufall/Bestimmungs-Problem als auch im Wahrnehmung/Kommuni-
kations-Problem steckende Bewusstsein einer Selektion, die der Semantik zufolge
keine sein sollte, muss invisibilisiert werden. Dies wird u. a. geleistet, indem das
Wahlkontingenzbewusstsein mit Geschichte unterdrückt wird: Wählen hätte man
noch alle können, doch Geschichte haben eben nur die (zwei), die sich gewählt haben:

> „Unmerklich wandelt sich Leidenschaft in Geschichte und wird zugleich durch
> Geschichte ersetzt. Die impulsive Attraktion, die zur Übernahme von Selektions-
> leistungen des anderen motivierte, wird abgelöst durch das Schon-verständigt-sein,
> durch das selbstverständliche Mitfungieren des anderen im laufenden Urteilen über
> die Fragen der täglichen Lebensführung." (Luhmann 2008, S. 58)[13]

Auf diese Weise ist sowohl Passion in Dauer zu überführen als auch aus einem
Zufall eine Bestimmung zu machen sowie aus der Attraktion des Nichts-Vonein-
ander-Wissens jene des Alles-Voneinander-Wissens zu generieren.[14]

---

12 Oder in Luhmanns abstrakteren Worten: „Im übrigen ist für den Normalfall eine mehr
    oder weniger klischeeförmige Außensteuerung dieses auf Liebe gerichteten Liebens
    bezeichnend. Die Liebe mag dann zunächst auf ein generalisiertes Suchmuster gerichtet
    werden, das eine Erfüllung erleichtern, einer gefühlsmäßig vertieften Erfüllung aber
    auch in die Quere kommen kann. Setzt nicht ‚Liebe auf den ersten Blick' voraus, daß
    man schon vor dem ersten Blick verliebt war?" (Luhmann 2008, S. 41).

13 Oder wie es Peter Fuchs formuliert: „In Intimsystemen kann jedenfalls die eigenen Sys-
    temgeschichte (eben die Liebesgeschichte) zum Nebencode avancieren, die Erinnerung
    an das gemeinsame Erleben der Liebe und an das, was dann alles geschah" (Fuchs 1999,
    S. 63).

14 Eine weitere Technik die Luhmann nennt, besteht darin, eine „Differenz von Beziehungs-
    ebenen" einzurichten: „Die Liebe selbst und ihr Fortbestand wird von den konkreten
    täglichen Interaktionen unterschieden. Diese Differenzierung erleichtert die Kontrolle
    sehr komplexer Kausalverläufe dadurch, daß sie Ebenen auseinanderbricht, auf denen
    Wirkungen zu beachten sind bzw. ignoriert werden können. Damit wird eine gewisse
    Immunisierung gegen kleine Ereignisse, also zeitliche Stabilität erreicht. Man braucht
    und darf nicht fortwährend Beweise der Liebe fordern, nicht in jedem Vorfall das Gan-
    ze auf dem Spiel sehen. Man darf nicht mit Entzug der Liebe drohen und damit den
    gefährlichen Schluß von der Interaktion auf das System ankündigen. Das Argument:
    Wenn Du das tust, liebst Du mich nicht, hat deshalb eine eigentümliche Sprengkraft,
    weil es jene Differenzierung der Kontaktebenen in Frage stellt und überdies den Schluß
    nahelegt, daß der so Argumentierende selbst nicht liebt" (Luhmann 2008, S. 50).

So komplex, paradox und doch stabil präsentiert sich also der Vorrat an Sinn-
formen, der zur Kommunikation im Medium der Liebe bereit steht – Was passiert
jedoch nun, wenn diese Semantik mit den Selektionsempfehlungen des Web 2.0
konfrontiert wird?

2   (Intime) Selektionsempfehlungen

Was in Bezug auf das Internet und das Thema Liebe als Erstes ins Auge sticht, ist
gewiss das Vorhandensein von *internetspezifischen Partner_innen-Suchbörsen*,
also von Selektionsempfehlungen zur Partner_innen-Wahl. Besonders prominent
und kritisch dazu geäußert hat sich beispielsweise Eva Illouz (Illouz 2006, 2011).

Die (meist kostenpflichtigen) Internet-Kontaktbörsen, auf die sich diese Kritik
bezieht, funktionieren im Grunde alle nach demselben Prinzip: Nach der An-
meldung geben die Partner_innensuchenden Angaben zu Äußerem, Alter, Beruf
und Bildungsstand, Geschmackspräferenzen etc. zu ihrer Person sowie zu ihren
Wunschvorstellungen potentielle Partner_innen betreffend bekannt und aus
diesen Angaben werden demzufolge passende Partner_innen berechnet, die den
Nutzer_innen dann vorgeschlagen werden.

An diesem Vorgehen kritisiert Illouz einerseits:

> „Nicht nur die Präsentation des Selbst schlägt sich mit dem Problem der Homogenität
> und Standardisierung herum, auch die romantische Begegnung wird von zahllosen
> ähnlichen Problemen geplagt. Die Probleme fangen mit der extrem langen Liste po-
> tentieller Kandidaten an, denen man sich gegenübersieht, wenn man den gewünschten
> Partner erst einmal definiert hat." (Illouz 2006, S. 126).

Neben der Standardisierung des Selbst und der Wünsche die gesuchten Part-
ner_innen betreffend sowie der Erschwernis der Wahl durch verwirrendes Über-
angebot betont Illouz ferner, dass die Reihenfolge des Kennenlernens durch die
Internet-Partner_innensuche durcheinander gerät: „Zu viel psychologisch-verbales
Wissen über den anderen kann es erschweren, sich von ihm oder ihr angezogen zu
fühlen" (Illouz 2011, S. 414) – Wo also früher zuerst visuelle Wahrnehmung und
körperliche Präsenz ohne viel kommunikativ-sprachlich erworbenes Vorwissen zum
Verlieben führte, dreht sich dies in Zeiten des Internet um und Kommunikation
geht Wahrnehmung voraus:

> „Anders als in der traditionellen Liebe dominiert im Internet das Phänomen der ‚ver-
> balen Überschattung' (*verbal overshadowing*) – womit ein Übergewicht der Sprache

in Bewertungsprozessen gemeint ist, die zum Teil oder zum Großteil auf visuellen Wahrnehmungen oder Reizen beruhen. Wenn Menschen sich zwar mit Bildern, aber eben auch mit einem sprachlichen Profil präsentieren, wenn sie andere durch den Austausch von Textbotschaften kennenlernen und etikettieren, greifen sie in hohem Maß auf Sprache zurück. Doch die Sprache beeinträchtigt die Prozesse des visuellen und körperlichen Einschätzens und Wiedererkennens." (Illouz 2011, S. 415)

All dies führt augenscheinlich zu Problemen mit einer Liebes-Konzeption wie sie im vorigen Abschnitt skizziert wurde, wie auch Lutz Ellrich und Christiane Funken ausführen:

„Das zentrale Problem, an dem sich die Geister scheiden, liegt offenbar darin, dass [...] sowohl die strategische Anlage der Partnerwahl als auch die kommerziellen Aspekte des Geschehens (jetzt selbst für unreflektierte Akteure) in einer Deutlichkeit hervortreten, die bislang nur durch entlarvende Hintergrundanalysen professioneller Psychologen und Soziologen mit extremen Aufklärungsabsichten oder zynischer Beobachterperspektive zu gewinnen war" (Ellrich/Funken 2007, S. 67).[15]

Noch einmal kurz zusammengefasst gilt die Klage über die Diskrepanz von Internet-Kontaktbörsen und Liebes-Semantik drei Punkten (die gewiss nicht zufällig – zumindest grob – mit den oben skizzierten Paradoxien der Liebes-Semantik korrelieren): der Standardisierung des Selbst und der Anderen (durch Einordnen des Selbst und der eigenen Wünsche in maschinenlesbare Kategorien entgegen der Einzigartigkeitsbehauptung und -bestätigung der Liebes-Semantik), ein durch die Überauswahl erhöhter Selektionsdruck und -bewusstsein (maschinengestützte Vorschläge lassen sich weder als Zufall noch als Bestimmung deuten) sowie der Umkehrung der Reihenfolge in der Kontaktanbahnung (kommunikatives Vorwissen über Partner_innen gegenüber nichts voneinander wissender Liebe auf den ersten Blick).

Diese Kritik ist nun ebenso einleuchtend, wie wohl auch hinlänglich bekannt. Deshalb sollen hier im Folgenden nicht nur sich explizit als intime Selektionsempfehlung (also Empfehlungssysteme zur Anbahnung persönlicher Kontakte, also solcher im Medium Liebe) verstehende Webservices behandelt werden, sondern

---

15 Dies wird z. B. auch deutlich in einer (in einer Anzeige zitierten) Aussage des Berufsgruppensprechers der Partnervermittler in der Wirtschaftskammer Tirol, Wolfgang Posch: „Die Heiratsmärkte Arbeit, Ausgehen, Freizeit scheinen nicht mehr zu funktionieren. Angebot und Nachfrage sind zwar da, kommen aber nur schwer zueinander" (Posch zitiert nach Weber 2012, S. 58). Auch wenn diese nach der Semantik des Wirtschaftssystems strukturierte Aussage aus der Sicht Poschs angemessen sein mag, ist diese Fremdcodierung doch fatal für dessen mit dem Kommunikationsmedium Liebe partner_innensuchende Kund_innen.

ein allgemeinerer Blick auf das Entstehen von *Selektionsempfehlungen im Web 2.0* wie deren Auswirkungen auf Liebes-Konzeptionen geworfen werden.[16] Denn die oben für Singlebörsen beschriebenen Phänomene treten im ganz normalen gegenwärtigen Internet ebenso auf: „Heute durchdringen die Wissensmedien der Social Software und das Ordnungswissen des Selbstmanagements die Poren alltagskultureller Kommunikation: Persönlichkeitsprofile, Rankingsysteme, Fragebögen, Checklisten, Eignungsdiagnosen, Hierarchiediagramme, Bedarfsanalysen, Kontroll- und Feedbackmechanismen, Beurteilungssysteme, Kompetenzdatenbanken, Korrespondenz-Support, Laufbahn- und Beförderungsplanung, Bildungscontrolling und Anreizsysteme sind operative Bestandteile der Social Software des Web 2.0" (Reichert 2008, S. 19). Anders gesagt wird Mechanismen nachgespürt, die im Web 2.0 zu finden sind, die nicht explizit mit der (Anbahnung von) intimer Liebes-Kommunikation zu tun haben und trotzdem – so zumindest meine Annahme – Auswirkungen auf diese haben.[17]

Was oben bereits in Bezug auf die Auswahl von Liebespartner_innen beschrieben wurde, lässt sich im Web 2.0 nicht nur über Personen, sondern über Daten allgemein und unbestreitbar sagen: Es gibt viel zu viel, jedenfalls mehr, als ein Mensch sinnvoll verarbeiten könnte. Die Lösung dieses Problems sind (gar nicht so) paradoxerweise noch mehr Daten, nämlich Daten, die die zu vielen Daten sinnvoll filtern, also Entscheidungshilfen bieten, welche Daten für die jeweiligen Internetnutzer_innen relevant sind, und welche eben nicht. Was diese Filtersysteme eigentlich leisten ist Ähnlichkeitsbeziehungen herzustellen (und zwar – wie gleich näher ausgeführt wird – sowohl zwischen Daten und anderen Daten, als auch zwischen Personen und anderen Personen sowie zwischen Daten und Personen) und aufgrund dieser Ähnlichkeitsbeziehungen Empfehlungen auszusprechen. Dies kann auf zwei Wegen bewerkstelligt werden:

---

16 Eine kurze Bemerkung zum Begriff „Web 2.0": Dieser wird mittlerweile als Schlagwort mit fast schon beliebiger Bedeutung für beinahe sämtliche aktuelleren Entwicklungen des Internet benützt. Ich benütze ihn hier ungefähr in dem Sinn, in dem ihn Tim O'Reilly in seinem berühmter Definitionsvorschlag „What Is Web 2.0" (O'Reilly 2005) konzipiert hat, da damit trotz der Vagheit des Begriffs einige wichtige Entwicklungen des Webs gegenüber seiner Frühzeit benannt werden können, etwa die freie Austauschbarkeit und Kompatibilität von Informationen und Daten über Plattformgrenzen hinweg sowie die Möglichkeit zur dezentralen Kollaboration der Benützer_innen.

17 Dagegen könnte eingewendet werden, dass dies als naiver Technikdeterminismus ausgelegt werden kann, der noch dazu historisch blind in die Falle des „Internet Exceptionalism" (Passig und Lobo 2012, S. 184) tappt, also aus technischen Strukturen zwingende gesellschaftliche Wirkungen ableitet und noch dazu das Internet als „einzigartig und deshalb mit nichts so richtig vergleichbar" (Passig und Lobo 2012, S. 184) betrachtet und seine Wirkung somit überschätzt. Im Bewusstsein dieser Gefahr werden im Folgenden auch keine fixe Behauptungen aufgestellt, sondern nur mögliche Entwicklungen der Liebes-Semantik vor dem Hintergrund der andererseits ja auch nicht ganz zu leugnenden gesellschaftsstrukturellen Veränderungen durch das Web 2.0 skizziert.

„Entweder es werden von Expert_innen nach wie auch immer gearteten Kriterien Ähnlichkeiten zwischen verschiedenen Inhalten postuliert und daraus Ähnlichkeits-vorschläge für die einzelnen Nutzer_innen abgeleitet (diese Methode wird *Content Based Recommendation* genannt), oder es wird aus dem (entweder aktiv durch Abgeben von Bewertungen o. ä. kundgetanen oder passiv durch Aufzeichnenlassen des Netz-Konsumverhaltens durch eine Software festgestellten) Verhalten der Nut-zer_innen auf Ähnlichkeiten geschlossen: Wenn zwei Nutzer_innen übereinstimmend zwei verschiedene Inhalte gefallen, so gehen die Empfehlungssysteme davon aus, das erstens zwischen den übereinstimmend goutierten Inhalten als auch zwischen den Nutzer_innen Ähnlichkeiten bestehen und schließen, dass z. b. ein dritter Inhalt, der der einen der beiden Nutzer_innen gefällt, auch dem anderen Nutzer zusagen wird (diese Methode wird *Collaborative Recommendation* genannt)." (Fritz 2013, S. 246f, Hervorh. im O.)

Die Trennung dieser beiden Arten zur Ähnlichkeitsbeziehungsherstellung ist dabei vor allem von analytischem Wert und in der Praxis selten sauber zu ziehen:

„Um die Nachteile beider Verfahren abzuschwächen wurden Hybridmethoden, also Mischformen von Content-based und Collaborative Recommendation entwickelt." (Schenk 2007, S. 43)

Entscheidend ist dabei aber jedenfalls, dass im Web 2.0 sowohl *Inhalte* (aus dieser Perspektive ist das Zitat oben primär formuliert) als auch verschiedene *Personen* (und dies ist für das vorliegende Thema relevant) aufgrund ihres Umgangs mit diesen Inhalten vergleichbar gemacht werden, somit *Ähnlichkeitsbeziehungen* zwi-schen ihnen hergestellt und auf dieser Basis *Selektionsempfehlungen* ausgesprochen werden.[18] Noch radikaler gesagt wird im Web 2.0 also nicht nur die Ordnung von Informationen, Inhalten, Daten oder Kulturgütern (die früher in der Hand von Expert_innen war, die nach mehr oder weniger expliziten Kriterien vorgingen) neu geordnet (und zwar nach Algorithmen, die das nicht weiter begründete Verhalten bzw. Gefallen oder Missfallen an Inhalten eines User_innen-Kollektivs auswerten), sondern auch – und dies ist für das hier besprochene Thema entscheidend – auch die (wenn man so möchte) Ordnung bzw. Ähnlichkeit bzw. das Zueinander-Passen von Personen.[19]

---

18 Mit der Funktionalität, gesellschaftlichen wie individuellen Vor- und Nachteilen sowie der unter dem Stichwort „Filter Bubble" populär gewordenen Kritik an Empfehlungs-systemen hat sich im deutschsprachigen Raum vor allem Kathrin Passig in mehreren Veröffentlichungen beschäftigt. (Passig 2010, 2011, 2012; Passig und Lobo 2012, S. 266-287).

19 Dass die Bewertungen des User_innen-Kollektivs meist nach keinen bestimmten Kri-terien (oder in Luhmanns Terminologie ausgedrückt: nach keinem bestimmten Code) ausgesprochen werden, ist dabei auch für das Thema Liebe nicht uninteressant: Intime Kommunikation im Medium Liebe ist ja an Kommunikation über die ganze Person

Und diese Empfehlungssysteme, über die bislang nur sehr abstrakt gesprochen wurde, sind im Web 2.0 allgegenwärtig. Man denke nur an die sicherlich bekannteste Ausprägung in Form der Empfehlung „Kunden, die diesen Artikel gekauft haben, kauften auch" des Internetversands amazon.de oder die Funktion des Social Networks Facebook, die mutmaßlich bekannte Personen als Freunde vorschlägt oder schlicht personalisierte Suchmaschinen wie google.com – die Liste an Beispielen ließe sich noch lange fortsetzen. Wer sich auch nur einigermaßen viel im Web 2.0 aufhält, wird der beinahen Omnipräsenz der Empfehlungssysteme also nicht entgehen, die beständig eine Auswahl an ähnlichen Inhalten und eben vor allem Personen nahelegen.

Diese Selektionsempfehlungen des Web 2.0 ändern also die Konstruktionsweise von Ähnlichkeitsbeziehungen zwischen Personen tendenziell gravierend. Es wird gewiss als Zumutung empfunden werden, wenn es nicht mehr unvergleichbare Eigenheiten sind, die die Individualität und Nähe von Personen ausmachen, sondern präzise erhobenes Klickverhalten. Die durch die Empfehlungssysteme beständig präsenten und thematisierten Äquivalenzen und Wahlmöglichkeiten führen sicher leicht zur „Vermutung, man könnte eventuell gar nicht so einzigartig und individuell in seinen Entscheidungen und Vorlieben sein." (Passig und Lobo 2012, S. 274)[20] Wie die oben beschriebene Liebes-Semantik dies (und nicht nur die spezielleren Zumutungen der oben beschriebenen Singlebörsen) aushält, wird im Folgenden zu untersuchen sein.

3   Neue Liebes-Semantiken

Vor dem Hintergrund des bisher Gesagten wird es kaum überraschen, dass die Liebes-Semantik wie sie oben im Anschluss an Luhmann skizziert wurde mit diesem hochgetriebenen *Selektionsbewusstsein des Web 2.0* vor Herausforderungen gestellt

---

interessiert und nicht nur an Aussagen nach einen bestimmten Code wie wahr/falsch etc.

20 Es ließen sich die Einwände formulieren, dass z. B. die einzelnen Einkäufer_innen bei einem Internetversand, trotzdem sie in Form ihrer Einkäufe (die vergleichen werden) indirekt in Kontakt stehen, dennoch miteinander kaum jemals explizit in Kontakt treten werden (wer nutzt z. B. schon amazon.de zum Flirten?) sowie dass sich in Social Networks meistens Leute zusammenschließen, die sich schon vorher offline kannten und der umgekehrte Weg (das Kennenlernen online über die Friend-Finder-Funktion) eher die Ausnahme darstellt. Dies alles stimmt, greift aber zu kurz, weil es mir hier ja nicht nur um die explizite (Anbahnung von) intimer Kommunikation geht, sondern darum wie das ganze Web 2.0 als wichtiger Teil der Gesellschaft diese insgesamt (und damit auch die Liebes-Kommunikation) verändert.

wird, auf die sie sich, so sie evolutionär erfolgreich bleiben will, einstellen muss bzw. wird. Konkreter gesagt verschärft sich jede der oben geschilderten Paradoxien der Liebes-Semantik auf ihre Weise:

Das Passion/Dauer-Paradox wird nicht leichter zu lösen dadurch, dass Personen (und die Ähnlichkeiten, das Zueinander-Passen von Personen) nicht mehr vollkommen einzigartig und unvergleichbar sind (woran sich gerade die passionierte Liebe zu ihnen entzünden kann), sondern eben nicht mehr als ein ziemlich unpassioniertes, gegen ähnliche austauschbares Bündel an Geschmackspräferenzen, und dass sie sich nicht mehr aufgrund von unerklärlicher, passionierter Leidenschaft finden, sondern durch ziemlich evidente Selektionsempfehlungs-Mechanismen. Das Zufall/Bestimmungs-Paradox hat mit der verschärften Evidenz der Selektionskontingenz wohl die brisantesten Probleme überhaupt (ich werde darauf gleich noch eingehen). Und das Wahrnehmung/Kommunikations-Paradox wurde ja schon in Bezug auf die Partner_innen-Suchbörsen des Internets explizit thematisiert: „Wo Anziehung normalerweise dem Wissen vom anderen vorausgeht, geht hier Wissen der Anziehung oder zumindest der physischen Präsenz und Verkörperung romantischer Interaktionen voraus" Illouz (2006, S. 119f) – worunter wie oben gesagt die Motivation zur Übernahme intimer Kommunikation leiden kann, was gewiss auch nicht einfacher wird, wenn es (zumindest tendenziell) der Normalfall wird.[21] Doch nicht nur die Selektion selbst wird prekär, auch die sich bereits gefunden habenden „Paare werden, das ist ihr Beziehungsalltag, permanent infrage gestellt" (Diederichsen 2009, S. 129). – Diedrich Diederichsen bezieht sich in diesem Zitat zwar auf die Figurenkonstellation von Telenovelas, die Formulierung ist aber auch für nicht-fiktive Paare interessant und relevant, macht sie doch deutlich, dass die Selektion erstens nicht nur bei der Wahl, sondern eben immer und im Alltag bewusst ist bzw. bleibt und zweitens die Selektion nicht nur den Wählenden, sondern allen anderen von außen kommenden ebenso bewusst ist.[22]

---

21 Man kann es natürlich auch umgekehrt sehen, so lassen Dossie Easton und Janet W. Hardy ein Paar erzählen, das sich über Internet-Partner_innensuche gefunden hat: „Neither of us is anything like the people either of us has chosen before. But since we met through the personals, we had a chance to get to know each other at a deeper level, before we had to confront all the surface stuff that would have turned us off if we'd seen that first." (Easton und Hardy 2009, S. 186) Eine solche Umwertung ist bereits ein Beispiel für den Entwurf neuer Semantiken wie ich sie im Folgenden suchen werde.

22 Luhmann hat hingegen noch formuliert: „Einmal ermöglicht Liebe Indifferenz, und zwar bis ins Physiologische reichende Indifferenz gegenüber attraktiven Angeboten von anderer Seite, hilft also das Problem der sexuellen Konkurrenz lösen oder doch entschärfen." (Luhmann 2008, S. 48)

Diese Umstellungen sind also für Einzelne sicher oft negativ und schmerzhaft, woran sich u. a. ja auch Illouz' Kritik festmacht.[23] Das könnte, wenn man es einmal so personalisiert formulieren möchte, dem Kommunikationsmedium Liebe grundsätzlich zwar egal sein, jedoch nur so lange, wie die Motivation zur Annahme von Kommunikation im Medium der Liebe durch diese (durch verschärftes Selektionsbewusstsein hervorgerufenen) negativen Aspekte nicht so leidet, dass sie für das Wahrscheinlich-Machen der Unwahrscheinlichkeit intimer Kommunikation nicht mehr ausreichend ausreicht, um deren Fortbestehen zu garantieren.

Und dafür gibt es Beispiele: So hat etwa die Sängerin der Band Britta, von der ja auch das Motto dieses Texts stammt, Christiane Rösinger 2012 aufbauend auf ihrer auch in vielen Songs verarbeiteten Beschäftigung mit dem Thema mit „Liebe wird oft überbewertet" ein populäres Sachbuch veröffentlicht, in dem sie die „Pärchenlüge" (Rösinger 2012, S. 25) enttarnen möchte, also die gesellschaftliche Konstruktion der romantischen Zweierbeziehung als (unter dieser Perspektive einschränkend erlebte) Norm zwischenmenschlichen Zusammenlebens wie dessen defizitäre Aspekte aufzuzeigen und Alternativen dazu zu präsentieren, z. B. „intensive Freundschaften, aufreibende Seelverwandtschaften, herzliche Kameradschaften, solidarische Nähe, Freundinnenverbände" (Rösinger 2012, S. 199).[24] Aus einer praxisnahen Perspektive mag Rösingers Werben für Alternativen zur (in ihrer Diktion) Pärchenlüge wie eben dieser Hinweis auf deren gesellschaftliche Konstruktion durchaus hilfreich sein, etwas abstrakter gesehen ist dies jedoch nichts grundsätzlich Neues, nämlich eigentlich nur ein Bewusstsein-Werden bzw. -Machen des Kommunikationsmediums. Diese Durchschauen des Mediums als Medium war in früheren Entwicklungsständen des Mediums schon häufiger der Fall und konnte durchaus aufgefangen werden: „Ebenso verbreitet ist aber eine Einbeziehung des ‚bloß Rhetorischen' in die Selbstdarstellung, eine zum Durchschauen preisgegebene Handhabung der Formen als Formen, der Übertreibungen als Übertreibungen" (Luhmann 1994, S. 82) – und Luhmann spricht hier vom Stand der Liebe im 17. Jahrhundert. Das Medium kann also auch im Bewusstsein seines Konstruktionscharakters weiterfunktionieren (und eine einfache Negation bedeutet auch nicht das Ende des Mediums).[25]

---

23 Es kann dem vorliegenden Beitrag der Vorwurf gemacht werden, diese Kritik nicht zu vertiefen. Dies ist dem systemtheoretischen Theoriedesign geschuldet, das eben gesellschaftliche und nicht individuelle Zusammenhänge perspektiviert. Dass dies unpolitisch sei, kann nur glauben, wer Politisches und Privates auf sehr krude Weise verwechselt.

24 Und dies erreichte durchaus eine gewisse Aufmerksamkeit, so widmete z. B. das österreichische Nachrichtigenmagazin Profil ihr eine Titelgeschichte (Hofer und Krobath 2012).

25 Nicht sehr viel anderes meint ja auch die oben bereits angesprochene Reflexivität des Mediums.

Gewissermaßen noch prekärer verfährt der diesem Beitrag seinen Titel geben-
de Song von Bernd Begemann „Zweimal zweite Wahl" (Begemann 1996) mit der
Liebes-Semantik. Darin geschildert wird das Erleben eines Paares, das genau unter
dem oben geschilderten hohen Selektionsbewusstsein leidet, die Kontingenz dieser
Wahl eben nicht invisibilisiert und sich trotzdem irgendwie miteinander arrangiert.
So lautet die erste Strophe:

> „Wir sind zweimal zweite Wahl / wir sind ein unattraktives Paar / Denn sie wollte
> mich nicht / und er wollte dich nicht / Vergib mir, dass ich nicht er bin / ich glaube,
> ich hätte mehr Spaß mit ihr / doch ich durfte nie mit ihr schlafen / darum schlafe ich
> mit dir / Und das ist auch gar nicht so schlimm / keine allzu große Qual / Doch lass'
> uns realistisch bleiben / Wir sind zweimal zweite Wahl." (Begemann 1996)

Die Formulierungen erinnern überdeutlich an die oben herausgearbeiteten Paradoxa
der Liebes-Semantik, nur dass diese nicht übertüncht, sondern explizit gemacht
werden. So wird in der zweiten Strophe das Schicksal der eigentlichen Wunsch-
partner_innen imaginiert, gegen das das der eben nur zweiten (aber getroffenen)
Wahl kontrastiert wird:

> „Kein Oscar für die beste Nebenrolle / wir sind nicht einmal nominiert / Ich bin
> nicht das, was du dir aussuchst / ich bin das, was dir passiert / Keine rauschenden
> Feste für uns / keine Tabletts voller Kokain / denn das ist nicht so unsere Welt / das
> ist mehr so die Welt von ihr und ihm / Oh ja, die beiden feiern in diesem Augenblick
> / sie singen und tanzen am anderen Ende der Stadt / währenddessen sitze ich hier
> mit dir unter dieser Stehlampe / und man lernt zu schätzen, was man aneinander
> hat." (Begemann 1996)

Der Schluss des (übrigens musikalisch eher heiter-beschwingt gehaltenen) Popsongs erinnert frappant an die oben beschriebene Strategie, Wahlkontingenz mit
Geschichte zu überdecken:

> „Wir sind zweimal zweite Wahl / wir sind ein unattraktives Paar / Und du bist mir
> völlig egal / ich werde dir treu sein bis ans Grab / Lass uns gemeinsame Hobbys ent-
> wickeln / man kann so wundervoll Fernsehen mit dir." (Begemann 1996)

Dieser Song stellt also eine Liebes-Semantik dar, die nur vordergründig als „gar
nicht so schlimm" behauptet wird. Dass das so explizite Selektionsbewusstsein eben
doch als „allzu große Qual" erlebt werden muss, wird vereindeutigt dadurch, dass
einer Live-Version des Songs die folgende gesprochene Einleitung vorangestellt
wird: „Alle Liebespaare können sich anschubsen und sagen: ‚Schatz, so scheiße ist
es bei uns aber nicht.' Und alle Leute, die einsam sind, die keinen Partner haben
und die dauernd suggeriert bekommen, dass sie sich einen Partner suchen müssen

– übrigens ist das meiner Meinung nach das Ergebnis dieser großen Gehirnwäsche im Augenblick, in den fünfziger Jahren war diese Gehirnwäsche von wegen ‚Man muss eine Familie sein mit zwei Kindern. Mann und Frau und zwei Kinder, jeder muss so sein, wer nicht so ist, ist falsch.' Und heute ist die Gehirnwäsche so eher in der Art so ‚Ihr müsst Single sein aber ständig einen Partner suchen' und so, weil man dann produktiver ist und vierzehn Stunden arbeitet. (Begemann 2001). Begemann entwirft hier also das schlimmstmögliche Schreckensszenario drastisch erhöhter Reflexivität und Wahlkontigenzevidenz, das eine solche Liebes-Semantik nur schwer erträglich macht bzw. in dringliche Motivationsnot bringt.[26]

So kann es nicht weitergehen, wenn es denn weitergehen soll. Es werden daher neue Lösungen für alte neue Probleme gefunden werden müssen. Eine Semantik, die ein dermaßen evidentes Wahlkontingenzbewusstsein verkraften will, muss wohl in erster Linie noch mehr Toleranz entwickeln für die genannten Probleme bzw. internen Paradoxa.

Ein literarisches Beispiel, in dem ein Entwurf dafür entwickelt zu werden scheint, ist der 2011 erschienene Roman „Schimmernder Dunst über CobyCounty" von Leif Randt. Der Roman spielt im fiktiven CobyCounty, ein Ort, in dem zumindest aus der Sicht des Ich-Erzählers Wim Enderson alle Bewohner_innen in relativem Wohlstand und Zufriedenheit wohnen und mit einer guten Ausbildung versehen primär in kreativen Berufen arbeiten – und sich durch einen ungeheures Ausmaß an Selbstreflexion auszeichnen:

> „Das Leben ist eine Reihe von Partys, selbstironischen Running Gags und Schaum-
> bädern, alle sind tolerant, kreativ und abgeklärt. Nun ist es aber nicht so, dass in
> dieser leicht überkandidelten Wellness-Yuppie-Hipster-Welt die Leute keine Probleme
> haben. Die Probleme sind nur nicht so schlimm: Darüber nachdenken, ob man gerade
> eine angemessene Gestik hat, wenn die Freundin Schluss macht oder die Hochbahn
> beinahe entgleist und die richtige Abstimmung des Bewusstseins dazwischen fin-
> den, dass zwar alles (Liebesbeziehungen, Geschmack Anziehsachen, Partys oder
> Lebensentwürfe bestreffend) zur abgeschmackten leeren Geste verkommen ist, die
> man nur mehr auf irgendwelchen x-ten Ironieebenen nachmachen kann, dass es sich
> aber oft gut anfühlt, wenn man sich etwas vormacht und irgendeine beliebige Geste
> nachmacht. Umgekehrt misstraut unser Held Wim Endersson, 26, Literaturagent,
> wiederum all seinen inneren Regungen, denn die könnten ja auch nur von mangelnder
> Selbstkontrolle oder von irgendwelchen abgekauten Klischees kommen." (Fritz 2012)

---

26 Da Begemanns Song streng besehen vor den oben geschilderten Entwicklungen des Web
    2.0 entstand, kann er rückwirkend als (laut Luhmann gar nicht seltene) vorgreifende
    Umstellung in der Semantik erscheinen, als „preadaptive advances" (Luhmann 1986,
    S. 636), also als „Anpassung an etwas, was noch gar nicht vorhanden ist." (Luhmann
    1986, S. 636f)

In diesem Auszug aus einer Rezension zum Roman wird die, wenn man so möchte, Lösung für das erhöhte (Wahl)Kontigenzbewusstsein bereits angedeutet: Die Figuren im CobyCounty erleben all ihre Gefühle und Kommunikationen immer gewissermaßen als sekundäre, als aus bereits bestehenden Versatzstücken, Klischees und beliebigen Elementen arbiträr zusammengewählte. Entscheidend dabei ist, dass sie dies jedoch nicht als negativ oder defizitär erleben, sondern im Gegenteil gerade als Fortschritt gegenüber der aus dieser Perspektive immer anzweifelbaren Behauptung einer unmittelbaren (passionierten, durch Zufall oder Bestimmung ohne kommunikatives Vorwissen getroffenen) Wahl, die keine zu sein vorgibt. Im Roman klingt das aus der Stimme des Ich-Erzählers so:

> „Als Teenager sind wir davon ausgegangen, dass ein Leben in kleinen, in sich abgeschlossenen Episoden stattfindet. Also haben wir uns irgendwann zum ersten Mal verliebt und es zu sinnlichen Knutschszenen auf Wiesen und Anhöhen kommen lassen. Später mussten wir tragische Trennungen hinnehmen und feierten dann aus Trotz ausschweifende Tanzpartys am Strand. Das Prinzip war, dass sich dieser Verlauf regelmäßig wiederholte: Sinnlichkeit, Trennung, Tanzparty. Gut daran ist, dass sich bis heute nie etwas verschlechtert hat" (Randt 2011, S. 15f).

Das Buch wimmelt förmlich nur von solchen Hinweisen auf Selektionen, die von ihrem Selektionsbewusstsein nicht getrübt werden.

Darüber, dass Wims Freundin Carla ihm bei einem Treffen sagt, dass sie ihn vermisst habe, denkt Wim: „Ich finde diese Aussage in ihrer völlig unmetaphorischen Art gerade total angemessen" (Randt 2011, S. 28). Bei einem Beziehungsstreit zwischen Wim und dessen Freundin Carla denkt Wim: „Mit einem Mal verhalten wir uns wie ein Paar aus einer Erzählung von Maren August" (Randt 2011, S. 54). Nachdem Carla wenig später mit Wim per SMS Schluss gemacht hat, antwortet dieser auf die Frage eines ihn auf der Straße zufällig treffenden Jungen, warum er weine, mit: „Wahrscheinlich, um vor mir selbst ein leicht dramatisches Bild abzugeben. Um angemessen zu reagieren" (Randt 2011, S. 67). Da ist es nur konsequent, wenn er seine nächste Freundin, die zufälligerweise ebenfalls Carla heißt, „CarlaZwei" (Randt 2011, S. 164) nennt.

Besonders dieser letzte Umstand macht deutlich, dass die Figuren in CobyCounty so, wie sie wissen, dass sie nur in kontingenten Zitaten kommunizieren, auch wissen, dass die Personen austauschbar sind, mit denen sie (intim) kommunizieren – eben genauso wie ich es oben in Bezug auf das Web 2.0 herausgearbeitet habe. Und genau das ist für die Bevölkerung CobyCountys nicht schlimm, sondern der einzige Ausweg, wenn es kein zurück hinter diese wild gewordene Reflexivität mehr gibt. Das mag von außen betrachtet (und dem Hintergrund einer wenn man so will „herkömmlichen" Liebes-Semantik) befremdlich erscheinen, ist aber eine

Lösung aus dem geschilderten Dilemma. Wenn allen bewusst ist, dass jede Wahl hoch kontingent ist, ist keine Wahl mehr eine zweite Wahl, sondern funktionieren einfache Kniffe wie Glaube an Passion *und* Dauer sowie Zufall *und* Bestimmung auch trotz oder gerade wegen des Wissens um sie. Oder wie es Leif Randt in einem Interview auch selbst formuliert hat:

> „Das Sprechen in CobyCounty ist eigentlich nicht ironisch. Der Erzähler Wim spricht aufrichtig. Es gibt keine Sätze, die klar ironisch gemeint wären. Vieles fühlt sich zitathaft an, aber es wird gar nichts direkt zitiert. Eher handelt es sich um ein merkwürdiges in alle Lebensbereiche eingedrungenes Stilmittel, die Dinge stapeln sich immer höher und die Bezugsrahmen werden unklar. Ehrlichkeit ist ein wichtiges Wort in CobyCounty. Aufrichtigkeit und Ironie beißen sich heute nicht mehr. Eine ironische Aussage ist unter Umständen die ehrlichste. [...] Weil man die klare Antwort nicht hat, antwortet man mit einer Art Zitat. Und das ist dann eben der ehrlichste Ausdruck, zu dem man in der Lage ist" (Randt, zitiert nach Feldhaus 2011, S. 23).

Ob eine solche Liebes-Semantik möglich bzw. stabil sein kann bzw. ob der vor dem Hintergrund der Selektionserfahrungen des Web 2.0 wohl nötige Umbau der Liebes-Semantik so erfolgen wird oder ganz anders, wird wohl erst abzusehen sein, wenn es so (oder anders) gekommen sein wird und nicht eben ganz anders.[27] Gezeigt werden sollte nur, dass eine solche Liebes-Semantik denkbar (und somit immer noch negierbar oder ganz anders denkbar, aber eben auch so und nicht anders denkbar) ist, in der z. B. Wim weiß, „dass Carla und ich eigentlich bis heute ein strenges Regelwerk befolgen. Aber ich denke auch, dass wir das beide wissen. Wir wissen es auch dann, wenn wir uns ganz gewöhnlich in Arme nehmen, und dieses Wissen verbindet uns auf eine spezielle Weise. Auf dieses Wissen bilden wir uns sicher auch relativ viel ein, dabei haben diese Wissen wahrscheinlich viele Leute, zumindest wohl die allermeisten, die ebenfalls in CobyCounty aufgewachsen sind" (Randt 2011, S. 52).

---

27 Andere als das oder an das einfache Aushalten heißlaufender Wahlkontingenz trotz oder gerade aus vollem Selektions-Bewusstsein anschließende Möglichkeiten sind ja denkbar, wie etwa das in letzten Jahren populärer werdende Konzept der Polyamorie, das Selektionen nicht invisibilisieren, sondern durch Abschaffen der nach herkömmlicher Liebes-Semantik erfolgenden „Forderung der Exklusivität" (Luhmann 1994, S. 123) zu entschärfen versucht. Und schon Luhmann notierte: „Wir haben gewisse Anhaltspunkte dafür, daß eine Mehrzahl von Liebesaffären die Liebesfähigkeit des normalen einzelnen nicht bricht oder abstumpft, sondern eher steigert und zur Entwicklung emphatischer Fähigkeiten führt" (Luhmann 2008, S. 74). Einer der maßgeblichsten Texte zu Polyamorie dürfte immer noch „The Ethical Slut" (Easton und Janet 2009) sein.

Literatur

Baraldi, Claudio, Gioancarlo Corsi und Elena Esposito. 1998. *GLU: Glossar zu Niklas Luhmanns Theorie sozialer Systeme*. Frankfurt a. M.: Suhrkamp.

Barthes, Roland. 1986. *Fragmente einer Sprache der Liebe* (1977). Übersetzt von Hans-Horst Henschen. Frankfurt a. M.: Suhrkamp.

Begemann, Bernd. 1996. Zweimal zweite Wahl. Auf: *Jetzt bist du in Talkshows*. Bege-Beat/ Alternation.

Begemann, Bernd. 2001. Zweimal zweite Wahl. Auf: *Live*. Rothenburg.

Blumfeld. 2001. *Weil es Liebe ist*. Auf: Testament der Angst. Eastwest.

Britta. 1999. Ich Glaub Ich Hab Ein Faible Für Idioten. Auf: *Irgendwas ist immer*. Flittchen Records.

Diederichsen, Diedrich. 2009. Ohne Liebe: Durchdringung, Flucht, Erstarrung. In *Love me or leave me. Liebeskonstrukte in der Populärkultur*, Hrsg. Doris Guth und Heide Hammer, 123-135. Frankfurt a. M.: Campus Verlag.

Easton, Dossie, und Janet W. Hardy. 2009. *The Ethical Slut. A Practical Guide to Polyamory, Open Relationships, and Other Adventures*. 2nd Edition, Updated & Expanded. Berkeley: Celestial Arts.

Ellrich, Lutz und Christiane Funken. 2007. Liebeskommunikation in Datenlandschaften. In *dating.21. Liebesorganisation und Verabredungskulturen*, Hrsg. Marc Ries, Hildegard Fraueneder, Karin Mairitsch, 67-97. Bielefeld: transcript.

Feldhaus, Timo. 2011. Leif Randt. Ich mag das total gerne hier. *De:Bug. Elektronische Lebensaspekte* 158: 22-23.

Fritz, Martin. 2013. Digitale Intermedialität – Literatur und das Netz. In *Intermedialität in der Komparatistik. Eine Bestandsaufnahme*, Hrsg. Dunja Brötz, Beate Eder-Jordan, Martin Fritz, 239-256. Innsbruck: innsbruck university press.

Fritz, Martin. 2011. Gefühle sind ein Zeichen von Schwäche. http://www.thegap.at/reviews/review/leif-randt/schimmernder-dunst-ueber-cobycounty (Zugegriffen: 1. Nov. 2012).

Fuchs, Peter. 1999. *Liebe, Sex und solche Sachen. Zur Konstruktion moderner Intimsysteme*. Konstanz: UVK Verlagsgesellschaft mbH.

Hofer, Sebastian, und Salomea Krobath. 2012. Warum Liebe überbewertet wird … und sogar richtig gefährlich werden kann – vor allem für eine glückliche Beziehung. *Profil. Das unabhängige Nachrichtenmagazin Österreichs*. 30:60-67.

Illouz, Eva. 2006. *Gefühle in Zeiten des Kapitalismus. Frankfurter Adorno Vorlesungen 2004*. Aus dem Englischen von Martin Hartmann. Frankfurt a. M.: Suhrkamp.

Illouz, Eva. 2011. *Warum Liebe weh tut. Eine soziologische Erklärung*. Aus dem Englischen von Michael Adrian. Frankfurt a. M.: Suhrkamp.

Luhmann, Niklas. 1986. Das Kunstwerk und die Selbstreproduktion der Kunst. In: *Stil. Geschichten und Funktionen eines kulturwissenschaftlichen Diskurselements*, Hrsg. Hans Ulrich Gumbrecht und K. Ludwig Pfeifer, 620-672. Frankfurt a. M.: Suhrkamp.

Luhmann, Niklas. 1994. *Liebe als Passion. Zur Codierung von Intimität* (1982). Frankfurt a. M.: Suhrkamp.

Luhmann, Niklas. 1995. Kommunikation und Wahrnehmung sexueller Interessen. In: *Niklas Luhmann. Soziologische Aufklärung 6. Die Soziologie und der Mensch*, 189-203. Opladen: Westdeutscher Verlag.

Luhmann, Niklas. 2004. *Warum haben Sie keinen Fernseher, Herr Luhmann? Letzte Gespräche mit Niklas Luhmann*, Hrsg. Wolfgang Hagen. Berlin: Kulturverlag Kadmos.

Luhmann, Niklas. 2008. *Liebe. Eine Übung* (1969), Hrsg. André Kieserling. Frankfurt a. M.: Suhrkamp.

O'Reilly, Tim. 2005. What is Web 2.0. http://oreilly.com/web2/archive/what-is-web-20.html (Zugegriffen: 1. Nov. 2012).

Passig, Kathrin. 2010. Abschied vom Besten. *Merkur*. 64:433-438.

Passig, Kathrin. 2011. Keinem deiner Freunde gefällt das. *Passagen. Das Kulturmagazin der Pro Helvetia*. 56:15-16.

Passig, Kathrin. 2012. Warum wurde mir ausgerechnet das empfohlen? http://www.sueddeutsche.de/digital/zur-kritik-an-algorithmen-warum-wurdemir-ausgerechnet-dasempfohlen-1.1253390 (Zugegriffen: 1. Nov. 2012).

Passig, Kathrin, und Sascha Lobo. 2012. *Internet – Segen oder Fluch*. Berlin: Rowohlt.

Randt, Leif. 2011. *Schimmernder Dunst über Coby County*. Berlin: Berlin Verlag.

Reichert, Ramon. 2008. *Amateure im Netz. Selbstmanagment und Wissenstechnik im Web 2.0*. Bielefeld: transcript.

Rinck, Monika. 2006. *Ah, das Love-Ding! Ein Essay*. Idstein: kookbooks.

Rösinger, Christiane. 2012. *Liebe wird oft überbewertet. Ein Sachbuch*. Frankfurt a. M.: Fischer.

Samsa, Gregor (amazon-de-Rezensent). 2007. Liebe- wie geht das? (Rezension zu Luhmann 1994). http://www.amazon.de/review/R3TG3D8ECNETZU/ref=cm_cr_pr_perm?ie=UTF8&ASIN=3518287249&linkCode=&nodeID=&tag= (Zugegriffen: 1. Nov. 2012).

Schenk, Georg. 2007. Personalisierung als Werkzeug der Individualisierung. In *Web 2.0 – Trends und Technologien im Kontext der Net Economy*, Hrsg. Tobias Kollmann und Matthias Häsel, 39-51. Wiesbaden: Deutscher Universitäts-Verlag.

Vebber, Dan 1998. Lover's Walk. Episode 8 der 3. Staffel der TV-Serie *Buffy the Vampire Slayer*. The WB.

Weber, Sonja. 2012. Liebe, und so weiter. *Weekend Magazin* 20:58-59.

Werber, Niels. 2003. *Liebe als Roman. Zur Koevolution intimer und literarischer Kommunikation*. München: Wilhelm Fink Verlag.

„Ohne dass der Tod uns scheidet." Intimität in virtuellen Friedhöfen

Nina R. Jakoby und Simone Reiser

1   Einleitung

„Trauer ist der Preis, den wir für die Liebe zahlen", so die Aussage der PsychologInnen Parkes und Prigerson (2011: 6). Trauer kann ebenfalls als „cost of commitment" (Parkes und Prigerson 2011: 6) verstanden werden, als Kosten der psychischen und sozialen Bindung an andere Menschen. Solange es intime und soziale Beziehungen gibt, Liebe und Freundschaft, konstituiert sich Trauer als eine Emotion des Verlusts. Sie ist eine elementare, menschliche Erfahrung und „normale" Reaktion auf den Tod einer/eines *signifikanten Anderen* (Horwitz und Wakefield 2007; Archer 1999). Trauer nach dem Tod stellt dabei eine prototypische Verlustreaktion dar, die ebenso auf andere Verluste, wie Scheidungen, Ende einer Freundschaft oder einen Wohnortwechsel übertragbar ist. Erkenntnisse über Trauer nach dem Tod liefern uns damit die Grundlage für die Interpretation anderer Verluste (vgl. Marris 1986: 23).

Die bisherige psychiatrische Forschung versteht Trauer primär als Krankheit, die es zu überwinden gilt (Parkes und Prigerson 2011). Dieses dominierende medizinische Modell der Trauer manifestiert sich in der Unterscheidung zwischen „normaler" und „pathologischer" Trauer. Ziel der Trauerarbeit ist die Loslösung von den Verstorbenen und die Reintegration in das neue Leben ohne die Verstorbenen (vgl. Walter 1999). In dem folgenden Beitrag soll eine neue Perspektive auf Trauer verfolgt werden: Der Ausdruck und die Gefühle von Trauer ermöglichen Rückschlüsse über die Intimität der verloren gegangenen Sozialbeziehung sowie die Bedeutung und Funktion von affektiven Beziehungen im Allgemeinen (vgl. auch Charmaz und Milligan 2006). Dies entspricht der thanatosoziologischen Auffassung, dass der individuelle und gesellschaftliche Umgang mit Verstorbenen, Toten und Hinterbliebenen viel über das Leben und die Lebenden aussagen kann. Untersuchungseinheit bilden dabei die individuellen und kollektiven Ausdrücke von Trauer in virtuellen Friedhöfen und die dort erstellten Erinnerungsseiten (Web Memorials) für die Verstorbenen.

2   Der medizinische Diskurs: Vergessen und Loslassen der intimen Beziehung

Das medizinische Modell sieht Trauer primär als eine Krankheit, die es zu über-winden gilt (grief as a disease) und blendet aus, dass Trauer als Emotion verstanden werden muss (grief as an emotion) (vgl. Charmaz und Milligan 2006; Rosenblatt 2006).

> "On the whole, grief resembles a physical injury more closely than any other type of illness. (…). As in the case of a physical injury, the 'wound' gradually heals, at least it usually does. But occasionally complications set in, healing is delayed (…). In such cases abnormal forms arise (…)" (Parkes und Prigerson 2011: 5).

Die Konzepte der *normalen* und *pathologischen* Trauer prägen den dominierenden medizinischen Diskurs. Diese Dichotomisierung stellt die Basis einer Medikalisie-rung der Trauer dar (Foote und Frank 1999). Normale Trauer ist das therapeutische Ideal (vgl. Foote und Frank 1999: 164). Es korrespondiert mit dem Phasenmodell der Trauer, das sich trotz Kritik an den rigiden und statischen Annahmen (z. B. Parkes und Prigerson 2011: 7) weiterhin im psychologischen Diskurs hält. Ausgangspunkt des Phasenmodells bilden Kübler-Ross' „Interviews mit Sterbenden" (2009 [1969]). Kast (2011: 71ff.) unterscheidet zwischen vier Phasen, die nach einem Verlust erlebt werden: 1. „Phase des Nicht-wahrhaben Wollens", 2. „Phase der aufbrechenden Emotionen", 3. „Phase des Suchens und Sich-Trennens" und 4. „Phase des neuen Selbst- und Weltbezugs". Shuchter und Zisook (2006: 23f.) beschreiben drei sich überlappende Phasen: 1. „initial period of shock, disbelief and denial", 2. „interme-diate acute mourning period of acute somatic and emotional discomfort and social withdrawal", 3. „a culminating period of restitution". Das Phasenmodell beinhaltet die Idee des Fortschritts, die Trauer als kurzfristigen Prozess versteht (vgl. Foote und Frank 1999: 164). Es wird ein linearer Ablauf der Trauerreaktion postuliert, der von einem akuten Stadium der Trauer bis hin zu einem Aspekt der Vergangenheit reicht (vgl. Foote und Frank 1999: 172). So ist Trauer als ein „psychischer Prozess des Abschiednehmens" (Bellebaum 1992: 122) definiert – wobei der Abschied als normatives Ziel der Trauerarbeit vorgegeben ist.

Geliebte Menschen können nicht vergessen werden. Dennoch finden sich in der psychologischen Trauerforschung eine Reihe von Synonymen, die ein Vergessen und eine endgültige Trennung von den Toten implizieren: Loslassen, Ablösung, Trennung, Wiederherstellung, Loslösung und endgültige Abschiednahme. Im Englischen finden sich die Begriffe detachment, grief resolution, recovery, restoration, reintegration, restitution oder disengagement. Das Leitmotiv „Vergessen" der bisherigen Trauerpsychologie kann am besten mit den folgenden Empfehlungen der Ratgeberliteratur beschrieben werden (vgl. Kachler 2011: 15): „Lasse den Verstorbenen los", „Nimm Abschied von ihm und dem bisherigen Leben", „Lerne ohne den Verstorbenen zu leben" oder „Baue ein neues Leben ohne den Verstorbenen auf". Das Mittel hierzu bildet die Trauerarbeit (Lindemann 1944). Als Metapher verstanden impliziert sie eine temporäre Trauerrolle, einen fortschreitenden und zeitlich begrenzten Trauerprozess, der sich mit dem Ausspruch „Die Zeit heilt alle Wunden" am besten verdeutlichen lässt (vgl. Foote und Frank 1999: 168ff.). Das normative Ziel der Trauerarbeit ist recovery (vgl. Kauffman 2008: 74) – die letzte Stufe in den verschiedenen Phasenmodellen – und das „Zurücklassen der Verstorbenen" (Howarth 2007: 203), d. h. eine Reintegration in das reale Leben, in dem es die/den Verstorbene(n) nicht mehr gibt. Die Toten, die keine aktive Rolle mehr in Gegenwart und Zukunft der Hinterbliebenen spielen, müssen zu einem Teil der Vergangenheit werden. Abweichungen von der normalen Trauerreaktion werden als pathologische Trauer definiert, die therapeutische Interventionen, als „Technologien des Selbst" (Foote und Frank 1999), erfordern. Diese Normalisierung der Trauer (Foote und Frank 1999) wird auf die psychoanalytischen Theorien im 20. Jahrhundert, insbesondere Freud (1917) und Lindemann (1944), zurückgeführt. Die Abgrenzung zur pathologischen, „falschen" Trauerreaktion bezieht sich auf Abweichungen von den normativen Phasenverläufen, insbesondere wenn die letzte Phase der Ablösung und Trennung von den Verstorbenen nicht erreicht wird (vgl. Howarth 2007: 193). Weitere Kriterien beziehen sich auf Abweichungen hinsichtlich Intensität und Zeitdauer der Trauer. Während frühere Forscher den normalen Trauerprozess bereits nach wenigen Wochen bzw. Monaten für abgeschlossen hielten (z. B. Lindemann 1944), definieren aktuellere Studien Trauerreaktionen nach 13 und 14 Monaten als chronische Trauer (vgl. Kersting et al. 2001: 302). In anderen Konzepten müssen mindestens drei der vier Symptome seit mindestens zwei Monaten bestehen, die als Diagnose für eine traumatische Trauer dienen: Intrusive Gedanken an den Verstorbenen, Sehnsucht nach dem Verstorbenen, Suche nach dem Verstorbenen sowie Einsamkeit als Folge des Verlusts (vgl. zusammenfassend Kersting et al. 2001: 304).

Aus soziologischer Sicht hingegen müssen pathologische (und normale) Trauer als kulturelle und soziale Konstrukte verstanden werden (vgl. Walter 2005: 74). Die Grundlage für pathologische Abweichungen bildet das Modell der normalen Trauer. Trauer wird als zeitlich begrenzte Phase im Leben eines Menschen konzipiert, die nach einem normativ vorgegebenen Zeitraum abgeschlossen sein muss. Pathologische Trauer wird diagnostiziert, wenn Intensität und Dauer der Gefühle sowie der emotionale Ausdruck nicht mit diesen sozial vorgegebenen Trauernormen übereinstimmen.

3   Der Preis der Liebe

Wir können nicht über Trauer sprechen, ohne uns zu vergegenwärtigen, was die verloren gegangene Beziehung für die Hinterbliebenen bedeutet hat. Der Tod eines geliebten Menschen ist die soziale Veränderung, die am schwersten zu akzeptieren ist (vgl. Marris 1986). Nach Marris (1986: 32) kann Liebe allein das Gefühl der Trauer nicht erklären. Trauer unterscheidet sich von anderen Verlustgefühlen wie Traurigkeit, Nostalgie oder Sehnsucht, auch wenn diese Bestandteile der komplexen Emotion Trauer sein können. Worin liegt die Besonderheit der Trauer begründet? „The intensity of grief is related to the intensity of involvement, rather than of love" (Marris 1986: 33).

Es ist nicht nur der Verlust der geliebten Person, der Tod zerstört auch die Grundlage des *Selbst* der Hinterbliebenen: „The fundamental crisis of bereavement arises not from the loss of others, but the loss of self" (Marris 1986: 32f.). Aus symbolisch-interaktionistischer Perspektive bedeutet der Tod einer nahestehenden Person den *Verlust des Selbst* (Charmaz 1980; Rosenblatt 2006). Nach Mead stellt sich das Selbst als einen Prozess dar, das sich durch die Interaktionen mit anderen ständig definiert und reflektiert (vgl. Joas und Knöbl 2004: 192). Es gibt somit keine „scharfe Trennungslinie zwischen unserer eigenen Identität und der Identität anderer Menschen (…). Der Einzelne hat eine Identität nur im Bezug zu den Identitäten anderer Mitglieder seiner gesellschaftlichen Gruppe" (Mead 1973: 206). Verluste von signifikanten Anderen haben eine „Desintegration der Identität" zur Folge (Marris 1986: 38). Das folgende Zitat der britischen Soziologin Glennys Howarth verdeutlicht diese zentrale interaktionistische Annahme:

> "For example, according to this approach, a woman whose husband dies must not only come to terms with the loss of her partner but also with the loss of that part of her identity as his companion" (Howarth 2000: 130).

Das Konzept *threads of connectedness* (Lofland 1985) beschreibt die multidimensionalen Verbindungen, die durch einen Tod zerstört werden. Es ist nicht „nur" der Verlust der physischen Präsenz, sondern mit der Person sind eine Reihe weiterer Bedeutungen verbunden, die gleichzeitig durch den Tod zerstört werden und auch als „multiple Verluste" (Stroebe und Schut 1999), „Verlust des sozialen Kontextes" (Rosenblatt 2006) oder „Bruch der Biographie" (Schmied 1985) bezeichnet werden. Im Einzelnen sind das zum Beispiel der Verlust von sozialen Rollen (z. B. Ehefrau, Mutter), Verlust des privaten Selbst, Verbindungen zu anderen Personen und sozialen Netzwerken, eine geteilte Realität, erhoffte Zukunft, gemeinsame Vergangenheit oder eine Quelle von Sicherheit und Bestätigung (vgl. Lofland 1985: 175). Der Verlust von Nahestehenden ist ein Eingriff sowohl in das Gefühlsleben wie auch in die Handlungsfähigkeit der Hinterbliebenen (vgl. Schmied 1985: 137). Trauer bedeutet in diesem Zusammenhang eine „schmerzhafte Neukonstitution des Selbst", in der Haltungen und Reaktionen neu orientiert werden müssen (vgl. Schmied 1985: 138). Zudem erinnert der Tod an die Unsicherheit aller persönlicher Beziehungen (Marris 1986: 39) und an unsere eigene „abschiedliche Existenz" (Bellebaum 1992: 9).

Die soziale Identität der Individuen wird damit insbesondere bei Verlusten von signifikanten Anderen deutlich (vgl. Bradbury 1999). Dies führt zu einem weiteren Aspekt, der zeigt, wie eine Analyse der Trauer Rückschlüsse über intime Beziehungen ermöglicht. Nach Fowlkes (1990: 649) ist Trauer sozial reguliert, da das Recht zu trauern an die moralische Definition eines *legitimen Verlustes* bzw. einer *intimen Beziehung* gebunden ist.

"The right to the expression of grief (…) varies to the social comprehension of a given relationship as legitimately intimate and its loss, therefore, as a legitimate loss" (Fowlkes 1990: 649).

Gesellschaftliche Normen beziehen sich auch auf die Bewertung der Intimität von Sozialbeziehungen und definieren, welche Menschen für uns wichtig sind (vgl. Hahn 1968). Die Basis von Trauer bildet damit nach Hahn (1968: 126) der „Schmerz über den Verlust von Unersetzlichem", und dies entweder subjektiv oder in Übereinstimmung mit institutionalisierten Erwartungen. In diesem Zusammenhang werden kernfamiliale Beziehungen von anderen Beziehungstypen (z. B. FreundInnen, Verwandten oder gar Haustieren) klar abgegrenzt und moralisch höher bewertet (Fowlkes 1990). Diese hierarchische Sichtweise spiegelt sich auch in der psychologischen Literatur über Trauer wider, die primär den Verlust von EhepartnerInnen und Kindern thematisiert, andere Beziehungstypen jedoch vernachlässigt. Damit kann eine emotionssoziologische Verbindung zwischen dem Konzept der Gefühlsregeln (Hochschild 2006) und der Emotion Trauer hergestellt werden. Gefühlsregeln sind gesellschaftliche Normen, die spezifizieren, welche Gefühle wann, mit welcher Intensität und mit welcher Dauer zum Ausdruck gebracht werden. So können wir zu viel oder zu wenig trauern und es gibt falsche Zeitpunkte und Orte der Trauer (vgl. Hochschild 2006: 81). Dokas (2002a) Konzept der *entrechteten Trauer* (disenfranchised grief) knüpft inhaltlich an die Aussagen

von Fowlkes (1990) an. Das Recht zu trauern ist normativ geprägt (vgl. Doka
2002b: 5). Man kann insgesamt drei Typen im Konzept von disenfranchised grief
unterscheiden (vgl. zusammenfassend Doka 2002b 10ff.): 1. *The relationship is not
recognized* (Doka 2002b: 10): Geliebte/r, homosexuelle Beziehungen, Ex-Partne-
rInnen, Biologische Eltern von Adoptivkindern, Haustier-Mensch Beziehung, 2.
The loss is not acknowledged (Doka 2002b: 11): Tod Säugling, Abtreibungen, Tod
eines Haustiers, Angehörige, die an Alzheimer erkrankt sind, und 3. *The Griever
is excluded* (Doka 2002b: 12): Kinder, die als zu jung für Trauer erachtet werden,
Trauer über hochaltrige Eltern, Trauer von Personen mit Behinderung. So findet
man beispielsweise in der aktuellen Ratgeberliteratur (Kachler 2011) eine normative Klassifikation von „leichten" und „schweren" Verlusten entsprechend der
jeweiligen Verlustkategorie. Der Tod von hochbetagten Eltern wird als leichter
Verlust bewertet (vgl. Kachler 2011: 56). Marris (1986: 27) bezeichnet erweiterte
familiale Beziehungen oder den Tod eines Haustieres als „less important or trivial
loss." Auch nach Parkes und Prigerson (2011: 144) wird der Verlust von Eltern im
Erwachsenenalter nicht zu einer pathologisch intensivierten Trauerreaktion führen. Hier erfolgt eine „soziale Grenzziehung bezüglich des Lebensalters und der
sozialen Wertschätzung einer verstorbenen Person", nach der das Recht zu trauern
als akzeptabel oder inakzeptabel bewertet wird (vgl. Schiefer 2007: 145). In diesen
Annahmen kann die Macht der Gefühlsregeln sehr gut verdeutlicht werden, die
sich in diesem Fall auf die Verlustkategorien und eine hierarchische Bewertung
von intimen Beziehungen beziehen.

4   Virtuelle Friedhöfe als neue Trauerkultur

Medien dienen der Erinnerung und der Bewahrung und sind somit essenziell
für den Ausdruck von Trauer. Das Erinnerungsmedium Internet als Faktor des
sozialen und kulturellen Wandels beeinflusst die Bestattungskultur und bietet in
Form von virtuellen Friedhöfen eine neue Plattform für die Trauer. Eine der zent-
ralsten Funktionen des Internets liegt darin, den Menschen ohne große Kosten an
Aufwand und Zeit Zugang zu weltweiten Informationen und Kommunikation zu
ermöglichen (vgl. Geser 1998b: 133). Diese Besonderheiten des Internets nehmen
verstärkt Einfluss auf die Bestattungskultur. Bereits Walter (1996: 15ff.) hat darauf
hingewiesen, dass es aufgrund vielfältiger Bedingungen der modernen Gesellschaft
– wie geografische Distanz zwischen Familienmitgliedern, die Fragmentierung des
individuellen Lebens, der Verlust von religiösen Ritualen oder das unterschiedliche Trauerverhalten innerhalb einer Familie – sehr schwierig ist, kontinuierliche

Erinnerungen über die Verstorbenen zu generieren. Das Internet kompensiert funktionale Defizite der Realwelt, indem es eine Plattform für langfristige Trauer und idiosynkratische Erinnerungen an Verstorbene bereitstellt (vgl. Geser 1998c: 14f.). Galten virtuelle Friedhöfe zunächst als Kuriosität oder Nischenphänomen, so müssen sie heute als soziokulturelles Phänomen der Trauer- und Erinnerungskultur ernst genommen werden (vgl. Spieker und Schwibbe 2005: 229). Sie sind Orte einer dynamischen und aktiven Erinnerung an Verstorbene, die ohne Restriktionen von Raum und Zeit ein Medium für kollektive Erinnerungen bereitstellen, denn: „Nur Vergessene sind wirklich tot" (Spieker und Schwibbe 2005). So wirbt die Webseite *strassederbesten.de* für ihre Dienstleistungen mit der Aussage „Lasst uns unsere Lieben nicht in Vergessenheit geraten".[1] Bei *memorta.com* heißt es:

> „Unsere Plattform soll im positiven Sinn an Menschen erinnern und Besuchern die Möglichkeit bieten, diese Memos jederzeit und orts- und zeitunabhängig zu besuchen. Zusätzlich können Besucher bei Memos sowohl Gästebucheinträge als auch Gedenkaktivitäten vornehmen." (http://www.memorta.de/aboutMemorta.php, Zugriff 03.03.2012)

Das „Material" in Web Memorials bilden individuell gestaltete Grab- bzw. Gedenksteine, Text, Fotografien und Musik. Die Webseiten sind vielseitig gestaltbar, die in dieser idiosynkratischen Form nicht in traditionellen Todesanzeigen oder Grabinschriften realisiert werden könnten. Im Internet können Weblinks, Bilder, Videos und Texte über die/den Verstorbene(n) in ein einziges digitales Dokument integriert werden, das keinen Vorschriften durch traditionelle Institutionen unterliegt. Zugleich sind diese Erinnerungen und der Ausdruck von Trauer nicht statisch, sondern permanent modifizierbar und können der aktuellen Gefühlslage angepasst werden (vgl. Spieker und Schwibbe 2005; Geser 1998c). Die Erinnerungen sind so gestaltet, dass sie verschiedene Sinne ansprechen, z. B. durch Musik, Text oder Fotografien (vgl. Spieker und Schwibbe 2005: 231). Gleichzeitig werden die Erinnerungen nicht nur von den Hinterbliebenen, sondern aus verschiedenen Perspektiven der ansonsten fragmentierten sozialen Netzwerke (Walter 1996) – zum Beispiel von anderen Familienmitgliedern, FreundInnen, Bekannten, KollegInnen oder gar Fremden – generiert. So stellt Geser (1998c: 12) explizit die Aggregation von unterschiedlichen Erinnerungsperspektiven als zentrale Funktion von virtuellen Friedhöfen heraus. Öffentlich zugängliche Web Memorials ermöglichen es allen, Anteil zu nehmen und ihre Trauer auszudrücken.

---

1   www.strassederbesten.de, Zugriff 22.05.2012.

5   Untersuchungsmethode

Web Memorials bieten für die soziologische Emotions- und Trauerforschung
innovatives Datenmaterial. Der Ausdruck von Trauer kann auf der Basis von *verschriftlichten Emotionen* (Brennan 2008: 326) analysiert werden. Auf der Grundlage einer qualitativen Inhaltsanalyse nach Mayring (1997) und induktiver und
deduktiver Kategorienbildung wurde folgende Forschungsfrage untersucht: Welche
Erkenntnisse über intime Beziehungen liefern uns die individuellen und kollektiven
Ausdrücke von Trauer in Web Memorials? Grundlage der Untersuchung bildeten
zwei deutschsprachige virtuelle Friedhöfe:

- Memorta (www.memorta.com)
- Strasse der Besten (www.strassederbesten.de)

Auf beiden Friedhöfen können kostenfrei virtuelle Gedenksteine erstellt und bei
Bedarf mit einem Passwort geschützt werden. Bei der Gestaltung der Online-Grä-
ber sind auf Strasse der Besten der Kreativität kaum Grenzen gesetzt, wohingegen
bei Memorta eine standardisierte Struktur vorgegeben ist. Für jedes Online-Grab
existiert ein Gästebuch, in welchem die Hinterbliebenen die Trauer über den Verlust
einer geliebten Person in schriftlicher Form ausdrücken können. Für die Beantwortung unserer Forschungsfrage stützen wir uns auf diese Gästebucheinträge,
welche wir in frei zugänglichen Web Memorials analysiert haben.

6   Ergebnisse

Vor dem Hintergrund der Forschungsfrage lassen sich insgesamt vier Themen
identifizieren, die im Folgenden genauer erläutert werden: 1. Verlust des Selbst,
2. Weiterführung der intimen Beziehung, 3. Neues Modell der »Familie« und 4.
Trauer als Emotion der Liebe.

Thema 1:   Verlust des Selbst

Was hat mir die Person bedeutet? Was bedeutet mein Leben ohne die geliebte Person?
Die interaktionistische Annahme des "Verlust des Selbst" (Charmaz 1980) zeigt sich
in den Aussagen der Hinterbliebenen. Dies wird besonders in dem folgenden Zitat
deutlich: "Wenn man einen Menschen verliert, den man geliebt hat, dann stirbt ein

Stück seines eigenen Lebens mit ihm (…)"[2]. Des Weiteren werden auch der Verlust der physischen Präsenz, Quellen der Bestätigung und Unterstützung, Liebe und Freundschaft sowie der Lebensmittelpunkt von den Hinterbliebenen genannt, die auf das Konzept *threads of connectedness* von Lofland (1985) verweisen.

> „Du warst die Zuflucht und die Wiege meines seins. .Ich danke dir, auch wenn du dies niemals lesen wirst …" (http://www.memorta.com/internetfriedhof/memo. php?id=184, Zugriff 06.01.2011)

Darüber hinaus wird der Verlust von sozialen und familialen Rollen thematisiert. Dies geschieht aus der Perspektive der Hinterbliebenen (z. B. Tochter, Enkelin) und im Hinblick auf die verstorbene Familienangehörige (Mutter, Großmutter), wie die folgenden Einträge verdeutlichen.

> „Hallo Omi :(
> Es ist nicht einfach so weiterzuleben ohne Dich ich hab immer zeiten da würde ich so gern zum Telefon greifen und dich anrufen … ich würde dir erzählen das ich wieder Arbeit hab was dich sicher sehr freut … dein Urenkel maik ist jetzt in einer erfolgreichen Fußballmannschaft haben jedes Spiel gewonnen bis jetzt stehen auf den 2. Tabellenplatz und maik hat auch schon ein Tor gemacht (…) schade das du das nicht mehr mitbekommst … nun hab ich ja in 3 tagen Geburtstag ich vermiss dich omi jeden Tag :((Deine Enkelin in liebe"
> (http://www.memorta.com/internetfriedhof/memo.php?id=85, Zugriff 06.01.2011)

> „Wenn ich wüsste, was du denkst….was du fühlst….oh MAMA……..Cihan ist schon so gross geworden….du hast ihn nie gesehen….nie in den Arm nehmen können (..:)" (http://www.memorta.com/internetfriedhof/memo.php?id=85, Zugriff 06.01.2011)

In dieser Sichtweise muss Trauer als schmerzhafte Neukonstitution des Selbst und Alltagslebens verstanden werden, in der es zu einer Neuorientierung von Handlungen, Haltungen und emotionalen Bindungen kommt (vgl. Schmied 1985: 138). Trauer kann damit als „psychischer Prozess des Abschiednehmens" (Bellebaum 1992) interpretiert werden und dies nicht nur von der geliebten Person, sondern ebenfalls von dem durch sie etablierten (alten) Selbst, sozialen Rollen oder Bindungen. Vor dem Hintergrund der Annahmen des Symbolischen Interaktionismus erscheint die Idee einer endgültigen Ablösung und Bewältigung des Verlustes – wie es das medizinische Modell der Trauer beinhaltet – nicht plausibel. Lediglich die Neukonstruktion des Selbst erscheint möglich: „It is the rebuilding of the self that takes time, not the healing of an injury or wound" (Bradbury 1999: 176).

---

2   http://www.strassederbesten.de/onlinefriedhof/virtueller_friedhof_grab_2389.html, Zugriff 06.01.2011.

Thema 2: Weiterführung der intimen Beziehung ("Continuing Bonds")

Das Modell „Continuing Bonds" entwickelte sich Mitte der 1990er Jahre zeitgleich in der psychologischen und soziologischen Forschung (Klass et al. 1996; Walter 1996, 1999; Klass und Walter 2007). Beide Ansätze grenzen sich von der Einseitigkeit des dominanten medizinischen Diskurses ab, der eine Loslösung von alten Beziehungen und „recovery", d. h. eine endgültige Trennung von den Toten und Bewältigung des Schmerzes als therapeutische Ziele setzt. Für Walter (1996: 7) und sein soziologisches „new model of bereavement" stellt sich Trauer nicht als eine kurzfristige Emotion und „working through emotions" dar, die sich auf bestimmte Phasen und ein gerichtetes Ende reduzieren lässt. Sein Modell fokussiert auf die andauernde und fortlaufende Präsenz der Verstorbenen im Leben der Hinterbliebenen und die aktive Weiterführung der Beziehung. Der Trauerprozess ist durch Gespräche über die/den Verstorbene(n) mit Familienmitgliedern, FreundInnen und anderen Menschen, die die/den Tote(n) gekannt haben, geprägt (vgl. Walter 1996: 12). Mithilfe dieser aktiv hergestellten Erinnerungen kann das „letzte Kapitel" über die Verstorbenen geschrieben werden (vgl. Walter 1996: 14).

"The purpose of grief is therefore the construction of a durable biography that enables the living to integrate the memory of the dead into their ongoing lives; the process by which this is achieved is principally conversation with others who knew the deceased" (Walter 1996: 7).

Durch Gespräche über die Verstorbenen „erkennen" die Hinterbliebenen sich selbst und ihre Verstorbenen. Der Prozess des Trauerns wird als „talking about the dead" bezeichnet; der Zweck der Trauer ist es, mit den Toten zu leben, „einen sicheren Platz" für sie in der Biografie bzw. Identität zu finden (vgl. Walter 1996: 20).

Die Entwicklung und Aufrechterhaltung von intimen Beziehungen basiert auf physischem Kontakt und Gesprächen bzw. Interaktionen (vgl. Walter 1999). Nach dem Tod werden diese Beziehungselemente weitergeführt. Jedoch sollte man sich vergegenwärtigen, dass diese Manifestationen einer andauernden emotionalen und kognitiven Beziehung mit den Verstorbenen als pathologische Trauerreaktionen im medizinischen Modell gelten. In unserer Untersuchung zeigen sich drei Manifestationen der Continuing Bonds, die im Folgenden erläutert werden: a. keine Grenzen der Trauerzeit, b. Tote als Adressaten der Kommunikation sowie c. die Idee der Unsterblichkeit.

a. Keine Grenzen der Trauerzeit

Es gibt keine zeitlichen Beschränkungen der Trauerzeit entsprechend der kulturellen Erwartung der normalen Trauer, wie diese Aussagen von NutzerInnen der virtuellen Friedhöfe verdeutlichen. Der zeitliche Rahmen der Trauer beläuft sich – im Widerspruch zum medizinischen Modell – auf mehrere Jahre nach dem Tod, wie diese Einträge zeigen:

> „30 Jahre sind es nun schon her, als du gegangen bist, aber mir erscheint es so, als wäre es gestern gewesen."
> (http://www.strassederbesten.de/onlinefriedhof/virtueller_friedhof_grab_3691. html, Zugriff 06.01.2011)

> „Hallo Mama. Nun sind es schon ganze 17 Jahre, wo du nicht mehr bei uns bist. Du fehlst uns."
> (http://www.strassederbesten.de/onlinefriedhof/virtueller_friedhof_grab_13646. html, Zugriff 06.01.2011)

Amerikanische Studien zeigen, dass die Mehrheit der Gräber innerhalb von fünf Jahren von den Hinterbliebenen erstellt wird. Knapp acht Prozent der Gräber wurden jedoch auch 20 Jahre und mehr nach dem Tod erstellt (vgl. Roberts und Vidal, 1999-2000).

b. Tote als Adressaten der Kommunikation

Die Person ist gestorben, aber die soziale Beziehung existiert weiterhin. Sie äußert sich vor allem darin, dass weiterhin mit den Verstorbenen (virtuell) kommuniziert und ihre Nähe gespürt wird. Web Memorials stellen somit ein Forum für die Kommunikation mit den Toten dar (vgl. auch Brennan 2008).

> „Hallo mein Großer, wir sind gerade aus dem urlaub zurück gekommen und ich kann Dich hier gleich mal besuchen. Zum Friedhof komme ich morgen, In Liebe, Deine Mama ♥♥"
> (http://www.memorta.com/internetfriedhof/memo.php?id=170, Zugriff 06.01.2011)

> „Hallo Mama Heute ist der 23.02.2011 und ich war gestern bei Oma Grete im Krankenhaus, es sieht nicht gut aus. Die Ärzte sagen, es dauert wohl nur noch drei bis vier Tage, dann wird sie zu dir kommen. (…)"
> (http://www.memorta.com/intertfriedhof/memo.php?id=85, Zugriff 06.03.2011)

> „Ich hoffe Dir gehts Gut dort oben, manchmal spüre ich das Du in meiner Nähe bist …. In Liebe Heike"
> (http://www.memorta.com/internetfriedhof/memo.php?id=399, Zugriff 06.01.2011)

Besonders zu wiederkehrenden und speziellen Anlässen wie Geburtstagen oder Weihnachten wird eine direkte Kommunikation mit den Toten gesucht.

> „alles liebe zum geburtstag
> ---- !!!!!!!!"
> (http://www.memorta.com/internetfriedhof/memo.php?id=192, Zugriff 06.01.2011)

Vielfach besteht auch der Wunsch, die Beziehung zu „beenden" und Meinungsverschiedenheiten und Streit zu Lebzeiten zu besprechen und sich zu versöhnen.

> „Vieles ist nicht so gelaufen, wie wir und auch Du es uns erhofft hatten. Das soll uns jetzt nicht mehr belasten."
> (http://www.memorta.com/internetfriedhof/memo.php?id=96, Zugriff 06.01.2011)

Studien zeigen, dass reale Friedhöfe seit jeher soziale Orte für Gespräche mit den Toten sind (z. B. Silverman und Nickman 1996). Der virtuelle Friedhof trennt nun die Kommunikation mit den Toten vom physischen Ort der Bestattung (vgl. Spieker und Schwibbe 2006).

c. Unsterblichkeit

Mit Hilfe von Erinnerungen verschmelzen die bisher getrennten Bereiche von Lebenden und Toten (vgl. Moss 2004: 80). Der folgende Eintrag in einem Gästebuch von Memorta.com verdeutlicht die Funktion von Web Memorials, Tote mithilfe von Erinnerungen weiterleben zu lassen:

> „Durch unsere Erinnerung lassen wir die Verstorbenen weiterleben. Unsere Liebe nährt sie und sie sind uns weiterhin nah. Immer da – nur in einem anderen Raum – bis zum Wiedersehen." (http://www.memorta.com/internetfriedhof/memo.php?id=192, Zugriff 06.01.2011)

In den Web Memorials enthüllt sich zudem ein Konzept, das im Folgenden mit der Kategorie Unsterblichkeit genauer expliziert wird. In den verschiedenen Erinnerungsseiten erscheint der Tod als Erlösung und als friedliche, neue Existenz. Der Tod bedeutet kein Ende, sondern der Glaube an ein Weiterleben und ein Wiedersehen mit den Verstorbenen im „Himmel" als physischer Ort der Wiedervereinigung wird deutlich.

> „Wo Familie zusammenhält, da lacht der Himmel. Wie ihr hier auf Erden zusammen sein konntet, so seid ihr auch hier wieder vereint"
> (http://www.strassederbesten.de/onlinefriedhof/virtueller_friedhof_grab_3296. html, Zugriff 06.01.2011)

Kennzeichen dieser Vorstellungen ist die Verwendung von religiösen Termini. Insbesondere werden Kategorien wie Engel, Frieden, Wiedersehen, Himmel oder Paradies genannt. Brennan (2008) bezeichnet dies als „individualisierte Form von Spiritualität", die zwar auf religiösen Diskurs rekurriert (Schutzengel), jedoch durch eine Mischung mit säkularen Elementen gekennzeichnet ist.

> „Wenn man einen geliebten Menschen verliert, gewinnt man einen Schutzengel dazu."
> (http://www.memorta.com/internetfriedhof/memo.php?id=168, Zugriff 06.01.2011)

> „Ich bin mir sehr sicher dass du ein Engel bist. (…)
> Meine Liebe, ich hoffe, Du hast dein Paradies gefunden.
> Genieße die Ruhe, das Licht und den Frieden.
> Ein großer, starker, liebenswerter und wunderschöner Engel hat fliegen gelernt." (…)
> (http://www.memorta.com/internetfriedhof/memo.php?id=95, Zugriff 06.01.2011)

> „Freue mich, wenn wir uns wiedersehen."
> (http://www.memorta.com/internetfriedhof/memo.php?id=95, Zugriff 06.01.2011)

Nach Brennan (2008: 338) zeigt sich hiermit eine säkularisierte Verwendung dieser religiösen Terminologie, ohne dass jedoch konkret Bezug zu deren religiöser Bedeutung, z. B. R.I.P. oder Paradies, genommen wird.

Thema 3: Neues Modell der »Familie«

Intime Beziehungen sind komplexer und vielfältiger als von der traditionellen (Trauer-) Forschung, die primär auf die Kernfamilie fokussiert, angenommen (vgl. Fowlkes 1990: 636). Intimität wird zu oft auf kernfamiliale Bindungen reduziert und andere Beziehungstypen werden ausgeschlossen: „The parameters of intimacy have come to be thougt of as synonymous with the boundaries of the nuclear family, (…)" (Fowlkes 1990: 638). Der Grad der Intimität und emotionalen Bindung mit den signifikanten Anderen ruft Trauer hervor und nicht die Verlustkategorie per se (vgl. Fowlkes 1990: 638). Virtuelle Friedhöfe enthüllen ein neues Bild von gesellschaftlich legitimen Verlusten. Zugleich offenbaren sie eine Form von kollektiven Erinnerungen an Verstorbene auf Basis von Emotionalität und unabhängig vom biologischen Abstammungsverhältnis. Das neue Modell der "Familie" wird durch virtuelle Familien- und Verwandtschaftsgräber[3] sowie Erinnerungsseiten für erweiterte Familienmitglieder, soziale Verwandte wie Stiefkinder, KollegInnen und FreundInnen repräsentiert. Familie lässt sich nicht auf die Kernfamilie reduzieren, sondern schliesst darüber hinaus auch erweiterte Familienbeziehungen

---

3   http://www.strassederbesten.de/onlinefriedhof/virtueller_friedhof_grab_7165.html, Zugriff 06.01.2011.

mit ein (Jakoby 2008). Insbesondere Onkeln und Tanten, Nichten und Neffen wird mit Erinnerungsseiten gedacht. In virtuellen Friedhöfen zeigt sich damit eine dynamische Konstruktion von familialen und verwandtschaftlichen Beziehungen, in der Ideen der Wahl, Komplexität und Flexibilität die Ordnungsschemata sind (vgl. Smart 2007: 6f.). Dabei verwischen die Grenzen zwischen biologischer und sozialer Verwandtschaft. Kondolenzen, in Form von Gästebucheinträgen von FreundInnen oder gar Fremden, sind gleichberechtigt neben den Beiträgen von Familienmitgliedern zu finden. Kriterien der Emotionalität und Anteilnahme am Verlust und nicht die Unterscheidung nach Verwandtschaftsgrad und biologischer Verwandtschaft, wie sie beispielsweise die hierarchische Sitzordnung der kirchlichen Trauerfeier prägt, die zwischen Familienangehörigen und FreundInnen sowie Bekannten differenziert, sind entscheidend. Demgegenüber muss ein gleicher Status von (biologischer) Familie und Nicht-Verwandten im virtuellen Ausdruck von Trauer festgestellt werden.

Thema 4:   Trauer als Emotion der Liebe

Liebe und Sehnsucht sind zentrale Beziehungsaspekte der Emotion Trauer (Kachler 2011), die dem reduktionistischen Blick auf die Schmerzhaftigkeit dieser Emotion entgegengesetzt werden müssen. In den Aussagen der Hinterbliebenen in den untersuchten Web Memorials zeigt sich, neben den Äußerungen über Schmerz und Traurigkeit, auch ein tiefes Bekenntnis der Liebe gegenüber den Verstorbenen.

„(…) Was wir einander bedeuten, bleibt bestehen" (…)
(http://www.memorta.com/internetfriedhof/memo.php?id=96, Zugriff 06.01.2011)

„Aber ich hoffe so sehr das du es fühlen kannst" (wie sehr ich dich liebe)
(http://www.memorta.com/internetfriedhof/memo.php?id=85; Zugriff 06.01.2011)

„Ich liebe dich bis zum Mond wieder zurück und noch viel weiter."
http://www.memorta.com/internetfriedhof/memo.php?id=95, Zugriff 06.01.2011)

Oder:

„Die Liebe bleibt – wenn alles geht;
Weil sie das Leben – überlebt;
Denn sie ist älter – als die Zeit;
Wenn alles geht – die Liebe bleibt"
(http://www.memorta.com/internetfriedhof/memo.php?id=127, Zugriff 06.01.2011)

Entgegen der üblichen Klassifikation als negative, schmerzhafte Emotion kann Trauer auch als eine Emotion der Liebe und Sehnsucht bezeichnet werden – als

Kommunikationsversuch mit den Verstorbenen über den Tod hinaus (vgl. Kach-ler 2011: 21). In diesem Zusammenhang muss die Schwierigkeit benannt werden, „positive" und „negative" Emotionen zu klassifizieren (vgl. Turner und Stets 2005: 288f.). Dies gilt insbesondere für die Kategorisierung von komplexen Emotionen wie Trauer. Was sind die Beurteilungskriterien für das Festlegen der Attribute „po-sitiv" oder „negativ"? Der Kontext definiert die Qualität der Emotionen. So können negative Emotionen positive „outcomes" hervorrufen (vgl. Turner und Stets 2005: 288). Diese Annahme gilt auch für die Emotion Trauer. Nach Kachler (2011: 31) wird durch Trauer erst Liebe wachgerufen, die als Gegenkraft zum Verlust wirkt. Erst im Abschied zeigt sich die Intensität der Liebe, das Besondere und Einmalige, das die Hinterbliebenen mit den Verstorbenen verband (vgl. Kachler 2011: 31). Veränderungen bedeuten immer Verlust *und* Entwicklung zugleich (vgl. Marris 1986: 19). In Übereinstimmung mit dieser Ansicht weisen Cochran und Claspell (1987: 91) darauf hin, dass ein Verlusterlebnis auch zu persönlicher Entwicklung, zu einem positiven Welt- und Selbstbild führen kann. Auch Archer (1999: 128) hebt hervor, dass zu den „positiven" Folgen der Trauer auch die Reifung zu einem „post-bereavement self" (Bradbury 1999: 181) gehört. Trauer kann als „story of personal transformation" verstanden werden, als Auslöser, ein tieferes Verständnis der Bedeutung von Dingen, sich selbst oder dem Sinn des Lebens zu suchen (vgl. Cochran und Claspell 1987: 91).

6   Fazit

Eine Analyse der Trauer ermöglicht eine tiefere Erkenntnis über intime Beziehungen. Web Memorials stellen in diesem Zusammenhang innovatives Untersuchungs-material bereit. Die Bedeutung der intimen Beziehung wird in der vorliegenden Untersuchung genauer beleuchtet. Die symbolisch-interaktionistische Perspektive auf Trauer stellt das Selbstkonzept und die Identität der Hinterbliebenen in den Vordergrund ihrer Betrachtung. Sie liefert damit einen wichtigen Beitrag für eine Analyse der Trauer, aber auch für die Bedeutung und Funktion der intimen Bezie-hung für die Identität. Infolge des Todes einer/eines signifikanten Anderen entstehen „Diskontinuitäten des Selbst" (Davis 1979: 32) und damit eine Erschütterung in der Wahrnehmung und Bedeutung des Lebens. Ähnlich dem Gefühl der Nostalgie dient die Trauer zur (Re-)Konstruktion der Identität, indem sie Verbindungen zwischen unserem Selbstverständnis der Vergangenheit, Gegenwart und Zukunft schafft (vgl. Davis 1979: 31). Zum anderen spiegelt sich in der Trauer auch die Liebe zu den Verstorbenen wider, die neben Schmerz und Verzweiflung in Web Memorials zum Ausdruck kommt. Entgegen der klassischen Definition als negative Emotion stellt sich Trauer vielmehr als eine Emotion der Liebe dar (vgl. auch Kachler 2011). Auch sind emotionale Bindungen vielfältiger als bisher in der Wissenschaft wahrgenommen. Die soziologische Trauerforschung liefert damit Einblicke in die normative Bewertung von intimen Beziehungen und kritisiert die hierarchische Sichtweise der Intimität von engen Beziehungen (Fowlkes 1990, Doka 2002a). Die Kernfamilie gilt als normatives Referenzmodell für die Bewertung von legitimen Verlusten. Die soziale Konstruktion der Familie in Web Memorials unterstützt dabei die Unterscheidung zwischen dem Alltagsverständnis der „subjektiven Familie" (Trost 1990) und dem wissenschaftlichen Familienbild, das fast ausschliesslich auf die Kernfamilie und Generationenbeziehungen fokussiert. Hervorzuheben ist auch die Kollektivität der Trauer, wie sie sich beispielsweise in den virtuellen Familien- und Verwandtschaftsgräbern und den Gästebucheinträgen von FreundInnen, KollegInnen, Verwandten oder Fremden manifestiert. Dies steht der zeitgenössischen Diagnose der „Privatisierung der Trauer" (Ariès 2005; Walter 1999) entgegen. Trauer ist nicht nur ein individuelles und privates Phänomen, sondern findet ihren Ausdruck auch im virtuellen, öffentlichen Raum.

Der Tod beendet nicht die intime Beziehung. Das Weiterleben mit den Verstorbenen ist eine weitere zentrale Erkenntnis dieser Untersuchung. Die Person ist gestorben, aber die Beziehung bleibt weiterhin bestehen, wie es das neue Paradigma der Trauerforschung „Continuing Bonds" (Walter 1996) postuliert. Trotz physischer Abwesenheit der Toten werden intime Beziehungen gepflegt, beispielsweise durch Kommunikation mit den Verstorbenen und das Empfinden der (physischen und psychischen) Präsenz der Toten. Tote spielen eine aktive Rolle im Leben der Hinterbliebenen (vgl. Howarth 2000: 127). Es sind lebendige Erinnerungen, die in die Gegenwart und soziale Beziehungen integriert werden und zu einer Aufrechterhaltung und Kontinuität des Selbst beitragen. Diese Befunde führen zu einer Erweiterung des Verständnisses über dyadische Beziehungen (z. B. Ehen) hinaus. In ihren Studien über die Wiederheirat nach Witwenschaft zeigen Moss und Moss (1996), dass vielmehr triadische Beziehungskontexte gelebt werden: der/die neue PartnerIn sowie Witwe/r und Verstorbene/r, deren emotionale Bindung auch nach dem Tod weiterbesteht. Intimität wird über Gespräche mit den Toten, Ratgeberfunktionen und die Übernahmen von Verhaltensweisen, Werten und Einstellungen der Verstorbenen aufrechterhalten (vgl. Moss/Moss 1996: 166).

In Anlehnung an Geser (1998a: 12) kann man Online-Friedhöfe als „Diskursinseln" bezeichnen. Um im Internet Orientierung herzustellen, konzentrieren sich Webseiten auf spezifische Themen und Funktionen. Den Ausdruck von Trauer und Liebe zu ermöglichen, ist die spezialisierte Funktion von virtuellen Friedhöfen. Sie stellen somit eine Plattform für die Weiterführung der Beziehung und den Ausdruck von langfristigen Gefühlen der Trauer und Liebe dar. Wir können Trauer nicht mehr als einen psychologischen Zustand betrachten, der endet und von dem man „gesundet". Die emotionale Bindung zu Lebzeiten wird durch den Tod nicht aufgehoben. Trauer und Liebe suchen neue Wege weiter zu existieren und sich auszudrücken.

Literatur

Archer, John. 1999. *The nature of grief: The evolution and psychology of reactions to loss.* London/New York: Routledge.
Ariès, Philippe. 2005. *Die Geschichte des Todes.* 11. Auflage. München: Deutscher Taschenbuchverlag.
Bellebaum, Alfred. 1992. *Abschiede. Trennungen im Leben.* Wien: Edition Falter/Deuticke.
Bradbury, Mary. 1999. *Representations of death. A social psychological perspective.* London/New York: Routledge.
Brennan, Michael. 2008. Condolence books: Language and meaning in the mourning for Hillsborough and Diana. *Death Studies* 32:326-351.
Charmaz, Kathy. 1980. *The social reality of death. Death in contemporary America.* Reading, Mass: Addison-Wesley.
Charmaz, Kathy, und Melinda J. Milligan. 2006. Grief. In *Handbook of the sociology of emotions,* Hrsg. Jonathan H. Turner und Jan E. Stets, 516-538. New York: Springer.
Cochran, Larry, und Emily Claspell. 1987. *The meaning of grief. A dramaturgical approach to understanding emotion.* Westport, Conn: Greenwood Press.
Davis, Fred. 1979. *Yearning for Yesterday. A Sociology of Nostalgia.* New York: The Free Press.
Doka, Kenneth J. (Hrsg.). 2002a. *Disenfranchised Grief. New Directions, Challenges, and Strategies for Practice.* Champaign, Illinois: Research Press.
Doka, Kenneth J. 2002b. Introduction. In *Disenfranchised Grief. New Directions, Challenges, and Strategies for Practice,* Hrsg. Kenneth J. Doka, 5-22. Champaign, Illinois: Research Press.
Foote, Catherine E., und Arthur W. Frank. 1999. Foucault and therapy: The disciplining of grief. In *Reading Foucault for social work,* Hrsg. Adrienne S. Chambon, Allan Irving, Laura Epstein, 157-187. New York: Columbia University Press.
Fowlkes, Martha R. 1990. The social regulation of grief. *Sociological Forum* 5:635–652.
Freud, Sigmund. 1917. *Trauer und Melancholie. Psychologie des Unbewußten.* Frankfurt a. M.: Fischer.
Geser, Hans. 1998a. Metasoziologische Implikationen des „Cyberspace". Sociology in Switzerland: Toward Cybersociety and Vireal Social Relations. Online Publikationen. Zürich. http://socio.ch/intcom/t_hgeser03.htm.
Geser, Hans. 1998b. „Yours Virtually Forever". Elektronische Grabstätten im Internet. In *Die Veröffentlichung des Privaten – Die Privatisierung des Öffentlichen,* Hrsg. Kurt Imhof und Peter Schulz, 120-135. Wiesbaden: Westdeutscher Verlag.

Geser, Hans. 1998c. Yours Virtually Forever. Sociology in Switzerland: Toward Cyber-society and Vireal Social Relations. Online Publikationen. Zürich. http://socio.ch/intcom/t_hgeser07.htm.

Hahn, Alois. 1968. *Einstellungen zum Tod und ihre soziale Bedingtheit. Eine soziologische Untersuchung.* Stuttgart: Enke.

Hochschild, Arlie R. 2006. *Das gekaufte Herz. Die Kommerzialisierung der Gefühle.* Frankfurt a. M./New York: Campus.

Horwitz, Allan V., und Jerome C. Wakefield. 2007. *The loss of sadness. How psychiatry transformed normal sorrow into depressive disorder.* Oxford: Oxford University Press.

Howarth, Glennys. 2000. Dismantling the boundaries between life and death. *Mortality* 5:127-138.

Howarth, Glennys. 2007. *Death and Dying. A Sociological Introduction.* Cambridge: Polity Press.

Jakoby, Nina. 2008. *(Wahl-)Verwandtschaft. Zur Erklärung verwandtschaftlichen Handelns.* Wiesbaden: VS Verlag für Sozialwissenschaften.

Joas, Hans, und Wolfgang Knöbl. 2004. *Sozialtheorie. Zwanzig einführende Vorlesungen.* Frankfurt a. M.: Suhrkamp.

Kachler, Roland. 2011. *Meine Trauer wird dich finden! Ein neuer Ansatz in der Trauerarbeit.* Freiburg im Breisgau: Kreuz.

Kast, Verena. 2011. *Trauern. Phasen und Chancen des psychischen Prozesses.* 33. Auflage. Freiburg im Breisgau: Kreuz.

Kauffman, Jeffrey. 2008. What is "No recovery"? *Death Studies* 32:74-83.

Kersting, Anette, Michael Reutemann, Patricia Ohrmann, Katharina Schütt, Ute Wesselmann, Matthias Rothermundt, Thomas Suslow und Volker Arolt. 2001. Traumatische Trauer – ein eigenständiges Krankheitsbild? *Psychotherapeut* 46:301-308.

Klass, Dennis, Phyllis R. Silverman und Steven L. Nickman (Hrsg.). 1996. *Continuing Bonds. New Understandings of Grief.* Washington DC: Taylor & Francis.

Klass, Dennis, und Tony Walter. 2007. Processes of grieving: How bonds are continued. In *Handbook of bereavement research. Consequences, coping, and care,* Hrsg. Margaret S. Stroebe, Robert O. Hansson, Wolfgang Stroebe, Henk Schut, 431-448. Washington DC: American Psychological Association.

Kübler-Ross, Elisabeth. 2009 [1969]. *Interviews mit Sterbenden.* Stuttgart: Kreuz.

Lindemann, Erich. 1944. Symptomatology and management of acute grief. *American Journal of Psychiatry* 101:141-148.

Lofland, Lyn H. 1985. The social shaping of emotion: The case of grief. *Symbolic Interaction* 8:171-190.

Marris, Peter. 1986. *Loss and change.* London: Routledge und Kegan.

Mayring, Philipp. 1997. *Qualitative Inhaltsanalyse. Grundlagen und Techniken.* 6. Auflage. Weinheim: Deutscher Studien-Verlag.

Mead, George H. 1973. *Geist, Identität und Gesellschaft.* Frankfurt am Main: Suhrkamp.

Moss, Miriam. 2004. Grief on the Web. *OMEGA – Journal of Death and Dying* 49:77-81.

Moss, Miriam S., und Sidney Z. Moss. 1996. Remarriage of Widowed Persons: A Triadic Relationship. In *Continuing Bonds. New Understandings of Grief,* Hrsg. Dennis Klass, Phyllis R. Silverman, Steven L. Nickman, 163-178. Washington DC: Taylor & Francis.

Parkes, Colin Murray, und Holly G. Prigerson. 2011. *Bereavement. Studies of Grief in Adult Life.* 4. Auflage. London: Penguin Books.

Roberts, Pamela, und Lourdes A. Vidal. 1999-2000. Perpetual care in cyberspace: A portrait of memorials on the web. *OMEGA – Journal of Death and Dying* 40:159-171.

Rosenblatt, Paul C. 2006. Grief: The social context of private feelings. In *Handbook of bereavement. Theory, research, and intervention*, Hrsg. Margaret S. Stroebe, Wolfgang Stroebe, Robert O. Hansson, 102-111. 8. Auflage. Cambridge: Cambridge University Press.

Schiefer, Frank. 2007. *Die vielen Tode. Individualisierung und Privatisierung im Kontext von Sterben, Tod und Trauer in der Moderne. Wissenssoziologische Perspektiven.* Berlin: LIT.

Schmied, Gerhard. 1985. *Sterben und Trauern in der modernen Gesellschaft.* Opladen: Leske + Budrich.

Shuchter, Stephen R., und Sidney Zisook. 2006. The course of normal grief. In *Handbook of bereavement. Theory, research, and intervention*, Hrsg. Margaret S. Stroebe, Wolfgang Stroebe, Robert O. Hansson, 23-43. 8. Auflage. Cambridge: Cambridge University Press.

Silverman, Phyllis R., und Steven L. Nickman. 1996. Children's construction of their dead parents. In *Continuing Bonds. New Understandings of Grief*, Hrsg. Dennis Klass, Phyllis R. Silverman, Steven L. Nickman, 73-86. Washington DC: Taylor & Francis.

Smart, Carol. 2007. *Personal Life. New directions in sociological thinking.* Cambridge: Polity Press.

Spieker, Ira, und Gudrun Schwibbe. 2005. Nur Vergessene sind wirklich tot. Zur kulturellen Bedeutung virtueller Friedhöfe. In *Nekropolis: Der Friedhof als Ort der Toten und der Lebenden*, Hrsg. Nobert Fischer und Markwart Herzog, 299-242. Stuttgart: Kohlhammer.

Stroebe, Margaret S., und Henk Schut. 1999. The dual process model of coping with bereavement: Rationale and description. *Death Studies* 23:197-224.

Trost, Jan. 1990. Do we mean the same by the concept of family? *Communication Research* 17:431-443.

Turner, Jonathan H., und Jan E. Stets. (Hrsg.). 2005. *The sociology of emotions.* Cambridge: Cambridge University Press.

Walter, Tony. 1996. A new model of grief: Bereavement and biography. *Mortality* 1:7-25.

Walter, Tony. 1999. *On bereavement: the culture of grief.* Oxford: Oxford: University Press.

Walter, Tony. 2005. What is complicated grief? A social constructionist perspective. *OMEGA – Journal of Death and Dying* 52:71-79.

Distanzverhalten im virtuell-realen Raum
Ein interkultureller Vergleich

Jennifer Brauer, Richard Illig, Claudia Nichterlein, Mira Reuter, Nina Runde, Monika Suckfüll, Sylvia Wächter

1 Einleitung: Intimität im virtuell-realen Raum

Spätestens mit der Einführung bewegungsgesteuerter Interfaces verschmelzen der reale und der virtuelle Raum. Die Interaktion mit derartigen Interfaces wird in diesem Beitrag am Beispiel der Kinect (Microsoft 2010) diskutiert und ist Gegenstand einer empirischen Studie. Sie wurde im Rahmen des Forschungsmoduls „Emotion und Expression" im Master-Studiengang Gesellschafts- und Wirtschaftskommunikation an der Universität der Künste Berlin im Jahr 2012 durchgeführt. Verbindung, Kontakt, Berührung und Bewegung sind grundlegende Aspekte der empirischen Studie zur Untersuchung von Emotionsexpressionen im interkulturellen Vergleich.

Untersucht wird das räumliche Distanzverhalten von Personen als nonverbales Ausdrucksmittel. Dabei wird räumliche Nähe als Ausdruck von Intimität verstanden: Je näher sich Menschen physisch sind, desto intimer ist ihr Verhalten. Die physikalisch messbaren Distanzen, die Menschen zueinander einnehmen, werden im virtuell-realen Raum betrachtet, der mit Hilfe eines spielerischen Interfaces[1] für die Kinect konstruiert wird. Der Forschungsgegenstand ist das Verhalten zweier einander unbekannter Personen, die derselben Kultur angehören und gemeinsam in Interaktion mit dem Interface im virtuell-realen Raum treten. Die Untersuchung geht folgenden Fragen nach: Welche Unterschiede zwischen Personen gibt es im räumlichen Distanzverhalten? Welchen Einfluss hat das Interface auf das Empfinden von Nähe im gemeinsamen Spiel? Sind kulturelle Unterschiede zu erkennen?

---

1 Im Rahmen der durchgeführten Studie wurde eine Anwendung für die Kinect genutzt, die im Rahmen eines weiteren Forschungsmoduls im selben Studiengang an der UdK Berlin von Theresa Grebin, Philipp Schößler, Marc Schumann und Felix Worseck als "Ballpond" entwickelt und für die vorliegende Untersuchung angepasst wurde.

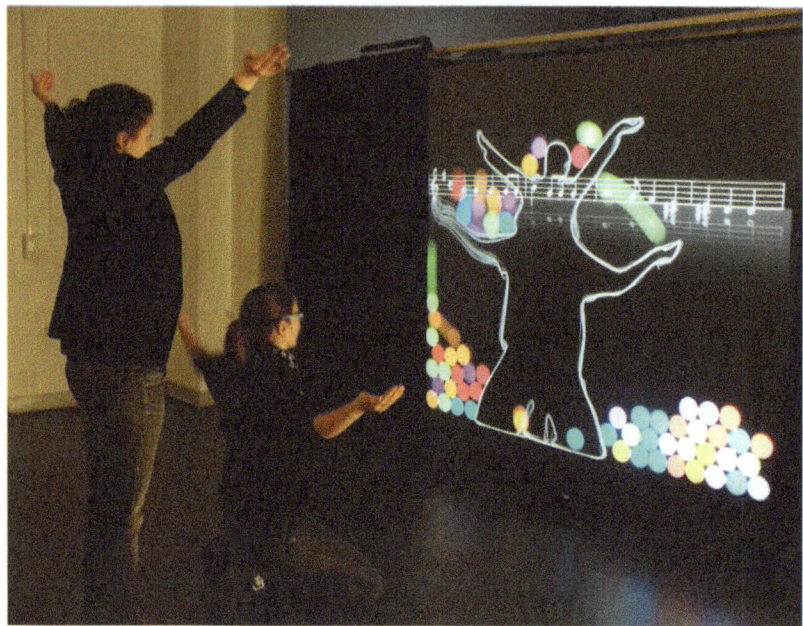

Abb. 1 Gemeinsame Interaktion vor der Kinect-Anwendung

2 Hypothesen

Die erste Hypothese besteht darin, dass räumliche Verhaltensweisen kulturell überformt sind. Wie sich ein Mensch im Raum positioniert, diesen wahrnimmt oder sich selbst in ihm fühlt, unterliegt nicht nur individuellen Faktoren. Kulturelle Aspekte, die sich zum Beispiel in der Wohnkultur manifestieren, prägen das Individuum. Zudem wird angenommen, dass sich kulturelle Unterschiede im räumlichen Verhalten von Subjekten als emotionale Expressionen abzeichnen.

So dient Distanz in Form physischer, respektive räumlicher Nähe, als Kennzeichen emotionaler Expression von Intimität. Damit wird ein Forschungsthema aufgegriffen, das nach einer Hochkonjunktur zwischen 1960 und Ende 1980 in den Sozial- und Kulturwissenschaften aus dem Fokus geraten ist.[2] Die Studie knüpft an

2 siehe hierzu unter anderem Argyle & Dean (1965), Horowitz (1966), Lyman & Scott (1967), Argyle (1972), Hall (1976), Altman (1975), Patterson (1976), Burgoon & Jones

Edward T. Halls Proxemik-Theorem (Hall 1976) an. Hall folgend, erlernt der Mensch im Laufe des Sozialisationsprozesses den proxemischen Code seiner Kultur, der sich unter anderem in interpersonellen Distanzen und der körperlichen Orientierung ausdrückt. Dabei bleibt die Ausrichtung und der Einfluss des proxemischen Codes auf Raumverhalten und Raum-Perzeption zum großen Teil unbewusst. Bei seinen Beobachtungen kategorisiert Hall das interpersonelle Raumverhalten in vier kreisrunde Distanzzonen, die den Menschen umgeben. Aufsteigend nach dem interpersonellen Abstand handelt es sich um die Intimdistanz, die persönliche Distanz, die soziale Distanz und die öffentliche Distanz. Die Maße der Distanzzonen werden von Hall relativ genau angegeben: Die Intimdistanz beträgt maximal 50 Zentimeter; persönliche Distanzen liegen zwischen 50 und 150 Zentimetern; die soziale Distanz zwischen 1,5 und 4 Metern. Hingegen ist die öffentliche Distanz bei 4 bis 8 Metern zu verorten. Je vertrauter einem eine Person ist, desto näher lässt man diese Person an sich heran. Bei Überschreitung der Distanzzonen, d. h. wenn eine Person einem zu nahe kommt, wird dies als unangenehm oder unangebracht empfunden. Aus Halls Untersuchungen geht hervor, dass das Distanz- und Territorialverhalten kulturell geprägt sind (ebd., 15).

Leslie A. Hayduk (1978) knüpft an die Untersuchungen von Hall an, wenn er den „Personal Space" wie folgt definiert: „We can define Personal Space as an area individual humans activley maintain around themselves into which others cannot intrude without arousing discomfort" (ebd., 118). Hayduk beschreibt den „Personal Space" als Feld, das eine Person umgibt und dessen Ausprägungen kaum vom situativen Kontext und Persönlichkeitsmerkmalen abhängig ist. Aus seinen Untersuchungen geht hervor, dass der „Personal Space" mit der Kopf- bzw. Blickrichtung zusammenhängt. Außerdem stellt er heraus, dass der „Personal Space" nach vorne ein größeres Ausmaß annimmt als nach hinten. Auch Hayduk argumentiert, dass der Akt der Grenzüberschreitung, wobei hier der Eintritt in den „Personal Space" gemeint ist, Unbehagen hervorruft.

Burgoon und Jones (1976) fokussieren bei ihrer Untersuchung von Interaktionsdistanzen den kommunikativen Wert von interpersonellen Abständen. Abhängig vom Kontext werden bestimmte Distanzen vom jeweiligen Interaktionspartner erwartet, die einerseits sozial normiert sind und andererseits von der psychischen Verfassung sowie von individuellen Eigenheiten im räumlichen Verhalten abhängig sind. Wird die erwartete Distanz nicht eingenommen, kommt es Burgoon und Jones (1976) zu Folge zu einer erhöhten emotionalen Erregung, die sowohl positiv als auch negativ bewertet werden kann. Nach diesen Autoren ist der Kontext entscheidend für die

---

(1976), Hayduk (1978, 1983), Andersen & Leibowitz (1978), Birdwhitshell (1984); Salewski (1993)

Ausprägung des „Personal Space" und bestimmt das interpersonelle Raumverhalten maßgeblich. Auch andere raumtheoretische Ansätze stellen den Zusammenhang zwischen situativem Kontext, Raum und Emotion heraus. So stellt beispielsweise Schmitz (2009) in seinem philosophischen Ansatz einen Zusammenhang zwischen Raum, Körper und Gefühl über die Kategorien von Nähe- und Weiteempfinden her.

Daraus ergibt sich die zweite Hypothese, die den speziellen Kontext der Untersuchung aufgreift: Die Eigenheiten des Interfaces beeinflussen die Probanden derart, dass kulturelle Unterschiede bezüglich des räumlichen Distanzverhaltens verschwimmen. Die kulturellen Unterschiede in dem räumlichen Verhalten treten in den Hintergrund. Das Interface nimmt maßgeblich Einfluss auf das Distanzverhalten.

3   Untersuchungskonzept

3.1   Material, Technik und Stichprobe

Für die Auseinandersetzung mit intimen Beziehungen eröffnet die Betrachtung räumlicher Nähe und Distanz im virtuell-realen Raum einen bisher kaum wissenschaftlich beleuchteten Zugang. Was in der Studie als Interface bezeichnet wird, beruht auf technischen Modellierungen der Kinect, die es erlauben, Virtualität und Realität zu einem Raum zu synthetisieren. Die Kinect ist als funktionales Additiv von Microsoft für die Spielekonsole Xbox entwickelt worden. Als solches verfügt sie über einen Tiefensensor aus Infrarotprojektor und -kamera, ein 3D-Mikrofon sowie eine zusätzliche Videokamera, wodurch ein dreidimensionales Bild von Körpern berechnet werden kann. Für die Spielekonsole sind bereits zahlreiche Spiele und Anwendungen auf dem Markt erschienen. Die Funktionalität der Kinect lässt sich jedoch hacken, um eigene Anwendungen zu programmieren und somit eigene Interfaces für die Kinect zu gestalten. Die Anwendung erfasst einen Körper, der sich vor der Kinect befindet, dreidimensional und zeigt ihn auf einer Rückprojektionswand direkt vor dem Nutzer in Lebensgröße an. Zudem ergänzt das Interface das Abbild des Körpers um die Darstellung farbiger (virtueller) Bälle, die sich um den Körper auf dem (virtuellen) Boden bewegen. Der Anwender ist durch Echtzeitbewegungen in der Lage, diese Bälle zu steuern, etwa anzuheben oder zu gruppieren. Die Bälle unterliegen in der Simulation den Gesetzen der Schwerkraft und fallen auf den Boden zurück. Der gesamte Körper kann eingesetzt werden, um intuitiv durch Bewegungen mit den Bällen zu interagieren. Trotz der technischen Möglichkeiten der Kinect wird sich bei der Untersuchung auf eine zweidimensionale Darstellung beschränkt: Es werden einfache Konturen des Körpers mit weißen

Linien auf schwarzem Grund angezeigt. Eine Besonderheit des Interfaces besteht darin, dass bei der Interaktion mehrerer Spieler Berührungen durch ineinander verschmelzende Konturen visualisiert werden. Die Konturen verbinden sich. Zudem werden Töne erzeugt, sobald die Bälle oberhalb einer vom Interface vorgegebenen (virtuellen) Notenlinie zusammenprallen – ein zusätzlicher Anreiz, die Bälle nach oben zu bewegen.

Nähe und somit Intimität werden in dieser Untersuchung provoziert, indem zwei einander fremde Versuchspersonen gemeinsam mit dem Interface agieren. Dafür wurden aus der Gesamtstichprobe (N = 22) gleich- sowie gegengeschlechtliche, intrakulturelle Paare gebildet. Insgesamt setzt sich die Stichprobe aus zehn deutschen Teilnehmern/innen, zehn italienischen Probanden sowie zwei japanischen Untersuchungsteilnehmerinnen zusammen, die einander nicht kennen.[3]

3.2   Methode und Durchführung

Die Studie ist als Mehrmethodenuntersuchung konzipiert, die unterschiedliche Aspekte von Distanz berücksichtigt und messbar macht, zum Beispiel durch Berührungen, Blickkontakt, Positionen im Raum oder Körperhaltungen. Der Schwerpunkt der Untersuchung liegt auf der Rolle des Interfaces in der Ausprägung von Intimität durch zwischenmenschliche Distanz. Der Ablauf der Studie gliedert sich im Wesentlichen in drei Phasen.

Vor der Interaktion wird eine individuelle Einschätzung des Teilnehmers vorgenommen. Hinzugezogen werden hierzu validierte Fragen zum individuellen Erleben von Emotionen (SEE, Behr und Becker, 2004) als auch das Persönlichkeitsmerkmal Extraversion (NEO-FFI, Borkenau und Ostendorf, 1993 nach Costa und McCrae, 1989). Anschließend gilt es, das individuelle Distanzempfinden der Probanden zu erfassen. Dazu wird ein Test durchgeführt, der den Personal Space der Teilnehmenden ermittelt. Angelehnt ist die Durchführung dieses Tests an den sogenannten Stop-Distance-Test nach Hayduk (1978). Er wird wie folgt ausgeführt: Die Versuchsperson wird gebeten, sich auf einen zuvor markierten Punkt in der Mitte des Raumes zu stellen. Ein dem Probanden[4] unbekannter Versuchsleiter nähert sich dem Probanden nacheinander von vorn, rechts, hinten und links aus einer Distanz von circa drei Meter. Der Teilnehmer wird aufgefordert, „Stop" zu sagen, wenn er oder sie das Gefühl hat, der Versuchsleiter wäre ihm zu nahe. Daraufhin

---

3   Die italienischen und japanischen Versuchspersonen leben zum Zeitpunkt der Untersuchung nicht länger als sechs Monate in Deutschland.

4   Aufgrund der besseren Lesbarkeit wird im Folgenden nur die männliche Form verwendet. Die weibliche Variation ist selbstverständlich immer mit eingeschlossen.

wird die Stelle mit einem Kreidestrich für jede Seite markiert. Im Anschluss werden die Abstände zur Mitte mit einem Metermaß gemessen.

Eine sechzehnminütige Interaktion in einem dafür eingerichteten, abgedunkelten Untersuchungslabor folgt. Die Probanden treffen hier zum ersten Mal aufeinander. Der Raum ist unterteilt in den Bereich der Interaktion und einen Technikbereich, der durch schwarze Stoffbahnen blickdicht abgetrennt ist. In dem Raum befindet sich eine 200 cm x 215 cm große Rückprojektionswand und darüber weitere Untersuchungskameras. Die Teilnehmer sind sich zunächst selbst überlassen. Der Versuchsleiter gibt lediglich die Information, dass der Versuch gleich startet und die Anweisung, den Raum nicht vorzeitig zu verlassen. Nach einer zweiminütigen Wartephase vor der abgedunkelten Leinwand erscheint – ohne Vorankündigung – für einen Zeitraum von vierzehn Minuten die Projektion des Interfaces. Die Probanden können nun mit den dargestellten Bällen agieren und ihr Spiel auf der Leinwand verfolgen. An die Spielphase gliedert sich eine weitere zweiminütige Wartephase an, in der die Leinwand erneut abgedunkelt wird.

Die gesamte Interaktion wird mittels einer Kamera aufgezeichnet, um das Videomaterial im Anschluss an die Untersuchung anhand folgender Kategorien auszuwerten:

1. Position der Probanden: Wo befinden sich die Probanden im Raum und welche Positionswechsel erfolgen?
2. Distanz: Welche Distanz nehmen die Probanden zueinander ein und wie verändert sich die Distanz?
3. Berührung: An welchen Körperstellen finden Berührungen statt?
4. Bewegung: Welche Art von Bewegungen finden statt, wie intensiv waren die Bewegungen, gab es choreografische, gemeinsame Bewegungen?
5. Blick: Wohin blicken die Probanden während des Spielens?
6. Sprache: In welcher Sprache sprechen die Probanden miteinander und was wird kommuniziert?

Die Messung der Distanzen zwischen den Individuen vor, während und nach der Spielphase steht bei der Auswertung im Mittelpunkt.

Abschließend wird mit jedem Teilnehmer ein leitfadengestütztes Interview durchgeführt. In diesem wird unter anderem über das subjektive Empfinden während der Interaktion, die Einschätzungen zur Nähe der anderen Versuchsperson und die Gefühle diesbezüglich gesprochen.

4 Ergebnisse

4.1 Ergebnisse im interkulturellen Vergleich (Hypothese 1)

Nachstehend werden die Ergebnisse gemäß den studienleitenden Hypothesen dargelegt. Hypothese 1 lautet: Räumliche Verhaltensweisen sind kulturell überformt. Dies hinterfragend, werden im Folgenden einige Ergebnisse aus der Studie angeführt, die sich an den interkulturellen Unterschieden im Verhalten der deutschen, italienischen und japanischen Probanden orientieren.

Erste Auffälligkeiten treten bereits im Distanztest nach Hayduk hervor, welcher vor der Spielphase durchgeführt wird. Exemplarisch und grafisch visualisiert sind die Distanzwerte eines deutschen Probandenpaares in der Abbildung 2a zu sehen. Dargestellt ist der Personal Space von oben, nach vorn, hinten, rechts und links. Nach vorn weisen beide Probanden einen sehr ähnlichen Abstand auf, der bei 22 cm und 23 cm liegt, der Personal Space nach hinten ist mit 25 cm bzw. 46 cm jedoch stark unterschiedlich. Im interkulturellen Vergleich aller Teilnehmer zeigt sich, dass die japanischen Teilnehmerinnen den größten Personal Space aufweisen. Bezüglich der Formen bzw. Ausrichtungen des Personal Space, wie es aus der Abbildung hervorgeht, ist ersichtlich, dass die italienischen Probanden alle ähnliche Werte in dem Distanzempfinden nach vorn verzeichnen. Im Gegensatz dazu (und im Gegensatz zu Hayduks Studienergebnissen) zeigt die Abbildung 2a, dass die Distanz nach hinten verhältnismäßig groß ausfällt. Insgesamt kann festgehalten werden, dass die Distanzen in alle Richtungen extrem klein, aber auch extrem groß sein können. Hier streuen die Distanzwerte sehr weit. Im Gesamtbild erscheint der Personal Space einer Person nicht kreisrund, sondern trapezförmig. Die Richtung spielt folglich eine entscheidende Rolle im Distanzverhalten des Einzelnen. Bemerkenswert ist zudem, dass sich eine weitere Perspektive eröffnet, wenn nach Geschlecht differenziert wird. So weisen die weiblichen Probanden einen größeren Personal Space als die männlichen Probanden der Stichprobe auf.

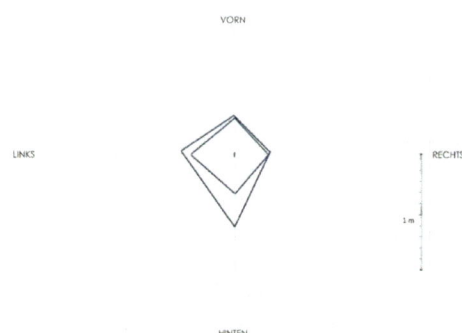

Abb. 2a Ergebnis des Distanztests für zwei deutsche Probanden

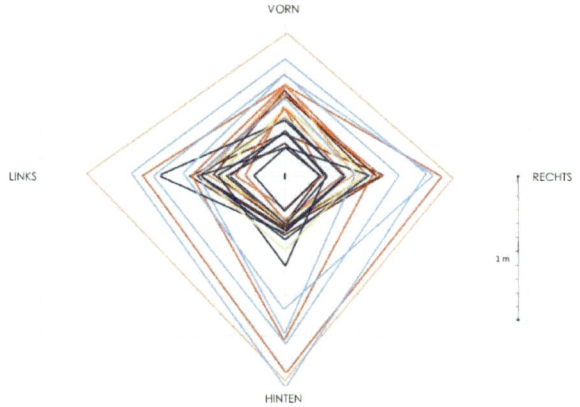

Abb. 2b Ergebnis des Distanztests für alle deutschen, italienischen und japanischen Probanden

Bevor auf die zusammenfassenden Ergebnisse der Interaktion eingegangen wird, werden kulturkontrastive Ergebnisse exemplarisch an einem deutschen, einem italienischen und dem japanischen Probandenpaar vorgestellt. Bei dem deutschen Probandenpaar handelt es sich um zwei männliche Teilnehmer. Die Wartephase vor der Interaktion mit dem Interface ist durch gegenseitiges Ignorieren charakterisiert. Dahinter wird der Versuch einer Anwesenheitsminimierung (vgl.

Hirschauer 1999) vermutet. Es werden weder Blicke noch Worte ausgetauscht. Keiner der Teilnehmenden ist darauf bedacht, Aufmerksamkeit zu generieren oder Interaktion zu stimulieren. Der Blick der beiden Teilnehmer richtet sich zum großen Teil auf die Leinwand oder schweift ansonsten durch den Raum. Dabei sind die Körper der Versuchsteilnehmer seitlich zueinander gewandt. Dies ist in fast allen untersuchten Probandenkonstellationen der Fall. In der Spielphase ist überwiegend eine ausgeprägte Interaktion zu beobachten. Hierbei gibt es Phasen des gemeinsamen sowie des getrennten Spielens. Vereinzelt kommt es zu Berührungen. Beispielsweise berühren sich die Probanden an den Füßen und Beinen, um eine Einheit zu bilden und die Bälle zwischen den beiden Körpersilhouetten zu stapeln. Abbildung 3 zeigt Ausschnitte aus der Spielphase der beiden Probanden. In der anschließenden Wartephase ist die Stimmung ausgelassen und entspannter als in der ersten Wartephase. Das gemeinsame Interagieren mit dem Interface hat das interpersonelle Raumverhalten der Probanden verändert. Die Distanz zwischen beiden Probanden hat sich minimiert.

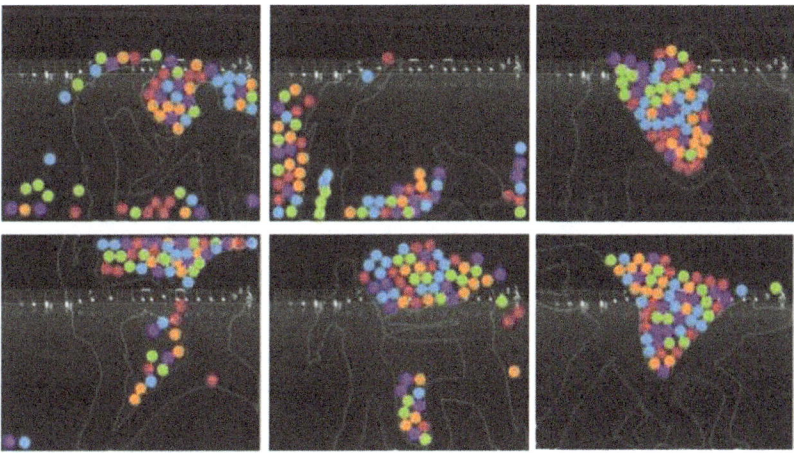

Abb. 3   Spielverlauf eines deutschen Probandenpaares

Bei der Betrachtung eines gegengeschlechtlichen italienischen Probandenpaares ist festzustellen, dass sich die Interaktion und das Raumverhalten durch ein kontinuierliches Zusammenspiel mit vielen Berührungen im realen Raum sowie auf dem Interface auszeichnen. Beispielhaft ist dies in Abbildung 4 zu sehen. Es finden viele Seiten- und Positionswechsel statt. Beide Teilnehmer sind einander zugewandt, tauschen Blicke aus und reden während der gesamten Spielphase fast kontinuierlich miteinander. Ihre Motivation scheint darin zu liegen, gemeinsam Spielfiguren zu formen und auf dem Interface miteinander zu verschmelzen. Im Vergleich zu dem italienischen Paar ist das Spiel des deutschen Paares zielorientierter und schneller. Beide deutschen Probanden versuchen ein eigenes Ziel zu definieren, z. B. möglichst alle Bälle über die Notenlinie zu bringen. Anders als beim italienischen Probandenpaar bleibt das Formen von gemeinsamen Figuren auf dem Interface aus.

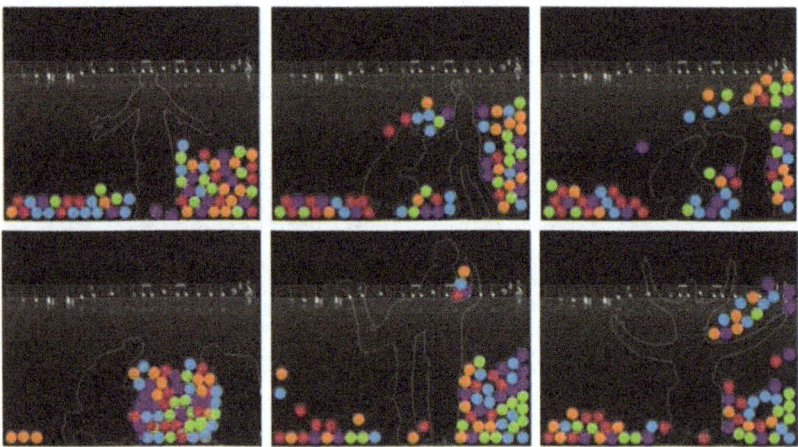

Abb. 4   Spielverlauf eines italienischen Probandenpaares

Die beiden weiblichen japanischen Probandinnen hingegen zeigen sich in der Spielphase eher zurückhaltend und imitieren besonders oft gegenseitig ihre Bewegungen. Ihre Distanz untereinander ist während des Spielverlaufs vergleichsweise hoch. Abbildung 5 fasst Ausschnitte aus ihrem Spielverlauf zusammen. Im Gegensatz zu dem deutschen und dem italienischen Paar wirkt es, als spielten sie vor getrennten Interfaces oder in getrennten Räumen. Das japanische Probandenpaar berührt sich während der Spielphase nicht, weder im realen noch im virtuellen Raum. Während der Spielzeit verhalten sie sich überwiegend verharrend und wartend, gemeinsames Spiel ist selten, der Blick ist fast kontinuierlich auf das Interface gerichtet. Im Gegensatz zu den deutschen und italienischen Interaktionspaaren wird bei der Spielinteraktion nur wenig und verhalten gesprochen.

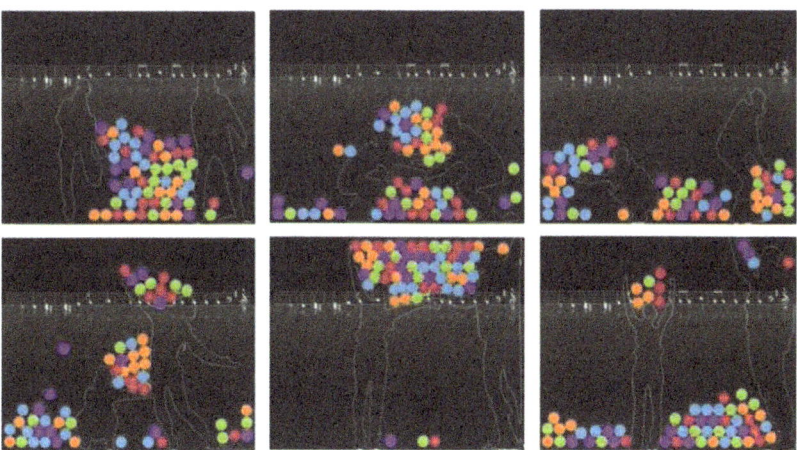

Abb. 5 Spielverlauf des japanischen Probandenpaares

4.2 Ergebnisse im Untersuchungsverlauf (Hypothese 2)

Die Eigenheiten des Interfaces beeinflussen die Probanden derart, dass kulturelle Unterschiede bezüglich des räumlichen Distanzverhaltens verschwimmen. Diese zweite Hypothese ist im Folgenden Gegenstand der Ergebnisdarlegungen. In der Wartephase vor der Interaktion nehmen die meisten Untersuchungsteilnehmer eine große Distanz zueinander ein. Es finden wenige Dialoge statt und Körper und Blick der Probanden sind meist zu der Leinwand gerichtet. Die Raumnutzung konzentriert sich in den Wartephasen auf den hinteren Bereich. Die Probanden suchen die Nähe zur Wand und zur Tür. Durch das Spiel verringert sich die Distanz der Probanden im Raum unabhängig von der kulturellen Herkunft. In der Wartephase nach dem Spiel ist die Distanz durchschnittlich geringer als in der Wartephase vor dem Spiel und die Körper der Probanden sind überwiegend zueinander gerichtet.

Ein Vergleich der Wartephase vor der Interaktion mit der Wartezeit nach der Interaktion ergibt, dass sich die Distanzen zwischen den Individuen verringern. Zudem wird häufig Blickkontakt aufgenommen, es werden Gespräche geführt: Meist tauschen sich die Versuchspersonen über das gemeinsame Erlebnis der Interaktion aus. Insgesamt erscheint die Atmosphäre lockerer und entspannter als in der Wartephase zu Beginn.

Im Vergleich zu den deutschen Probanden findet in der zweiten Wartephase sowohl bei den italienischen als auch bei den japanischen Probanden eine größere Annäherung zueinander statt. Anders als in der Wartephase vor der Interaktion mit dem Interface sind in der zweiten Wartephase Körper und Blicke eher zum Spielpartner und weniger zum Interface gerichtet. In beiden Wartephasen sind die Distanzen zwischen den deutschen Paaren durchschnittlich etwas höher als bei den italienischen Probanden. Zudem lassen sich bei den deutschen Versuchspersonen während des Untersuchungsverlaufs extreme Unterschiede im Verhalten beobachten. So finden im starken Gegensatz zu der Spielphase in den Wartephasen kaum Bewegungen, Positionswechsel oder Gespräche statt. Dennoch lässt sich feststellen, dass in der zweiten Wartephase, das heißt nach der Spielinteraktion, immer eine Annäherung zum Spielpartner stattfindet.

5   Fazit und Ausblick

Im Folgenden werden Grenzen der durchgeführten Studie identifiziert und ein Ausblick über mögliche Weiterentwicklungen und Anknüpfungen gegeben. Es bleibt zunächst festzuhalten, dass die Studie zeigt: Die Eigenheiten des Interfaces nehmen maßgeblich Einfluss auf die Interaktion der Untersuchungsteilnehmer, das Spielerlebnis selbst und die emotionale Expression über das Distanzverhalten. Dabei ist der spielerische Kontext des Interfaces, der als „kognitiver Rahmen" im Sinne von Goffman (1977) verstanden werden kann, maßgeblich von Bedeutung. Das Interface verändert die Praxis und das Erleben von Intimität im Spiel und darüber hinaus. Während der gemeinsamen Interaktion mit der Kinect verringert sich die Distanz zwischen den Probanden im Vergleich zu den Wartephasen vor und nach dem Spiel. Zudem halten sich die Probanden während der Wartephasen vorwiegend im hinteren Teil des Raumes auf. Das Spiel mit der Kinect geht mit einer dynamischeren Raumnutzung einher, wobei der Fokus der Bewegungsrichtung auf der installierten Rückprojektionsleinwand liegt. Im anschließenden Interview heben die Probanden den spielerischen Kontext hervor, um das veränderte Distanzverhalten zu erklären und die nähere Interaktion mit dem Spielpartner zu rechtfertigen. Für die Analyse des Distanzverhaltens der Probanden ist zudem die Beachtung des Labor-Kontexts als besondere Rahmung der Situation unumgänglich. Daraus resultiert die Frage: Welche Unterschiede im Verhalten der Probanden lassen sich feststellen, wenn das Experiment in natürlicher Umgebung durchgeführt wird? Festzuhalten bleibt im Rahmen dieser Studie, dass der Raum – als physikalischer

Raum ebenso wie als situativer Kontext – nonverbale Verhaltensweisen und emotionale Expressionen prägt.

Dass sich räumliche Verhaltensweisen interkulturell unterscheiden, lässt sich auf Basis und im Umfang der durchgeführten Studie nur als Tendenz nachweisen. Die Ergebnisse der Untersuchung zeigen keine auffälligen kulturellen Unterschiede im räumlichen Distanzverhalten der Probanden. Vielmehr sind Annäherungs- und Vermeidungstendenzen in den Körperpositionen und -bewegungen individuell unterschiedlich. Gemeinsam ist allen Teilnehmern, dass ihr Personal Space nicht gleich ausgebildet ist und sich dieser während des Spiels verändert. Auf der Leinwand respektive im virtuellen Raum kommen sich die Probanden näher als im realen Raum. Das Interface ermöglicht Berührungen der Köperkonturen auf der Leinwand, ohne dass ein physischer Kontakt nötig ist. Die Untersuchung legt nahe, dass ein befreiter Umgang mit dem eigenen Körper im virtuellen Raum durch die Ausgabe der abstrahierten Körperkonturen – im Gegensatz zu einem realitätsnahen Spiegelbild – begünstigt wird. Anzunehmen ist, dass im virtuellen Raum mehr Intimität stattfindet, weil die konkrete Berührung, der Haut-zu-Haut-Kontakt, ausbleibt. Der virtuelle Raum stellt Freiräume zur Verfügung, in denen Probehandeln als spielerisches Austesten interpersonaler Distanzen möglich wird. Zudem bedingt der spielerische Kontext, dass extreme Bewegungen ausgeübt werden, die vom Körperverhalten in alltäglichen Interaktionen abweichen. Allerdings werden Bewegungen und Empfindungen auch aus dem realen Raum in den virtuellen Raum übersetzt und umgekehrt, so dass virtuelle Berührungen auf dem Interface, z. B. mit den Bällen, als eine reale Berührung kommuniziert werden.

Die Studie stützt sich auf Halls (1976) Proxemik-Theorem und Hayduks (1978) Erkenntnisse zum Personal Space, wobei es sich bei beiden Theorien tendenziell um beschreibende als um erklärende Ansätze handelt. Zwar ist es besonders den Arbeiten von Hall zu verdanken, dass sich ein eigenständiger Forschungsbereich etabliert hat, der das Phänomen der Interaktionsdistanzen in den Blick nimmt. Nahezu alle Arbeiten zu räumlichem Distanzverhalten beziehen sich auf Halls Postulat interkultureller Unterschiede im menschlichen Distanzverhalten. Dennoch dürfen Halls Beobachtungen nicht mit Erklärungen gleichgesetzt werden. Halls Modell macht keinerlei Angaben darüber, warum ein bestimmtes Distanzverhalten in einer Kultur auftritt, welche Prozesse das menschliche Distanzverhalten steuern und welche Variablen Einfluss auf das Distanzverhalten nehmen. Obwohl sich Hayduk (1978, 1983) zur Entwicklung seines Konzepts des Personal Space mit dem Stand der Theorie auseinandersetzt, gelingt auch ihm keine theoretische, sondern nur eine methodische Weiterentwicklung. Auch im Rahmen der vorliegenden Studie stand eine theoretische Auseinandersetzung mit den Wirkmechanismen des räumlichen Distanzverhaltens nicht im Vordergrund. Eine Sonderstellung nehmen die soziologisch ausgerichteten Studien zum Distanzverhalten von Goffman (1971) ein. Auch er baut auf Halls Arbeiten auf, fokussiert jedoch das gesellschaftliche Norm- und Wertesystem als Maßstab für angemessenes Verhalten in Interaktionen. Goffman stellt gesellschaftliche Rahmenbedingungen als Einflussfaktoren auf das Distanzverhalten in Interaktionen heraus und eröffnet dabei eine neue Perspektive auf Wirkmechanismen und den Einfluss von Raum und Kontext auf räumliches Distanzverhalten. Zu beklagen bleibt, dass es bisher vorrangig Beobachtungen und Beschreibungen räumlicher Verhaltensweisen gibt, die eine Betrachtung der zugrundeliegenden Prozesse ausklammern (vgl. auch Sommer, 1969; Altmann, 1975). „Von denjenigen Ansätzen, die für sich den Anspruch erheben, Interaktionsdistanzen in einen theoretischen Erklärungsrahmen einzubetten, haben einige einen sehr eingeschränkten Geltungsbereich, der zu erklärende Sachverhalt wird ungenau definiert und die zur Erklärung herangezogenen Wirkfaktoren erscheinen beliebig" (Salewski, 1993, S. 101). Scherer (1984) sieht die Gründe einer stagnierenden Theorienentwicklung zur nonverbalen Kommunikation in der Vielzahl von Betrachtungen von Teilbereichen und Einzelphänomenen, die das Verständnis für das komplexe Ganze behindern. Empirische Untersuchungen zum nonverbalen Verhalten liefern Ergebnisse, die nur einen Bruchteil der komplexen Verhaltensweisen und externen Variablen abdecken können, was eine Verallgemeinerung der Ergebnisse erschwert.

Dennoch stellt die Untersuchung von Interaktionsdistanzen in künstlichen Umgebungen einen vielversprechenden Zugang für die Forschung zu Intimität in Medienkulturen dar. Die vorliegende Studie zeigt, dass es hierbei lohnenswert ist, die Verschränkung von realen und virtuellen Räumen in den Blick zu nehmen, die für gegenwärtige und zukünftige Medienkulturen kennzeichnend ist. Gerade in ungewohnten, weil artifiziell aufgebauten, Umgebungen werden Kontexte geschaffen, die das Raumverhalten der Probanden herausfordern. Fremde, abweichende Umgebungen vitalisieren Muster und Regeln des proxemischen Codes. Individuelle Einstellungen und Handlungsweisen, so zeigt die vorliegende Studie, können dabei durchaus kulturelle Prägungen überlagern. Das Distanzverhalten ist kontext-, situations- und personenabhängig.

Literatur

Altman, Irwin. 1975. *The environment and social behavior.* Monterey: Brooks/Cole.

Andersen, Peter A. und Leibowitz, Kenneth. 1978. The development and nature of the construct touch avoidance. *Environmental Psychology and Nonverbal Behavior,* 3, S. 89-106.

Argyle, Michael und Dean, Janet. 1965. Eye-Contact, distance and affiliation. *Sociometry,* 28, S. 298-304.

Argyle, Michael und Kendon, Adam. 1967. The experimental analysis of social performance. In: Berkowitz, Leonard (Hrsg.): *Advances in experimental social psychology,* 3, New York: Academic Press. S. 55-98

Argyle, Michael. 1972. *Soziale Interaktion.* Köln: Kippenheuer & Witsch.

Barker, Roger G. 1968. *Ecological psychology. Concepts and methods for studying the environment of human behavior.* Stanford: Stanford University Press.

Behr, Michael und Becker, Martina. 2004. *Skalen zum Erleben von Emotionen.* Göttingen: Hogrefe.

Birdwhistell, Ray L. 1984: Kinesik. In *Nonverbale Kommunikation,* Hrsg. Klaus R. Scherer und Harald G. Wallbott, 192-202. Weinheim: Beltz.

Burgoon, Judee K. und Jones, Stephen B. 1976. Toward a theory of Personal Space expectations and their violations. *Human Communication Research,* 2: 131-146.

Borkenau, Peter und Ostendorf, Fritz. 1993. *NEO-Fünf-Faktoren-Inventar (NEO-FFI) nach Costa und McCrae.* Göttingen: Hogrefe.

Ekman, Paul und Friesen, Wallace V. 1969. The repertoire of nonverbal behavior: Categories, Origins, Usage and coding. *Semiotica,* 1, S. 49-98.

Goffman, Erving. 1971. *Verhalten in sozialen Situationen.* Gütersloh: Bertelsmann.

Goffman, Erving. 1977. *Rahmen-Analyse. Ein Versuch über die Organisation von Alltagserfahrungen.* Frankfurt a. M.: Suhrkamp.

Hall, Edward Twitchell. 1976. *Die Sprache des Raumes.* Düsseldorf: Schwann.

Hayduk, Leslie. 1978. Personal Space: An evaluative and orienting overview. *Psychological Bulletin,* 85: 117—134.

Hayduk, Leslie. 1983. Personal Space: Where we now stand. *Psychological Bulletin,* 94: 293-335.

Hirschauer, Stefan. 1999. Die Praxis der Fremdheit und die Minimierung von Anwesenheit. Eine Fahrstuhlfahrt. *Soziale Welt,* 50: 221 – 246.

Horowitz, Mardi J. 1966. Body Image. *Archives of General Psychiatry,* 14: 156-160.

Lyman, Standford M. und Scott, Marvin B. 1967. Territoriality: A neglected sociological dimension. *Social Problems,* 15: 235-249.

Mehrabian, Albert. 1972. *Nonverbal Communication.* Chicago: Aldine.

Patterson, Miles L. 1976. An arousal model of interpersonal intimacy. *Psychological Review,* 83: 235-245.

Patterson, Miles L. 1978. Arousal change and cognitive labeling: Pursuing the mediators of intimacy exchange. *Enviromental Psychology and Nonverbal Behavior,* 3: 17-22.

Salewski, Christian. 1993. *Räumliche Distanzen in Interaktionen.* Münster/New York: Waxmann.

Scherer, Klaus R. 2001. Appraisal Considered as a Process of Multilevel Sequential Checking. In *Appraisal process in emotion: Theory, Methods, Research.* Hrsg. Klaus R. Scherer, Angela Schorr und Tom Johnstone, 92-120. New York and Oxford: Oxford University Press.

Schmitz, Hermann. 2009. *Der Leib, der Raum und die Gefühle.* Bielefeld/Basel: Edition Sirius.

Sommer, Robert. 1969. *Personal Space. The behavioral basis of design.* Engelwood Cliffs/New Jersey: Prentice-Hall.

Freundschaft und mediale Vermittlung
Resonanzbeziehungen im Kontext gelingender Lebensführung

Dietmar J. Wetzel

> *„Freundschaft ist niemals etwas gegenwärtig Gegebenes; sie gehört zur Erfahrung des Wartens, des Versprechens oder der Verpflichtung. Ihr Diskurs ist der des Gebets, und zur Debatte steht hier das, was die Verantwortlichkeit in die Zukunft öffnet."*
> Jacques Derrida (Die Politik der Freundschaft, 1999, S. 185)

1 Einleitung

Dieser von Derrida angeschlagene, hohe und zugleich pathetische Ton könnte hier fortgeführt werden oder aber – was mir sinnvoller erscheint – der bescheidene Versuch unternommen werden, etwas nüchterner über Freundschaft nachzudenken, und zwar aus einer *sozialtheoretischen/ sozialphänomenologischen Perspektive* heraus. Allgemein gilt: Freundschaft ist deshalb so bedeutsam, weil sie – mit Marilyn Friedman gesprochen – „in unserer Kultur die unumstrittenste, beständigste und befriedigendste aller engen persönlichen Bindungen" (1997: 236) verkörpert. Warum dem so ist, soll mit den nachfolgenden Überlegungen verdeutlicht werden. In Übereinstimmung mit einer positiven Bewertung von Freundschaft befindet sich die normative Aussage des Philosophen Konrad Utz, die in der auf Erfolg und Egoismus getrimmten neoliberalen Wettbewerbsgesellschaft vielleicht etwas irritiert: „Das höchste Ziel des Menschen liegt nicht in der Selbstperfektion und in der (autonomen) Vernunftbestimmtheit, sondern darin, das eigene Selbstsein hin auf die Freundschaft zu transzendieren" (2012: 160). Steckt hinter einer solchen Vorstellung eine romantisch motivierte Überhöhung der Freundschaft? Wie lässt sich Freundschaft soziologisch fassen? Wie verändern sich Freundschaften in und durch zeitgenössische Medienkulturen?

Zwar existiert in der gegenwärtigen Soziologie mittlerweile eine anwachsende Beschäftigung mit dem Thema Freundschaft (vor allem stammen allerdings weiterhin viele Arbeiten aus dem Bereich der Philosophie) (Eichler 1999; Lemke 2000). Vielleicht könnten wir sogar von einer Konjunktur hinsichtlich Freundschaft sprechen? Eine abschließende Antwort fällt schwer. Woran es jedoch den meisten Ausführungen mangelt, ist eine Einbettung der Reflexionen über Freundschaft in den Rahmen einer *Soziologie des gelingenden („guten") Lebens*.[1] Eben dies will ich versuchen, und zwar in programmatischer Absicht. Am Ausgangspunkt meiner Überlegungen steht die Überzeugung, dass eine als Resonanzbeziehung zu verstehende Freundschaft ein wichtiges Element einer gelingenden Lebensführung darstellt. Allerdings drohen die Kategorie – vor allem aber auch die Praktiken – der Freundschaft im Zeitalter des Internets und einer beschleunigten Mobilität (Rosa 2005) unscharf respektive unsicher zu werden. Nicht zuletzt bedingt durch flexibilisierte Arbeitsmärkte eignet (intensiveren) Sozialbeziehungen häufig eine hohe Flüchtigkeit; desintegrative Tendenzen sind in westlichen Gesellschaften unübersehbar. Und dies bleibt nicht ohne Auswirkungen auf die Vorstellungen bezüglich Freundschaft. Die Freunde kommen – und gehen auch wieder, oder wie es einmal Hartmut Rosa sinngemäß formuliert hat: Irgendwann werden die KollegInnen zu Freunden. Allerdings ist dies eher in der Logik des Mangels gedacht, denn dahinter steckt die realistische Einschätzung, dass die Zeit für Freundschaften außerhalb des beruflichen Milieus tendenziell immer knapper wird. Gleichfalls führe die Möglichkeit zur Partizipation an sozialen Netzwerken, so eine weit verbreitete Einschätzung, zu neuen (Un-) Verbindlichkeiten in Sachen Freundschaft (Wüstenhagen 2011) respektive zu der Frage, was Freundschaften von Bekanntschaften überhaupt noch unterscheidet?

Folgen wir einer von mir selbst an anderer Stelle erstellten Diagnose einer zunehmenden *„Verwettbewerblichung gesellschaftlicher Teilbereiche"* (Wetzel 2013), konkurrieren wir prinzipiell um alles, also auch um attraktive, ,wertvolle' Freunde, mit Blick auf Facebook und andere soziale Netzwerke vielleicht auch um die schiere Zahl.[2] Der semantische Gehalt und die diskursive Verwendung des Freundschaftsbegriffs haben sich durch den weit verbreiteten Gebrauch der sozialen Medien verändert. Normativ gehe ich davon aus, dass die schiere Zahl der Freundschaften nicht beliebig ausgeweitet werden kann, ohne ,Substanzverluste' zu erleiden. Warum das so, werde ich weiter unten mit Bezug auf die zwischenleibliche Kommunikation erläutern. Soziologinnen und Soziologen haben zudem festgestellt, dass Freundschaften in einem Konkurrenzverhältnis mit der Familie

---

1   Vgl. zur Diskussion über das gelingende Leben, Fenner (2007), Taylor (2011) und Rosa (2011).
2   Vgl. dazu die aktuelle Studie von Helliwell/Huang (2013). Zwei Befunde sind hervorzuheben: 1. Die Zufriedenheit mit dem eigenen Leben steigt den Autoren zufolge mit der Anzahl der Freunde. 2. Auf Facebook wiederum ist die Zunahme der ,Freunde' eher mit einer abnehmenden Zufriedenheit korreliert.

und Liebesbeziehungen stehen (Schmidt et al. 2007).[3] Grob verkürzt könnte man somit sagen: Durch die medial bedingte Zunahme potenzieller Freundschaften wird ‚wahre' Freundschaft ein zunehmend wichtiges Gut in unserer Gesellschaft, zugleich wird diese aber durch die Individualisierung schwieriger – und besonders wichtig: sie bedarf soziologischer Aufklärung.

Welcher Freundschaftsbegriff liegt den vorliegenden Ausführungen zu Grunde? Sinnvoll könnte es sein, mit einer Definition zu beginnen: Von Freundschaft soll im Folgenden stets dann die Rede sein, wo „immer eine Gemeinschaft durch gegenseitiges Anerkennen und Wohlwollen (wenn auch nur durch minimales) konstituiert ist und wo die Mitglieder direkt oder indirekt in Verkehr miteinander stehen, also wenigstens die Gemeinschaft als ganze erkennen und begehren" (Eichler 2012: 185).

Vorab eine Übersicht zum Gang meiner Argumentation: Nach dieser ersten Hinführung zur Thematik möchte ich kurz auf die Frage nach den gängigen Freundschaftskonzepten eingehen, um im Zuge der Auseinandersetzung für eine eigene Position zu plädieren, die sich als *sozialphänomenologisch* qualifizieren lässt. Diese bemüht sich u. a. um das Erklären der Genese von Freundschaften (Abschnitt 2). Daran schließen direkt meine Überlegungen zur Freundschaft als Resonanzbeziehung an. Hier differenziere ich drei Resonanzerfahrungen voneinander, um analytisch genauer fassen zu können, was sich in der Freundschaftsbeziehung ereignet (Abschnitt 3). So kann ich auch in einem Exkurs auf die Frage der Online-Netzwerke und den dabei bemühten Freundschaftsdiskurs eingehen (Abschnitt 4). Abschließend möchte ich die wesentlichen Aussagen resümieren und mit einer Soziologie der gelingenden Lebensführung in Verbindung setzen (Abschnitt 5). Vielleicht sollte noch vorwegschickt werden, dass es sich hier um eher vorläufige und tastende, sozialtheoretische Überlegungen handelt, mit denen ich

---

3   Hier stellt sich die Frage nach dem Unterschied zwischen einer Freundschafts- und einer erotischen Liebesbeziehung. Dass die Unterscheidung nicht immer vollständig gelingt, thematisiert beispielsweise Martin Seel. Ein sofort einleuchtender Unterschied ist jedoch die „Wechselseitigkeit" (Seel 2012: 165). Freunde müssen sich zu ihrer Freundschaft bekennen und eben von beiden Seiten her. Anders gesagt: Ich kann nicht heimlich mit jemandem befreundet sein, ohne dass diese/r davon weiß. Dagegen kann die (unglückliche) Liebesbeziehung durchaus auf Einseitigkeit beruhen. Beide Beziehungsformen seien zudem „selektiv", aber im Unterschied zur Liebe sei Freundschaft nicht notwendig „exklusiv" (ebd.). Mein Freund kann auch mit anderen sehr gut befreundet sein, unabhängig davon, ob ich mit diesen wiederum befreundet bin oder eben nicht. Allerdings scheint in puncto erotischer Liebesbeziehung dennoch eine bürgerlich-normative Komponente auf, da die Bewegung der Polyamoristen eben dies bestreiten würde: also nur einen exklusiv lieben zu wollen und zu können (vgl. dazu den Beitrag von Karoline Boehm in diesem Band).

ein Forschungsfeld eher abzustecken versuche, als das ich in der Lage wäre, dieses heute schon zu fassen oder vollständig erklären zu können.

2 Freundschaftskonzepte und zur Genese von Freundschaften

Mit Andreas Schinkel könnte man aus einem historischen Blickwinkel zwei grundsätzliche Arten betrachten, Freundschaften zu konzipieren und voneinander zu unterscheiden. Während die Sozialwissenschaften dazu neigen würden, „Freundschaft in betriebswirtschaftlichen Kategorien zu denken, so dass das Phänomen als eine Art *Geschäft* erscheint«, neige die Philosophie dazu, „die ethische Seite des Phänomens zu übersteigern und Freundschaft als bloße *Tugendübung* zu verstehen" (2008: 26).[4] Folgt man dieser Diagnose, dann bewegen wir uns zwischen Nützlichkeitserwägungen in unserer ‚Kosten-Nutzen-zentrierten' Welt einerseits und dem philosophisch inspirierten Zelebrieren ethischer Lebensführung andererseits. Beide Positionen werden aber dem Phänomen in ihrer Zuspitzung nicht gerecht. Im Rahmen seines Sammelbandes *Philosophie der Freundschaft* macht Klaus-Dieter Eichler auf eine innerhalb der Freundschaftsbeziehung existierende „Doppelperspektive" hin, aus deren Blick der andere „einerseits auf der affektiven Ebene von Sympathie und Zuneigung an asymmetrische Verpflichtungen appellieren kann, andererseits aber zugleich als eine moralische Person wie jede andere respektiert und geachtet werden will. In ihr existiert eine spannungsvolle Doppelstruktur von Gemeinschaftlichkeit und unvertretbarer Einzigartigkeit. Freunde können nicht beliebig ersetzt werden, da sie in ihrer Besonderheit allein die Gemeinsamkeit konstituieren. Der Freundschaftscode erlaubt es nicht, Persönliches und Intimes aus der Beziehung auszuschalten. Gerade diese unaufhebbare Spannung stiftet überhaupt erst das Band der Freundschaft in seiner verbindlichen Unverbindlichkeit" (Eichler 1999: 221).

In Anlehnung und Weiterführung einer solchen Sichtweise möchte ich für eine dritte Position plädieren, nämlich für eine *Sozialphänomenologie der Freundschaft*,

---

4 Aber auch bereits bei La Rochefoucauld im 17. Jahrhundert gibt es den utilitaristischen, nutzenorientierten Aspekt bei Freundschaften: „Wir reden uns gerne ein, Leute zu lieben, die mächtiger sind als wir; und doch ist es einzig das Interesse, das unsere Freundschaft hervorbringt. Wir widmen uns ihnen nicht um des Guten willen, das wir ihnen antun wollen, sondern um dessentwillen, das wir von ihnen haben wollen" (2012 [orig. 1664]: 35).

die nicht so sehr von einer prinzipiellen Herstellbarkeit von Freundschaft ihren (unkomplizierten und banalen) Ausgangspunkt nimmt, sondern von einem reziproken Gefühlszustand gleichsam startet: der gegenseitigen ‚Ergriffenheit‘. Und dieser Gefühlszustand entzieht sich anfänglich einem persönlichen oder sozialen Kalkül, ebenso zeichnet er sich gerade nicht durch ein voluntaristisches Moment ab, soll heißen: Ich kann eine Freundschaft eigentlich nicht nur alleine wollen, da diese besondere Form der sozialen Beziehung hochgradig vom Einverständnis des Gegenübers beeinflusst ist. Im strengen Sinne kann ich Freundschaft, also mein Begehren danach, nur initiieren, anregen und dem anderen meine Sympathie bekunden. Mit anderen Worten: Sympathie und gegenseitiges Wohlwollen stehen am Anfang einer derart zu erklärenden Genese von Freundschaften.[5] Als nächster Schritt folgt auf dem Weg zur Freundschaft die Etablierung einer „gemeinsamen Situation" (Schinkel 2008: 29). Eine solche ‚gemeinsame Situation‘ zu schaffen – und dann auch noch zu verstetigen –, kann auf mehr oder weniger große Schwierigkeiten stoßen. Jede/jeder kennt das vermutlich aus der eigenen sozialen Praxis, wenn sich beispielsweise der Freund oder die Freundin räumlich weit entfernt befindet, was einer Begegnung von Angesicht zu Angesicht abträglich ist. Das bekannte ‚Man verliert sich aus den Augen‘ ist hier nicht nur wörtlich, sondern sozusagen körperlich zu nehmen. Entscheidend ist aber etwas anderes in diesem Zusammenhang, wenn es überhaupt zu einer gemeinsamen Situation kommen sollte: Durch die Teilnahme daran entsteht ein soziales Selbst, genauer gesagt entstehen eigentlich zwei, und zwar genauer durch das „affektive Betroffensein", wie es der Phänomenologe Hermann Schmitz in überzeugender Terminologie nennt (1993: 102).[6] Und noch mehr, wir finden so etwas wie eine soziale Subjektivität (Lessenich 2003) vor, ein „Wir-Bewusstsein", das mich und bedeutsame andere inkludiert und alle anderen – zumindest temporär – exkludiert. Schinkel benennt diesen prozesshaften Vorgang mit einer „‚Konkreativität‘ der Freunde"‘ (2008: 35). Dabei konstruieren Individuen durch ihr Zusammentreffen eine gemeinsame soziale Wirklichkeit:

---

5   Vgl. dazu die Ausführungen von Adam Smith in seinem Buch *Theorie der ethischen Gefühle* (1994, orig. 1759). Michael Sandel formuliert darüber hinausgehend eine besonders anspruchsvolle Version von Freundschaft: „Wenn wir uns also so sehen würden, wie die Deontologie uns sieht, dann würden wir uns all jener mit dem Charakter, der Selbsterkenntnis und der Freundschaft verbundenen Eigenschaften berauben, die von der Möglichkeit konstitutiver Ziele und Neigungen abhängig sind. Wenn wir uns hingegen als in solchen Bindungen stehende Personen begreifen, dann gehen wir von einer tieferen Gemeinschaftlichkeit aus, als die Annahme eines gegenseitigen Wohlwollens sie beschreibt, von einer Gemeinschaftlichkeit, die sowohl eine umfassendere gegenseitige Zuneigung als auch ein gemeinsames Selbstverständnis voraussetzt." (1995: 208)

6   Andere affizieren und Sich-affizieren lassen scheint mir hier der wichtige Vorgang zu sein, vgl. dazu im Geiste Spinozas Deleuze/Guattari (1990).

„Diese Sozialität der Freundschaft verhindert, dass Freundschaft auf der Ebene reziproker Interaktion verbleibt und fortwährend ausbalanciert werden muss, um nicht bei negativer Reziprozität sogleich auseinander zu brechen" (ebd. 35). Und weiter: „Erst in dieser Phase der Entfaltung einer gemeinsamen Situation und eines kollektiven Selbst kann von einer stabilen freundschaftlichen Bindung gesprochen werden" (ebd. 36). Zwei Szenarien sind denkbar: 1. Gelingt dies nicht, dann droht der Abbruch beziehungsweise das Beenden der Freundschaftsbeziehung. 2. Durch das stetig anwachsende Miteinander ereignet sich günstigenfalls ein gegenseitiges Verstehen, das allmählich in Vertrautheit überführt werden kann. Das braucht Zeit und die konkrete Begegnung.

Aber was geschieht da eigentlich genau? Um dies besser zu verstehen, interessiert mich nun vor allem das Phänomen der Resonanz, was – so meine Behauptung – helfen kann, über die Bedeutsamkeit von Freundschaft in der gegenwärtigen Gesellschaft aufzuklären.

3   Freundschaft als Resonanzbeziehung

Freundschaft, so lautete eine der hier verfolgten Ausgangsüberlegungen, begreife ich als Resonanzbeziehung, der es bislang an einer differenzierten Betrachtung mangelt. Zu bestimmen wäre als erstes, was in diesem Zusammenhang eigentlich Resonanz meint. Der Mediziner und Philosoph Thomas Fuchs schreibt diesbezüglich in wünschenswerter Klarheit:

> „In der physikalischen Akustik bedeutet Resonanz das Mitschwingen eines Körpers beim Erklingen eines Tones in seiner Eigenfrequenz. Sie ist bei Hohlkörpern gesteigert: Ein Stück Festholz besitzt kaum Resonanz, wohl aber ein Geigenkörper mit der in ihm enthaltenen Luft, die sich rhythmisch gegen ihre Erfassung ausdehnt. Analog dazu eignet sich der Brustraum durch seine rhythmische Füllung mit Luft gegen den steigenden Widerstand des Brustkorbs in besonderer Weise als Resonanzkörper, der für feine Abstufungen von Spannung und Schwellung empfänglich ist (daher die Beziehung des Gefühlslebens zum ‚Herz'), Resonanz lässt sich schließlich auch als simultane Übertragung eines rhythmischen Prozesses in ein anderes Medium beschreiben: etwa wie sich die Wasseroberfläche eines in Schwingung versetzten Glases kräuselt. Genauso überträgt der Leib die stimmungsräumlichen Phänomene in seine Eigenresonanz" (Fuchs 2000: 197).

Resonanzfähig sind eben nicht nur Artefakte oder Hohlkörper, sondern – und das ist für den vorliegenden Zusammenhang äußerst wichtig – der Leib des Menschen. Durch ein Affizieren des Leibes gerät dieser in Schwingungen oder Erregung und sorgt so für ein wohliges, positives Gefühl. Besonders wichtig ist die durch den Leib übertragene Resonanz in Eigenresonanz (vgl. dazu Eberlein 2011). Durch das Gespiegelt-Werden im und durch des Anderen entsteht so etwas wie narzisstische Befriedigung und Anerkennung. Resonanzverhältnisse sind demnach normativ aufgeladene ‚gute' Verhältnisse, die uns positive Rückmeldung, Zufriedenheit und lustvolles Erleben ermöglichen. Mit den beiden Sozialphilosophen Charles Taylor und Hartmut Rosa können wir davon ausgehen, dass die spätmoderne Gesellschaft ganz bestimmte Sphären der Resonanz zur Verfügung stellt. Neben der Arbeit und der Liebe als die ‚klassischen Resonanzsphären' sind das vor allem die Sphären der Natur, der Ästhetik und der Religion. Rosa erläutert die Vorstellung einer „romantischen Weltbeziehung" im Unterschied zu einer „naturalistischen" bei Taylor wie folgt: „Den Kern der romantischen Weltbeziehung macht auch Taylor in der Idee oder vielmehr in der ästhetischen und bisweilen religiösen Erfahrung eines tieferen Einklangs oder Übereinstimmens, kurz: in einer Resonanzerfahrung, des Subjekts in der Natur bzw. in der Welt als Kosmos aus, d. h. in einer Erfahrung, welche die Spaltungen zwischen Selbst und Welt, Individuum und Gesellschaft, Verstand und Gefühl, Körper und Geist insbesondere in Momenten expressiver Erfüllung zu überwinden vermag" (Rosa 2011: 26). Natürlich gilt dies nicht für alle Individuen in gleicher Art und Weise, hier müsste man stärker nach Geschlecht, Alter und Schichtzugehörigkeit differenzieren, was letztlich in empirische Fragen mündet.[7] Dennoch kann mit einiger Plausibilität behauptet werden, dass Natur, Religion und Ästhetik als solche Resonanzsphären zu begreifen sind, für mich kommt die Freundschaft dazu. Allerdings liegt sie gleichsam quer zu den anderen Sphären. Dies deshalb, weil sie in allen Resonanzsphären vorkommen kann und für einen verstärkenden Effekt zu sorgen vermag. Beispielsweise kann ein Naturerlebnis mich in Eigenresonanz versetzen, allein aufgrund der Tatsache, dass ich in der Natur bin und diese als solche erfahre. Verstärkt wird diese Resonanzerfahrung jedoch durch das *gemeinsame* Erfahren der Natur, das Mitschwingen des Zwischenleiblichen ist dabei von enormer Bedeutung. Als soziales Wesen sind Menschen auf das Teilen kognitiver, affektiver und emotionaler Erfahrungen konstitutiv ausgerichtet. Von diesem Beispiel ausgehend, möchte ich Gründe dafür liefern, dass eine normativ betrachtet anspruchsvolle Freundschaft eine bedeutsame Resonanzbeziehung in dreifacher Dimension verkörpert.

---

7   Eine dazu notwendige *Ethnographie von Resonanzerfahrungen* (post-)moderner Individuen steht m. W. erst am Anfang. Diese müsste die Rekonstruktionen aus Geschichte und Literatur notwendig ergänzen, um gehaltvolle Aussagen über die Struktur und Funktion von Resonanzerfahrungen genauer Auskunft geben zu können.

1. *Kognitive Resonanz*: Freundschaften basieren auf den in der mittlerweile aus-
   differenzierten Anerkennungstheorie (beispielsweise von Hegel über Honneth
   zu Butler)[8] beschriebenen Prozessen wechselseitiger Anerkennung (Wertschätzung und Respekt). Dabei scheint es bedeutsam, zwischen asymmetrischen und
   symmetrischen Beziehungsweisen zu unterscheiden. Denn in Freundschaftsbeziehungen geht es gerade nicht um die Vereinnahmung des anderen, sondern
   um das 'So-sein-lassen' des Anderen in seiner jeweiligen Andersheit. Negativ
   gewendet bedeutet dies: „Der Anerkennungsmangel manifestiert sich häufig
   in der mangelnden *Achtung* vor dem Eigensein des Anderen. Den Anderen in
   seinem Eigensein anzuerkennen bedeutet zum einen, seine Freiheit von meinem
   Willen anzuerkennen" (Utz 2012: 237). Eine auf Intersubjektivität gerichtete
   Anerkennungssoziologie gerät in Gefahr, den anderen zu schnell an die eigene
   Position zu assimilieren. Das ist aber nur die eine Seite, die es festzuhalten gilt: In
   der Begegnung mit einem bedeutsamen anderen verändere ich mich auch, wenn
   auch nur scheinbar unmerklich (vgl. dazu Utz 2012). Bei meinem Gegenüber
   geschieht dasselbe. Auf der schließlich notwendig intersubjektiven Ebene wird
   gegenseitige Wertschätzung essentiell, was sich konkret in Gesprächen, gemeinsamen Unternehmungen etc. materialisiert. Die Annahme der Intersubjektivität
   darf jedoch nicht über die zudem auch asymmetrische Grundstruktur sozialer
   Beziehungen hinwegtäuschen. Ethisch gesprochen darf sich diese Asymmet-
   rie nicht auflösen, sonst käme es zu einer (gewaltsamen) Anverwandlung des
   Anderen. So wie ich mir immer ein Stück fremd bleibe, muss auch der Andere
   mir fremd bleiben (Waldenfels 1991).[9]
2. *Affektiv-interaktive Resonanz*: In einer sich im Entstehen befindlichen Freundschaft lassen wir uns vom gegenüber affizieren, d. h. es entstehen Gefühle, Stim-
   mungen und Atmosphären, die über ein rein rationales (kognitiv gesteuertes)
   Miteinander hinausgehen. Etwas scheinbar Unerklärliches geschieht, was auch
   durch den Hinweis auf dabei ablaufende biochemische Prozesse nicht restlos
   begründet werden kann. Ohne Sympathie und prinzipielles Wohlwollen kann
   sich eine Freundschaft nicht 'entzünden'. Noch einmal anders gesagt: Die oben
   bereits beschriebene Konstruktion einer sozialen, also „gemeinsamen Situation"
   ist wesentlich auch ein Gefühlsraum. In der gelebten Freundschaft schwingen
   sich mein soziales Selbst und das soziale Selbst des anderen aufeinander ein.

---

8   Vgl. zu einer kritischen Beschäftigung mit der Anerkennungstheorie Wetzel (2004,
    2010.)

9   In der Sozialphilosophie gibt es einen Streit über den hier angesprochenen „Einbezug
    des Anderen". Lässt sich der Andere als Anderer in intersubjektiven Beziehungen auf-
    rechterhalten oder kommt es zu einer gewaltsamen Einvernahme des Anderen von der
    Position des Stärkeren oder Überlegeneren aus? (Vgl. dazu Wetzel 2010).

Affizierung scheint mir in diesem Zusammenhang ein bedeutsamer sozialer Vorgang zu sein, den zuletzt die Arbeiten rund um die *affect studies* wieder stärker als auch schon betont haben (vgl. dazu Ott 2010).

3. *Leibliche (Eigen-)Resonanz*: Aus der Leibphänomenologie wissen wir, dass körperliche Ko-Präsenz zu einer Resonanz im Sinne eines „Wohl-Seins" führt, das gilt im günstigsten Fall für beide, scheint mir aber nicht zwingend notwendig im Sinne einer Gleichverteilung der Gefühle zu sein. Das Erblicken, aber vor allem auch das Berühren respektive das leibliche Spüren des anderen, versetzt mich in Eigenresonanz, soll heißen: Ich spüre und genieße die Leiblichkeit des Freundes an und bei mir selbst. Idealerweise verläuft dieser Prozess der Ansteckung wechselseitig und vergleichbar intensiv. In der Gegenwart mit einem bedeutsamen Anderen gewinnt das Leben eine Wertigkeit, die Eigenresonanz im Sinne des Spürens des Leiblichen (Schmitz 2011) ermöglicht.

Zwischenfazit: Erleben Individuen Freundschaften im Sinne dieser beschriebenen Resonanzbeziehung/en, dann werden diese Freundschaften wiederum zu einem elementaren Teil einer gelingenden Lebensführung. Zu dieser gelingenden Lebensführung gehören Anerkennung und Wertschätzung, aber auch emotionale Verbundenheit und affektives Wohlsein. Es wäre eine empirisch zu klärende Frage, inwiefern alle Resonanzdimensionen zwingend gelten müssen. Vermutlich ist die Intensität des Erlebens einer Freundschaftsbeziehung just dann am höchsten, wenn alle drei Dimensionen miteinander zur Geltung kommen. Das wirft nunmehr die Frage nach den sozialen Netzwerken auf, genauer nach der Qualität und Intensität der dort eingegangenen Freundschaftsbeziehungen (sofern davon überhaupt die Rede sein kann),

4   Exkurs: Onlinenetzwerke oder: Wann ist ein Freund ein Freund?

Der bereits erwähnte Philosoph Konrad Utz zeigt in seiner opulenten Arbeit „*Freundschaft. Eine philosophische Theorie*" (2012), dass mein auf den anderen gerichtetes Tun und Wollen „unauflöslich verflochten ist mit dem Gemüt" und insofern stets etwas Leibliches ist. „„Leib' meint im strengen Sinn nicht den menschlichen Körper, sondern seine ‚physische Verfasstheit'. In dieser wird ein Mensch vom anderen ‚betroffen'" (Lühmann 2012). Das ist insofern ein notwendig leiblich gebundener Vorgang. Nun wird in Online-Netzwerken ein ständiger Zugriff, eine Erreichbarkeit auf und hin zum anderen suggeriert, was so aber nicht funktionieren kann, wenn man davon ausgeht, dass sich dieser andere mir aufgrund seiner Andersheit auch immer entzieht.[10] Mit anderen Worten: Im konkreten leiblichen Miteinander kann sich mein Gegenüber mir nicht so einfach entziehen wie es über die sozialen Medien heute möglich ist. Daraus kann auch ein (innerer) Konflikt entstehen: Meinem Begehren nach leiblicher Ko-Präsenz in der Freundschaft kann sich der andere mit steigender Mediennutzung immer schon entziehen. Wir wissen aus empirischen Untersuchungen, dass die Flucht in virtuelle (Freundschafts-)Räume gerade bei Jugendlichen keinesfalls unterschätzt werden darf.[11]

Sozialtheoretisch gewendet bedeutet dies: „Das auf einen geliebten Freund gerichtete Wollen aber ist durchbrochen von der Andersheit des anderen, den ich zwar wollen, den ich mir aber nicht einverleiben kann" (Lühmann 2012). Daran anschließend lautet das Argument, dass die auf Facebook und Co. geschlossenen Sozialkontakte nicht als Freundschaften im strengen Sinne bezeichnet werden können, da sie das Mitschwingen im Sinne des Spürens einer leiblichen (Eigen-) Resonanz (bislang) nicht ermöglichen.[12] Dennoch spielen sich auch hier Affizierungsvorgänge ab, vermittelt etwa durch das Piepsen oder Summen beim Eingehen einer Nachricht.[13] Und die meisten Studien sind sich dahingehend einig, dass diese Online-Netzwerke eine wichtige Funktion für Freundschaften erfüllen, gerade,

---

10 Generell bleibt das Begehren nach dem Anderen immer unerfüllt, was Oliver Mannion sehr schön mit Lacan und dessen Analysen der Begehrensstruktur (post-)moderner Subjekte wie folgt beschreibt: „Receiving recognition from the other is a source of partial jouissance in a society and social matric of ‚continous partial attention' (Burt, 2010), where desire is structured to crave constant responses. No matter how often and fast we check our Facebook Wall, inbox, or blog, we will never be completely satisfied but will continue to look for the next status update, email, or comment to the point where desire desires nothing but itself." (Mannion 2011: 152)

11 Vgl. zu Freundschaften in Japan den Beitrag von Ulrike Nennstiel „‚Internatsfreundschaften' im interkulturellen Vergleich. Eine empirische Studie in Deutschland und Japan", vorgetragen auf der Ad-Hoc Gruppe „Zusammenhalt durch Freundschaft? Zur Aktualität einer Lebensform" des 36. DGS-Kongresses, Bochum/ Dortmund 2012.

12 Vgl. dazu nochmals Mannion (2011): „Facebook is the art of the ego, which shows us how we construe our identities and relate to others. The virtualization of our social networks on Facebook makes us aware that our offline world is already minimally virtual and that Lacan's theories can be used to explain real life too. [...] We are living in a time when the rational man view of the human subject is under attack, not just from the refutation of rational actor economic theory, but from Facebook. It is a refutation of that view of subjectivity that emanates from a rationally calculating cogito, and views individuals as beings of complete free choice." (ebd.: 153).

13 Es scheint dabei eine doppelte Lust am Werk zu sein: Zum einen die Lust, sich von anderen affizieren zu lassen, zum anderen aber gleichfalls, andere zu affizieren (und um die dabei erzielte Wirkung zu wissen).

aber nicht exklusiv für die jüngere Generation: MyApp, Facebook etc. können zu einer Intensivierung und Verstetigung des Austauschs unter Freunden beitragen.[14] Diese Netzwerke erzeugen aber auch einen sozialen Zwang, denn derjenige, der sich gegen die Teilnahme entscheidet, droht ausgeschlossen zu werden, also nicht mehr Teil der community zu sein, die sich dann eben hauptsächlich virtuell trifft und – noch wichtiger – dort die Verabredungen für die Treffen offline organisiert.

Anders gesagt: Diese technischen Geräte eröffnen beziehungsweise erweitern einen kognitiv-affektiven Resonanzraum, den ich für Freundschaften als essentiell beschrieben habe. Virtuell organisierter Austausch kann jedoch die persönliche Begegnung, also die Ko-Präsenz, nicht ersetzen, weil dieser – wie bereits beschrieben – eine eigene Qualität eignet. Nicht nur das konkret leibliche Spüren meines bedeutsamen anderen, sondern die Tatsache, dass dieser mir bei der Bewältigung des Alltags durch hilfreiche Praktiken Unterstützung geben kann, legen davon Zeugnis ab. Leibliches Miteinander nimmt eine wichtige Stellung in Freundschaften ein, wobei die Notwendigkeit dieser Form des Miteinanders einem Zeitindex gehorcht. Gewachsene und gestandene Freundschaften können in besonderen Momenten der Zwischenleiblichkeit (re-)aktualisiert werden, bedürfen aber weniger als erst im Entstehen begriffene Freundschaften eines möglichst häufigen zwischenleiblichen Kontakts.

5 Resümee und Ausblick: zu einer Soziologie gelingender Lebensführung

Aus dem Dargelegten ergibt sich mit dem Philosophen Martin Seel, der hier nur eine Stimme unter vielen darstellt, dass ich die Fähigkeit zur Freundschaft für einen „der Schlüssel zu einem gelingenden und gerechten Leben" (2012: 164) halte. Warum eigentlich? Nicht zuletzt deshalb, weil wir in der Begegnung mit dem anderen uns selbst begegnen, unserer eigenen Leiblichkeit. „Nach Platon und Aristoteles besteht die Tugend der Freundschaft darum vor allem darin, im zwanglosen Austausch mit anderen ein zwangloses Verhältnis zu sich selbst zu gewinnen. Nur wer zur Freundschaft fähig ist, vermag ,mit sich selbst befreundet' zu sein; nur wer fähig ist, jemandes Freund zu sein, vermag sich freimütig und verlässlich zu beliebigen anderen zu verhalten. Von der Fähigkeit zur Freundschaft hängt ein erhebliches Maß der Tugendfähigkeit eines Menschen ab" (Seel 2012: 166). Zu einer gelingenden Lebensführung gehört aber zudem, so habe ich erläutert, die Möglichkeit, Reso-

---

14 Vgl. dazu Christian Weber (2012).

nanzerfahrungen in verschiedenen Sphären zu machen, etwa in der Natur, in der Religion oder in der Ästhetik/Kunst. Resonanzerfahrungen, also das Mitschwingen respektive das gegenseitige Affizieren, erzeugen identitätsbildende Effekte über und durch die Auseinandersetzung mit anderem und anderen. Auch und gerade hier kann ein Freund, ja können Freunde zu einem gemeinsamen Erlebnis Entscheidendes beisteuern, indem sie gleichsam die Garanten für ein kognitives und affektives Miteinander sind. Und daraus entsteht große – leibliche und seelische – Befriedigung und vielleicht auch Glück.

In Anknüpfung an die Arbeiten von Hermann Schmitz und Andreas Schinkel habe ich dafür plädiert, Freundschaft als eine Öffnung eines einzelnen Selbst hin zum anderen zu verstehen. In diesem Aufeinander zugehen findet eine Dynamisierung statt, so „dass eine gemeinsame Situation und dementsprechend ein Wir-Selbst entsteht" (Schinkel 2008: 36). Durch das Konstruieren einer gemeinsamen sozialen Wirklichkeit, die ich mit bedeutsamen anderen teile, findet Freundschaft einen Ort, um die damit verbundenen Wohlgefühle erleben zu können. Allerdings sind Freundschaften auch immer gefährdete Sozialbeziehungen, da sich beispielsweise durch das Ändern der Lebensumstände eines Beteiligten nicht mehr so einfach (leibliche) Begegnungen zustande kommen.

In der Wettbewerbsgesellschaft, die sich durch eine „Verwettbewerblichung" zunehmender gesellschaftlicher Bereiche (Bildung, Ökonomie, Sport und Liebe) beschreiben lässt, konkurrieren wir auch um Freunde. Sie versprechen gerade Halt zu geben in einer Welt, die sich durch eine eigentümliche Mischung aus verbindlicher Unverbindlichkeit und vorläufigen Sozialbeziehungen charakterisieren lässt. Freundschaftsbeziehungen können aber eine Art Gegenpol bilden, einen Resonanzraum, in dem es selbstredend auch – aber eben nicht nur – um Konkurrenz geht. Vielmehr stehen die zuvor beschriebenen drei Formen der Resonanzerfahrung im Zentrum des freundschaftlichen Miteinanders. Nochmals zusammengefasst lauten sie:

1. Erstens lassen sich Phänomene der *kognitiven Resonanz* beschreiben, indem Gespräche und Austausch allerlei Art uns Achtung, Anerkennung und Respekt von unserem Gegenüber vermitteln. Dabei kommt es in Freundschaften (hierin vergleichbar mit Liebesbeziehungen) sowohl zur Bestätigung als auch zur Neujustierung meines sozialen Selbst. Das wiederum beruht auf einer Wechselwirkung, denn auch mein Gegenüber erfährt eine Veränderung seines sozialen Selbst.
2. Zweitens habe ich zudem von *affektiv-interaktiver Resonanz* gesprochen, indem wir uns vom anderen körperlich affizieren lassen, besser vielleicht: affiziert werden, auch gegen unseren Willen und uns somit in gegenseitige Resonanz

versetzen. Die Leiblichkeit respektive die leiblich gebundene Erfahrung ist es, die Freundschaften von (unverbindlichen) Bekanntschaften unterscheidet.
3. Und schließlich drittens – was mit dem zweiten Punkt zusammenhängt – resultiert daraus das Spüren *leiblicher Eigenresonanz*, die mich den anderen als wohltuend und inspirierend empfinden lässt. Neben dem sozialen Selbst erfährt auch mein (leibliches) Selbstverhältnis eine Veränderung.

Literatur

Adloff, Frank (2012): Gefühle zwischen Präsenz und implizitem Wissen: Zur Sozialtheorie emotionaler Erfahrung (Ms.).

Altmeyer, Martin (2011): Das exzentrische Selbst. Eine zeitdiagnostische Betrachtung, in: *Kommune, Forum für Politik, Ökonomie, Kultur* 6/2011.

Amann, Anton (2004): Lebensformen und Lebensführung – Konzepte für die Altersforschung? In: Backes, Gertrud M; Wolfgang Clemens und Harald Künemund (Hg.), *Lebensformen und Lebensführung im Alter*. Wiesbaden: VS-Verlag, 27-41.

Böhme, Gernot (1995): *Atmosphäre. Essays zur neuen Ästhetik*. Frankfurt am Main: Suhrkamp.

Deleuze, Gilles und Félix Guattari (1996) *Was ist Philosophie?* Suhrkamp, Frankfurt am Main.

Derrida, Jacques (1999): *Die Politik der Freundschaft*. Frankfurt am Main: Suhrkamp.

Eberlein, Undine (2011): Leibliche Resonanz. Phänomenologische und andere Annäherungen, in: Andermann, Kerstin und Undine Eberlein (Hg.), *Gefühle als Atmosphären. Neue Phänomenologie und philosophische Emotionstheorie*. Berlin: Akademie-Verlag, 141-152.

Eichler, Klaus-Dieter (Hg.) (1999): *Philosophie der Freundschaft*. Leipzig.

Fenner, Dagmar (2007): *Das gute Leben*. Berlin; New York: de Gruyter.

Friedman, Marilyn (1997): Freundschaft und moralisches Wachstum, in: *Deutsche Zeitschrift für Philosophie*, 2, 235-249.

Fuchs, Thomas (2000): *Leib, Raum, Person. Entwurf einer phänomenologischen Anthropologie*. Stuttgart: Klett-Cotta.

Gugutzer, Robert (2006): *Leibliches Verstehen. Zur sozialen Relevanz des Spürens, in: Soziale Ungleichheit, kulturelle Unterschiede*: Verhandlungen des 32. Kongresses der Deutschen Gesellschaft für Soziologie in München. Teilbd. 1 und 2. Rehberg, Karl-Siegbert (Hrsg.) S. 4536-4546. Frankfurt am Main: Campus Verlag GmbH, 2006.

Helliwell, John F. und Haifang Huang (2013): Comparing the happiness effects of real and on-line friends, in: NBER Working Paper Series, WP 18690, http://static.nzz.ch/files/4/4/7/Freund_1.17940447.pdf

Jaeggi, Rahel (2005): *Entfremdung: zur Aktualität eines sozialphilosophischen Problems*. Frankfurt am Main: Campus.

La Rochefoucauld, François de (2012 [1664]): *Maximes et réflexions morales. Maximen und Reflexionen*. Übersetzt und herausgegeben von Jürgen von Stackelberg. Stuttgart: reclam.

Lemke, Harald (2000): *Freundschaft. Ein philosophischer Essay*. Darmstadt: Wissenschaftliche Buchgesellschaft.

Lessenich, Stephan (2003): Soziale Subjektivität. Die neue Regierung der Gesellschaft, in: *Mittelweg* 36:4, 80-93.

Lühmann, Hannah (2012): Vom Glück der Verbindlichkeit. Konrad Utz entwirft eine ‚Theorie der Freundschaft‘, in: *Süddeutsche Zeitung* vom 31.05.2012.

Mannion, Oliver (2011): Reading Facebook through Lacan, in: *New Zealand Sociology*, 26:1, 143-154.

Ott, Michaela (2010): *Affizierung. Zu einer ästhetisch-epistemischen Figur.* München: edition text + kritik.

Rosa, Hartmut (2005): Beschleunigung. Frankfurt am Main: Suhrkamp.

Rosa, Hartmut (2011): Is there Anybody Out There? *Stumme und resonante Weltbeziehungen – Charles Taylors monomanischer Analysefokus,* in: Kühnlein, Michael und Matthias Lutz-Bachmann (Hg.), *Unerfüllte Moderne? Neue Perspektiven auf das Werk von Charles Taylor.* Berlin: Suhrkamp, 15-43.

Sandel, Michael (1995): Die Gerechtigkeit und das Gute, in: Bert van den Brink und Willem von Reijen (Hg.), *Bürgergesellschaft, Recht und Demokratie,* Frankfurt am Main: Suhrkamp, 187-212.

Schinkel, Andreas (2008): Konkreative Sozialgenese. Versuch einer Phänomenologie der Freundschaft, in: Meike Sophia Baader, Johannes Bilstein und Christoph Wulf (Hg.), *Die Kultur der Freundschaft. Praxis und Semantiken in anthropologischer Perspektive.* Weinheim und Basel: Beltz Verlag.

Schmidt, Johannes F.K., Martine Guichard, Peter Schuster und Fritz Trillmich (Hg.) (2007): *Freundschaft und Verwandtschaft. Zur Unterscheidung und Verflechtung zweier Beziehungssysteme.* Konstanz: UVK.

Schmitz, Hermann (2011): Entseelung der Gefühle, in: Andermann, Kerstin und Undine Eberlein (Hg.), *Gefühle als Atmosphären. Neue Phänomenologie und philosophische Emotionstheorie.* Berlin: Akademie-Verlag, 21-33.

Seel, Martin (2011): *111 Tugenden, 111 Laster. Eine philosophische Revue.* Frankfurt am Main: S. Fischer.

Seyfert, Robert (2011): Atmosphären – Transmissionen – Interaktionen: Zu einer Theorie sozialer Affekte, in: *Soziale Systeme* 17:1, 73-96.

Singer, Tanja (2011): Echte Gefühle lassen Gehirne im gleichen Takt schwingen. Interview von Norbert Lossau, aus: *Welt Online*, 15.08.2011.

Smith, Adam (1994, orig. 1759): *Theorie der ethischen Gefühle.* Hamburg: Felix Meiner.

Taylor, Charles (2011): Replik, in: Kühnlein, Michael und Matthias Lutz-Bachmann (Hg.), *Unerfüllte Moderne? Neue Perspektiven auf das Werk von Charles Taylor.* Berlin: Suhrkamp, 821-861.

Utz, Konrad (2012): *Freundschaft. Eine philosophische Theorie.* Paderborn: Ferdinand Schöningh.

Waldenfels, Bernhard (1991): *Der Stachel des Fremden.* 2.Auflage. Frankfurt am Main: Suhrkamp.

Waldenfels, Bernhard (2002): *Bruchlinien der Erfahrung. Phänomenologie, Psychoanalyse, Phänomenotechnik.* Frankfurt am Main: Suhrkamp.

Waldenfels, Bernhard (2010): *Sinne und Künste im Wechselspiel. Modi ästhetischer Erfahrung.* Frankfurt am Main: Suhrkamp.

Weber, Christian (2012): „Wo ist die Party? Hier ist die Party!“, in: *Süddeutsche Zeitung* vom 26.10.2012.

Wetzel, Dietmar J. (2004): Hat Anerkennung (k)einen Preis? Macht und Subjektivierung in modernen Beschäftigungsverhältnissen Angestellter, in: Gander, Hans-Helmuth (Hg.), *Anerkennung. Zu einer Kategorie gesellschaftlicher Praxis.* Würzburg: Ergon-Verlag, 209-230.

Wetzel, Dietmar J. (2010): Wetzel, Dietmar J. (2010c): Alterität, Intersubjektivität und Anerkennung – zwischen Theorie und Praxis, in: Czycholl, Claudia; Marszolek, Inge und Peter Pohl (Hg.), *Zwischen Normativität und Normalität. Theorie und Praxis der Anerkennung in interdisziplinärer Perspektive,* Essen: Klartext-Verlag, 61-78.

Wetzel, Dietmar J. (2013): *Soziologie des Wettbewerbs – eine kultur- und wirtschaftssoziologische Analyse der Marktgesellschaft.* Reihe: Wirtschaft und Gesellschaft. Wiesbaden: VS-Verlag.

Wüstenhagen, Claudia (2011): Das Geheimnis der Freundschaft, in: http://www.zeit.de/zeit-wissen/2011/01/Freundschaft [letzter Zugriff: 5.11.2012].

Intimate Publics 2.0
Zur Transformation des Privaten und des Öffentlichen in Social Network Sites

Elke Wagner

Social Network Sites, wie Facebook, werden in der sozialwissenschaftlichen Literatur gemeinhin als Medium der Gefährdung der Privatsphäre angesehen. Der breite Diskurs zum Thema Social Network Sites versammelt einen Gefährdungs-, einen Vermachtungs- und einen Entfremdungsdiskurs, wenn es um die Beschreibung der dortigen Praktiken geht. Vorausgesetzt wird in diesen Ansätzen offenbar immer schon, was als Privatheit gefasst werden kann. Dabei zeigt die Genese von Privatheit zweierlei: Privatheit ist eine Praxis, die stets auf Öffentlichkeit bezogen ist – sie entwickelt sich historisch vor dem Publikum der Lesegesellschaften bzw. des abwesenden Adressaten des Briefeschreibers. Und: die Entwicklung von Privatheit ist an spezifische Medien gebunden (Tagebuch, Brief, Roman). Hieraus lässt sich schließen, dass Privatheit nicht immer gleich bleibt, sondern sich abhängig von Publika und Medien transformiert und verändert. Die Genese von Privatheit zeigt schließlich, dass sie hochgradig von ihren kommunikativen Anschlüssen abhängig ist: was als privates und was als öffentliches Datum erscheint, hängt ab von den empirischen Anschlusskommunikationen. Die hier vorgeschlagene Perspektive nimmt diese Einsichten zum Anlass, nach der empirischen Herstellung von Öffentlichkeit und Privatheit in Social Network Sites zu fragen. Zwar ist die Diskussion um die datenschutzrechtliche Praxis von Google, Facebook und Co. berechtigt und wichtig – doch scheint sie in weiten Teilen vorbei zu blicken an den individuellen Nutzungspraktiken der User. Trotz der Notwendigkeit der datenschutzrechtlichen und persönlichkeitsrechtlichen Diskussion muss die Frage auch soziologisch gewendet wenden: Wie gehen die privaten User praktisch mit den medialen (und kommerziell geprägten) Vorgaben des Web 2.0 um? Anhand von Screen-Shots der Nutzungspraktiken und Interviews mit Nutzern der Social Network Site Facebook arbeitet der vorliegende Beitrag heraus, wie sich private Kommunikationen über medial vermittelte Schreibpraktiken transformieren. Sie nehmen die Gestalt unbestimmter Kommunikationen an, die dazu dienen spezifische In- und

Exklusionen von Publika zu ermöglichen. Anstelle der Preisgabe privater Daten werden unbestimmte Kommunikationen sichtbar, die sich über eine imaginierte, gefühlte Präsenz („feeling of connection", Nardi) beschreiben lassen. Damit werden intime Öffentlichkeiten (*intimate publics*) sichtbar, die über bestimmte Ein- und Ausschlussmechanismen operieren. Das spezifische Verhältnis von Öffentlichkeit und Privatheit auf der Social Network Site Facebook führt schließlich zu einer Art Nischenöffentlichkeit, die sich über unbestimmte Kommunikation am Laufen hält.

1   Die Öffentlichkeit des Privaten

Überblickt man die weite Publikationslandschaft der Sozialwissenschaften zum Thema Social Network Sites (SNS) lassen sich sechs Gebiete ausmachen: aktuell geführt werden Diskurse der Gefährdung (1), Diskurse der Vermachtung (2), Diskurse der digitalen Entfremdung (3), es liegen programmatische Arbeiten zur Transformation sozialer Ordnung über SNSs vor (4) sowie empirische Studien zu Darstellungspraktiken (5). Die Art der empirischen Erforschung des Internets hat wiederum Methodendiskussionen (6) ausgelöst. Der Gefährdungsdiskurs problematisiert den möglichen Eingriff in die Privatsphäre von Nutzern (Kirkpatrick 2010; Raynes-Goldie 2010; Richard/Grünwald; al Hasib 2009; Debatin et al. 2009). Vermachtungsdiskurse arbeiten heraus, wie die private Lebenswelt „unter Mediatisierungs- und Kommerzialisierungsdruck" (Neumann-Braun/Astheimer 2010, S. 27) geraten (siehe auch Bublitz 2010, Reichert 2008). Der Diskurs um digitale Entfremdung von Interaktionsformen durch SNSs verhandelt wiederum das Verhältnis von virtuellem Erleben und authentischen Interaktionsformen (Turkle 2011). Problematisiert wird etwa, was sich in den auf SNSs als Freundschaft deklarierten Beziehungsverbindungen unter Freundschaft verstehen lässt (Adelmann 2011; Holzapfel 2011; Leib 2011; Neumann-Braun 2011; Wahnhoff 2011; Prüller 2010; Boyd 2010; Ellison/Steinfield/Lampe 2007) und wie die virtuellen Darstellungsweisen mit realen Interaktionen verwoben sind (vgl. Benkel 2012; Siri/Melchner/Wolff 2012; Wirz 2012; Papacharissi 2011). Programmatische Beiträge zum Forschungsgegenstand SNS bemühen sich einerseits um eine begriffliche Fundierung der im Web 2.0 herrschenden Praktiken (Schmidt 2009; Münker 2009) und andererseits um eine medientheoretische Verortung dieser Praktiken (Krotz/Hepp 2012; Morley 2007). Weiterhin versammelt der Forschungsstand empirische Studien zu den Darstellungspraktiken in SNSs (Miller 2011), die schließlich zu Methodendiskussionen führen: wie lässt sich das Nutzungsverhalten auf SNS eigentlich methodologisch fassen (Hine 2000)?

Auffällig ist, dass in den empirischen Studien zum Privatheitsschutz in Social Network Sites immer schon vorausgesetzt zu werden scheint, was als privates Datum gilt. Entsprechend beschreiben quantitative Studien (Lenhart/Madden 2007, Acquisti/Gross 2006, Reinecke/Trepte 2008, Dwyer/Hiltz/Passerini 2007) Unterschiede in der Preisgabe von Daten, die zwischen den verschiedenen Sites variieren kann. Ähnlich arbeiten qualitative Studien (Houghton/ Joinsen 2010) unterschiedliche Beschwerden über Störungen ihrer Privatsphäre durch SNSs heraus. Was in dieser Art von Studien analytisch zu kurz kommt, ist die Frage nach der Herstellung von Privatheit in den kommunikativen Strukturen der Social Network Sites. Privatheit wird in diesen Studien scheinbar immer schon vorausgesetzt, anstelle sich zu fragen, was für wen als privates Datum (noch) gilt und was nicht. Dabei weiß die Soziologie der Privatheit, dass es sich bei der Frage nach intimen Praktiken stets um Herstellungspraktiken handelt, die von ihren kommunikativen Anschlüssen lebt. Irwin Altman formuliert hierzu etwa aus einer kultursoziologischen Perspektive: „Thus, while the capability for privacy regulation may be culturally universal, the specific behaviors and techniques used to control interaction may be quite different from culture to culture" (Altman 1977, S. 69). Ergänzend könnte man hinzufügen, dass es nicht nur Kulturen sind, die die Herstellung von Privatheit alternativ setzen, sondern situative Anschlusskommunikationen, die darüber entscheiden, was für wen als privates Datum gilt und was nicht – worüber dann wiederum Kulturen des Privaten (und des Öffentlichen) hergestellt werden. Was als Privatheit gilt, „can shift from time to time, depending on momentary circumstances" (Altman 1977, S. 69).

Zur Soziologie der Privatheit ist zudem festzustellen, dass private Praktiken sich in ihrer Ausbildung vor einem Publikum entfalten (siehe hierzu Hahn/Koppetsch 2011; Stempfhuber 2012). Orientiert man sich an den nach wie vor klassischen Einsichten zum Thema, die Jürgen Habermas in seiner Studie „Strukturwandel der Öffentlichkeit" (1962) versammelt hat, so zeigt sich, dass sich historisch Formen der Intimität vor dem Publikum der Lesegesellschaft entfalten: „Die Linie zwischen Privatsphäre und Öffentlichkeit geht mitten durchs Haus. Die Privatleute treten aus der Intimität ihres Wohnzimmers in die Öffentlichkeit des Salons hinaus; aber eine ist streng auf die andere bezogen" (Habermas 1962, S. 109). Die Genese eines privaten Selbstverständnisses formiert sich vor einem Publikum – für Habermas ist es das Publikum der Lesegesellschaften des 17. und 18. Jahrhunderts. Hinzukommt, dass es sich bei diesen Lesegesellschaften tatsächlich um *Lese*gesellschaften handelt. Das heißt, es sind *medial* vermittelte Publika, über die sich die Unterscheidung von Öffentlichkeit und Privatheit etabliert: „Das Tagebuch wird zu einem an den Absender adressierten Brief; die Ich-Erzählung das an fremde Empfänger adressierte Selbstgespräch; gleichermaßen Experimente mit der in den kleinfamilial-intimen Beziehungen entdeckten Subjektivität." (Habermas 1962, S. 114) Wie man sich diese

Vermitteltheit von Medialität, Öffentlichkeit und Privatheit vorstellen kann, bear-
beitet auch Albrecht Koschorke in seiner Schrift „Körperströme und Schriftverkehr"
(1999). Koschorke arbeitet heraus, wie die Entstehung der bürgerlichen Empfindsamkeit und daran gebundene auch öffentlich wirksame Moralvorstellungen an
die Entwicklung der bürgerlichen Schriftkultur gekoppelt sind. „Der Wandel der
Gefühlskultur ist symbiotisch mit der Durchsetzung einer bis dahin unerreichten
Wirkungstiefe schriftkultureller Standards verknüpft" (Koschorke 1999, S. 12).
Alphabetisierung führt Koschorke zufolge zu einer Abkehr des Einzelnen von der
guten Gesellschaft des Ancièn Regime, sie führt zur Distanzierung von konkreten
Interaktionssituationen. Die Orte des zurückgezogen Schreibenden stellen dann
wiederum Praktiken der Selbstreflexion und der Erzeugung einer wahrhaftigen
Innerlichkeit her, die sich vor einem Lesepublikum entfaltet. „Schriftverkehr ent-
kleidet die Kommunikanten von ihren Eigentümlichkeiten lokaler und ständischer
Art. Er unterdrückt sowohl die Idiome und setzt veränderte subjektive Kennzeichen
ein, unter denen die *Gesinnung* die erste Stelle einnimmt. Auf diese Weise tritt das
sinnliche Nahorientierungssystem außer Kraft, das bis dahin maßgeblich für die
Erkennung und emotionale Festigung von Gruppenbindungen war" (Koschorke
1999, S. 188). Die literal herbeigeführte Abwesenheit von Personen führt zur Ausbildung von Selbstreflexionen und Selbststilisierungen, die eine neuartige Form
von Gefühlslage produzieren können. Es sind vor allen Dingen Briefwechsel, in
denen sich, Koschorke zufolge, diese neue Form der bürgerlichen Gefühlslage
herausbildet. Der in Briefwechseln sich abbildende Schriftverkehr produziert
eine Nähe suggerierende Distanz und eine Sprache, die diese Distanzlosigkeit
überwinden hilft. Er verhilft zu einer Verständigung, in der sich die Geister unge-
hindert durch körperliche Schranken des Äußerlichen treffen können. Was sich
schriftlich ereignet, wirkt dann auch wieder auf die Interaktion unter Anwesenden
zurück: „Die moralische Wirkung der Literalisation für die von ihr Betroffenen
besteht darin, auch den ‚Nahverkehr' an diese strukturell bedingte Erhöhung des
Affektniveaus anzupassen, sich die Negation des Körpers und die Affirmation
seiner Abwesenheit – als Seele – subjektiv zu übereignen. Sie steigert sich in dem
Maß, in dem der Schreiber sich vorbehaltlos, mit offenem Herzen und strömender
Seele, den Transformationen der Verschriftlichung überläßt" (Koschorke 1999, S.
214). Schließlich entsteht aus dieser spezifischen Form bürgerlicher Innerlichkeit
auch eine spezifische Form bürgerlicher Moral im Sinne einer universalen Idee des
Humanen: Die literale Kommunikation stellt „das Abstraktionsvermögen bereit,
aus dem gegliederten Sozialkörper der vormodernen Gesellschaft eine Idee der
Menschheit zu destillieren. Es liegt in der Logik der Erfindung des Buchdrucks
und der in ihrer Folge entstandenen schriftkulturellen Mentalität, daß sie egalitäre
Visionen befördert" (Koschorke 1999, S. 188). Ganz ähnlich argumentiert wiederum

Habermas: „Einerseits wiederholt der sich einfühlende Leser die in der Literatur vorgezeichneten privaten Beziehungen; er erfüllt die fingierte Intimität aus der Erfahrung der realen, und erprobt sich an jener für diese. Andererseits ist die von Anfang an literarisch vermittelte Intimität, ist die literaturfähige Subjektivität tatsächlich zur Literatur eines breiten Lesepublikums geworden; die zum Publikum zusammentretenden Privatleute räsonieren auch öffentlich über das Gelesene und bringen es in den gemeinsam vorangetriebenen Prozeß der Aufklärung ein" (Habermas 1962, S. 115). Über die vor dem Publikum der Privatleute entwickelte Gefühlslage bürgerlicher Innerlichkeit entstehen die Werte der Zivilgesellschaft, die sich dann auch im öffentlichen Raum auswirken im Sinne der Genese kritischer Publika.

Aus diesen Ausführungen lässt sich (mindestens) zweierlei lernen: zunächst wird ersichtlich, dass Privatheit eine Praxis ist, die sich historisch betrachtet vor einem Publikum entfaltet, und damit in ihrer Genese stets schon an die Entwicklung von öffentlichen Praktiken gebunden ist. Privatheit und Öffentlichkeit sind ganz offensichtlich eng aufeinander bezogene Figuren – die eine ist nicht ohne die andere zu haben. Andererseits wird sichtbar, dass die Genese von Privatheit und Öffentlichkeit über mediale Bedingungen vermittelt ist. Die bürgerliche Empfindsamkeit entsteht nicht nur vor einem Publikum – sie wird auch über die Medien des bürgerlichen Zeitalters vermittelt. Zu nennen ist hier das Tagebuch, der Brief und der Roman.[1]

Mediensoziologisch kann man vor diesem Hintergrund fragen, inwiefern veränderte mediale Bedingungen zur Transformation des Verhältnisses von Privatheit und Öffentlichkeit beitragen. Die Medientheorie der Kulturwissenschaft hat mit ihrem Diktum, dass *das Medium die Message* sei (McLuhan 1964) für die Soziologie zumindest eine empirische Frage eröffnet: inwiefern zeigt sich im konkreten Fall tatsächlich die Bedeutung von Medien für soziale Praktiken? Innerhalb der Medienphilosophie geht man jedenfalls davon aus, dass Medien Wahrnehmungsformen ganz grundlegend prägen. Ernst Cassirer formuliert etwa: „Wenn die Definition, die Bestimmung des Erkenntnisgegenstandes immer nur durch das Medium einer eigentümlichen logischen Begriffsstruktur erfolgen kann, so ist die Folgerung nicht

---

1   Die Soziologie der Liebe (Luhmann 1982, Illouz 2006) hat dies gleichfalls herausgearbeitet: es sind die medialen Formatvorlagen des Liebesromans, die dazu führen, Praktiken der Intimität breitenwirksam zu vermitteln – und ihnen dabei das Gebot auferlegen, zu kopieren ohne zu kopieren, um individuelle Liebessemantiken erzeugen zu können. „Mehr als im Bereich irgendeines anderen Kommunikationsmediums wird in der Liebessemantik die Codierung schon früh reflektiert, und zwar als direkte Folge des Buchdrucks. (…) Schon im 17. Jahrhundert weiß man: die Dame hat Romane gelesen und kennt den Code. (…) Ebenfalls gelesen hat man die Floskeln und Gesten, die zur Kunst der Verführung gehören. Man hat damit zu rechnen, daß die Damen sie durchschauen, und weiß auch, daß sie trotzdem wirken." (Luhmann 1982, S. 37).

abzuweisen, dass einer Verschiedenheit dieser Medien auch eine verschiedene Fügung des Objekts, ein verschiedener Sinn ‚gegenständlicher' Zusammenhänge entsprechen muss." (Cassirer 2010, S. 5) Man muss hier den Hinweis auf Medien nicht in jener Strenge formulieren, die Friedrich Kittler (1986) mit seinem Hinweis auf ein mediales Apriori gibt, kann aber im Anschluss an Ansätze wie jene von McLuhan oder aber Ernst Cassirer zumindest eine empirische Frage stellen: welche Bedeutung haben Medien für die Herausbildung und Transformation des Verhältnisses von Privatheit und Öffentlichkeit?

2   Schreibweisen 2.0

Interessiert man sich für die medialen Bedingungen von Privatheit und Öffentlichkeit stößt man zunächst auf die Frage nach der Herstellung von Präsenz. Esther Milne arbeitet anhand dreier unterschiedlicher medialer Formate (Brief, Postkarte, Email) heraus, wie „(…) a sense of presence emerges from a complex web of cultural assumptions, technological specificity and signifying practices" (Milne 2010, S. 15). Präsenz, Intimität und Nähe entstehen ihrer Studie zufolge über medial vermittelte Abwesenheiten. In Briefen wird Präsenz über eine spezifische Materialität hergestellt: der Signifikant des Abwesenden, das Papier, die Tinte. Dabei nimmt die mediale Materialität ein komplexes Gemisch aus Ermöglichung und Verhinderung an. Denn einerseits stellt das Papier, die Tinte, der Signifikant die Präsenz des Abwesenden her – gleichzeitig verweist die Materialität des Briefes immer nur auf Abwesendes. „The presence, intimacy and immediacy created between epistolary subjects relies upon a complex dynamic between, on the one hand, materiality, physical locatedness and embodiment and, on the other hand, references to the material conditions of epistolary communication and the corporeal body" (Milne 2010, S. 62). Notwendig ist es deshalb, stilistische Bilder der Präsenz zu erzeugen, die die Anwesenheit des Abwesenden in eine kommunikative Gegenwärtigkeit verwandeln können. „Generating a sense of presence relies, in part, on the ability of letter writers to create images of themselves for another." (Milne 2010, S. 62) Die Bilder dienen dann gleichermaßen dazu, die mediale Vermitteltheit der Präsenz vergessen zu lassen. Die mediale Materialität soll in den Hintergrund treten, um die vorgestellte Präsenz des Abwesenden zu ermöglichen. Die stilistischen Bilder des Briefes unterscheiden sich wiederum von jenen, die in Postkarten aufgegriffen werden. Während Briefe private Bilder der Verbundenheit erzeugen, die über Schreibpraktiken individuell erzeugt werden müssen, sind die Bilder der Postkarten öffentlich und maschinell produziert. Hier hat man es tatsächlich mit Bildern im Sinne von ikonischen

Massenprodukten zu tun, die eine Szene, ein Monument, eine Landschaft zeigen. Über das Versenden dieser Massenprodukte an eine spezifische Person entsteht aber so etwas wie ein geteilter Erfahrungsraum: „It seems to promise immediacy and intimacy between correspondents because the picture can be ,shared' by both writer and reader, thereby producing a personal and unique moment (…)" (Milne 2010, S. 119). Über die Auswahl von Bildmotiven und die spezifische Adressierung erzeugen Postkarten intime Präsenz, gleichwohl sie vergleichsweise standardisiert und öffentlich sind. Das Internet erzeugt nun wieder eine alternative Form der Präsenz. Milne begründet dies mit der speziellen zeitlichen Struktur des Netzes und der neuen Ausdifferenzierung von Öffentlichkeit und Privatheit. Selbstpräsentationen im Netz müssten sich einem erhöhten Publikumszugriff aussetzen und unterliegen einem beständigen ,conversational flood', einem kommunikativen Strom, der diese permanent verändere. „(…) in general, a letter is a product exchanged between only two people. In contrast, the sense of an audience and the theatrical style of email discussion groups means that the subject's representation, to a certain extent, takes on a life of its own" (Milne 2010, S. 188). Vor dem Hintergrund dieser Studie stellt sich die Frage nach den konkreten Schreibpraktiken in Social Network Sites und die damit mögliche Transformation von Öffentlichkeit und Privatheit.

Die folgenden Ausführungen sollen dazu dienen, die kommunikative Herstellung von Privatheit und Öffentlichkeit unter den medialen Bedingungen von Social Network Sites herauszuarbeiten. Zugrunde liegen dabei als empirisches Material 20 Interviews mit Nutzern der Social Network Site Facebook, sowie Screen-Shots, die über einen Zeitverlauf von drei Jahren im Sinne einer virtuellen Ethnographie (Hine 2000) entstanden sind. Für die Sammlung der Screen-Shots standen vier unterschiedliche Accounts zur Social Network Site Facebook zur Verfügung. Zudem wurden die in den Interviews befragten Nutzer nach für sie typischen Fällen der Kommunikation auf der Social Network Site Facebook gefragt, was diese ihrerseits mit der Zusendung von Screen-Shots beantworteten. Die Interviews und die Screen-Shots wurden entsprechend den gängigen Regeln sozialwissenschaftlicher Praxis anonymisiert und (die Interviews) transkribiert. Analysiert wurde das Datenmaterial orientiert an den Einsichten der Grounded Theory (Glaser/Strauss 1967), insofern als diese davon ausgeht, empirisches Material nach dem Prinzip der wiederholten Plausibilisierung von typischen Inhalten zu kodieren. Problematisiert werden an der empirischen Beforschung des Internets in der aktuellen Methodenliteratur immer wieder drei Aspekte: Wo ist der eigentliche Ort der Forschung – im Offline-Bereich oder im Online-Bereich (vgl. Hine 2009; 2005; Orgad 2009)? Wie lässt sich der Schnelllebigkeit des empirischen Materials begegnen (Kivits 2005)? Und wie geht man damit um, dass man es als Internetforscher mit körperlosen Sprechern zu tun hat (Markham 2005), wenn ethnographische

Forschungsarbeit verlangt, *dichte Beschreibungen* über persönliche Anwesenheiten im Forschungsfeld zu erstellen (Geertz 1987)? Insofern wird die empirische Beforschung des Internets als Herausforderung für den bestehenden Methodenkanon angesehen (vgl. Ayaß/Bergmann 2006). Das vorliegende Material begegnet diesen unterschiedlichen Problematisierungen damit, dass Interviewdaten im Sinne von Hintergrundinformationen mit den via Screen-Shots sichtbar werdenden kommunikativen Praktiken im Internet verwoben werden. Praktiken im Internet stellen sich – ebenso wie jenseits des Netzes – beständig neu her. Somit stellen die hier analysierten Kommunikationsformen eine Momentaufnahme von sozialer Praxis der Erzeugung von Privatheit und Öffentlichkeit dar, die sich immer wieder auch anders zeigen kann. Die körperlosen Sprecher im Internet stellen zwar eine ganz eigene Praxis der Kommunikationsvermittlung dar. Allerdings kann hier angefügt werden, dass sich Nähe und Distanz auch in der Interaktion unter Anwesenden nicht quasi von selbst ergibt – die zur Methodik der Internetforschung formulierten Einwände vermitteln manchmal den Eindruck als sei Nähe und Distanz in der Interaktion unter Anwesenden vergleichsweise unvermittelt präsent. Dass dem nicht so ist, zeigen indes Forschungen zu technisch vermittelter Interaktion (Licoppe 2009). Zudem gilt die Frage nach den Praktiken der Herstellung medial vermittelter Präsenz als Forschungsfrage der folgenden Ausführungen: wie wird das Verhältnis von Öffentlichkeit und Privatheit unter den medialen Bedingungen von Social Network Sites wie Facebook erzeugt?

2.1   Überraschende Öffnungen, Peinlichkeiten und Fremdschämen

Es ist bereits darauf hingewiesen worden, dass der sozialwissenschaftliche Diskurs zu Social Network Sites die Darstellung des Privaten in der Öffentlichkeit aus datenschutzrechtlichen Gründen problematisiert. Der sich solchermaßen abbildende *Gefährdungsdiskurs* nimmt an, dass mehr als bisher private Daten einem öffentlichen Publikum zugänglich gemacht werden, die dann auch noch zu ökonomischen Zwecken benutzt werden können. Tatsächlich finden sich auf Facebook zahllose Beispiele von privat anmutender Kommunikation, wie das folgende Beispiel zeigt:

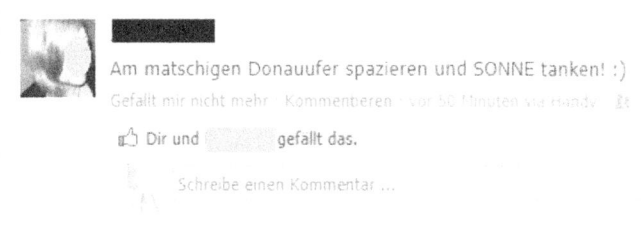

Postings dieser Art finden sich vielfach in der Alltagskommunikation in Social Network Sites. Hinzukommt, das Personen zumeist mit ihrem echten Namen auf der Site angemeldet sind, Profilbilder, Geburtsdaten, Ausbildungsstätten, Wohnorte, Familienangehörige und den Beziehungsstatus angeben können. Urlaubsfotos und Bilder von Streifzügen durch das Nachtleben werden nicht selten veröffentlicht und einem Publikum zugänglich gemacht. Zudem zeigen die Netzwerkkontakte, mit wem man befreundet ist und welche Vorlieben man hat. Insofern könnte man zunächst davon ausgehen, dass der *Gefährdungsdiskurs* durchaus plausible Inhalte thematisiert. Nimmt man die Kommunikationspraktiken in Social Network Sites empirisch in den Blick, so fällt in Bezug auf Privatheit in einem weiteren Schritt jedoch unterschiedliches auf. Zunächst wird sichtbar, dass die individuellen Nutzer von der Öffentlichkeit ihrer privaten Mitteilungen überrascht werden. Dies zeigt der folgende Interviewauszug:

„(...) Das hab ich auch gemerkt, dass das krass gut funktioniert, irgendwie. *Also ich wunder mich dann auch oft irgendwie, also, wie diese Algorithmen sind (Pause), also wer das dann immer kriegt die Sachen. Weil dann teilweise Leute, die ich fast gar nicht kenn, irgendwie, die ich mal hinzugefügt habe* (Pause), ich weiß da ist so`n Kunstsammler, oder irgendwie so (Pause), schreiben dann (Pause), dann post ich irgendwas, und dann kommt so ne ganz komische Antworten von dem irgendwie (lacht), wo ich mir denk so: *‚Häh, der hat des jetzt gelesen.' (Pause) So meine peinlichen Sachen, die ich da rein gepostet hab, oder so.*" (A-3, Z. 72-87)

Die netzwerkartige Struktur in Social Network Sites wie Facebook führt dazu, dass den Nutzern oftmals die Überschaubarkeit des Publikums verloren geht. Nicht selten verfügen Nutzer über mehr als hundert Kontakte, über die sie in das Kommunikationsnetzwerk integriert sind. Die Netzwerkstruktur führt nicht zu einer einmal stabilen Form der Kontaktierung, sondern setzt die Vernetzungspraktik immer weiter fort. Netzwerke affizieren Netzwerke, was wiederum zur Unüberschaubarkeit des Publikums führt. Insofern sind die privaten Kommentare auf Facebook tatsächlich einem öffentlichen Publikum ausgesetzt, da das Gegenüber der kommunikativen Äußerung nicht ohne weiteres eingegrenzt werden kann, wie der folgende Interviewausschnitt zeigt:

> *„(...) Und dann hab ich des so angefangen halt, und da hab ich dann, glaub ich, auch angefangen, so wirklich dann auch Leute zu adden, **und dann geht das ja voll schnell, dass man dann auch selber von tausend Leuten geaddet wird**, irgendwie so." (A6, Z. 22-26)*

Die überraschende Konfrontation mit einem Publikum kann wiederum zu Peinlichkeiten und Fremdschämen führen: private Informationen werden einem nicht mehr länger ohne weiteres überschaubarem Publikum zugänglich gemacht. Dies zeigen die folgenden Interviewauszüge:

> *„(...) **was mir auf die Nerven ging oder was ich auch selber nie (Pause), oder versucht hab zu vermeiden,** waren diese Statusmeldungen ‚hat sich gerade ‚nen Kaffee gemacht und schnappt sich jetzt mal die Zeitung', oder dass eben gerade so die Leute geschrieben haben ‚geht jetzt aufs Klo und macht dann die Hose wieder zu', also des hätt' dann gerade noch gefehlt; **es hat mich recht schnell überrascht, dass viele so belanglosen Kram schreiben,** ohne jeglichen Witz auch manchmal, und ähm (Pause) des hab ich schon versucht, zu vermeiden. (...)." (A 1, 120-132)*
>
> *„Also, **was ich zum Beispiel gar nicht gern mag,** ist dieses Pinnwand-Dings, also des fängt schon an bei Geburtstagen, dass man dann sieht, ‚also der und der hat demjenigen an die Pinnwand geschrieben zum Geburtstag' – **also, da fängts schon an, dass ich dem lieber ne Nachricht schreib."** (A-3, 215-219)*
>
> *„(...) also wenn da jemand ständig postet: ‚Yeah, also ich bin fertig mit dem (Pause) mit den Deutschschulaufgaben korrigieren, äh, (Pause), jetzt können die Sommerferien losgehen', **dann denk ich mir:** ‚Wow, es sind noch vier Wochen.' (Pause) Und aber auch in so 'nem (Pause) man kann auch über Deutschschulaufgaben spannend posten, **aber des ist halt langweilig."** (A-4, Z. 44-51)*

Einerseits führt die netzwerkartige Struktur von Social Network Sites dazu, dass private Informationen einem kaum mehr überschaubarem Publikum zugänglich gemacht werden können. Was diese Interviewauszüge indes zudem zeigen, ist, dass Social Network Sites zur Herstellung jener Grenze führen, die Inhalte als öffentliche bzw. als private markiert. Die in den Interviews versammelten negativen Reaktionen auf zu private Postings und Kommentare veranschaulichen, dass die Unterscheidung zwischen Öffentlichkeit und Privatheit verschieden erfolgen kann. Die Nutzer von Social Network Sites werden damit konfrontiert, dass ihre individuellen Grenzsetzungen nicht die einzig möglichen sind. Damit erfährt die Grenzziehung von Privatheit zunächst einmal eine Destabilisierung: indem beobachtet wird, das (zu) private Informationen veröffentlicht werden, stellt sich die Frage, was der individuelle Nutzer selbst preisgeben möchte: was gilt hier eigentlich noch als zu privat, um es zu publizieren, und was nicht mehr? Indem sich die Nutzer dieser Frage aussetzen, wird die Grenzziehung von Öffentlichkeit und Privatheit gleichzeitig stabilisiert – und zwar paradoxerweise durch die zunächst als Destabilisierung erfahrene Diskursivierung auf Social Network Sites. Dies zeigt auch noch einmal der folgende Interviewauszug:

> *„Und wenn ich mir zum Beispiel anschaue, über was andere Leute kommunizieren (Pause), und wenn man das dann bei Kollegen hört und sich dann so denkt: ‚Ja, krass, **das sind ganz andere Welten als jetzt bei mir.**' Die eine hat ihre Urlaubsfotos halt komplett hochgeladen, massenhaft überhaupt auch Fotos von Geburtstagen, und so. **Des mach ich zum Beispiel nie.**" (B-2, Z. 201-204)*

Über den Hinweis auf *die anderen Welten* der Erzeugung von Privatheit vor einem Publikum können eigene Grenzsetzungen etabliert und stabilisiert werden. Simmel geht davon aus, dass sich die moderne Gesellschaft durch die Differenzierung sozialer Kreise etabliert. „Eine unermeßliche Möglichkeit von individualisierenden Kombinationen tut sich dadurch auf, daß der Einzelne einer Mannigfaltigkeit von Kreisen angehört, in denen das Verhältnis von Konkurrenz und Zusammenschluß stark varriiert" (Simmel 1992, S. 479). Für Simmel ist es gerade die Unterschiedlichkeit parallel angesiedelter, differenzierter Gruppen resp. Kreise, die zur Herausbildung des modernen Menschen als individualisierte Person führt. Und auch „(d)ie Ausbildung des öffentlichen Geistes zeigt sich (…) darin, daß genügend viele Kreise von irgendwelcher objektiven Form und Organisierung vorhanden sind, um jeder Wesensseite einer mannichfach beanlagten Persönlichkeit Zusammenschluß und genossenschaftliche Bethätigung zu gewähren" (Simmel 1989, S. 244). Hierdurch werde „eine gleichmäßige Annäherung an das Ideal des Kollektivismus wie des Individualismus geboten" (Simmel 1989, S. 244). In Social Network Sites wie Facebook werden diese unterschiedlichen privaten und öffentlichen Kreise nun in Teilen füreinander sichtbar und vermengt. Freundschaften mit Arbeitskollegen oder früheren Bekannten müssen etwa aus Taktgefühl angenommen werden. Dies führt zur Vergrößerung und Vermengung von Publika, was wiederum in der Art der Kommunikation einkalkuliert werden muss. Ein Nutzer berichtet im Interview von der Problematik der Überschneidung von Kontaktgruppen:

> *„Also meistens sind Leute, von denen ich auch (Pause), die auch im wahren Leben jetzt mir nicht so eng wären. Also wenn`s jetzt wirklich jemand ist, den ich gerne mag, und der halt ab und zu mal was schreibt, des ist ja was anderes. Aber des waren meistens Leute, wo vorher schon klar war, dass ich die jetzt nicht*

unbedingt da hätte und **dann auch eher aus Höflichkeit die Freundschaft
angenommen hab.** *Und ähm (Pause), denen hab ichs dann eben auch nicht
gekündigt – aus eben dem Grund – aber lesen will ichs halt nicht. Ich selber
verberge eigentlich sehr selten was. Also wenn dann wirklich nur (Pause), dann
verberg ich's eigentlich nicht,* **sondern mach nur nem speziellen Kreis das
zugänglich.** *Aber eigentlich sind fast alle meine Sachen offen." (A6, Z. 772-789)*

Diese hier beobachtbare Vermengung sozialer Kreise in Social Network Sites verschärft die Diskussion um die Grenzziehung zwischen Privatheit und Öffentlichkeit.
Anstelle aber nur zu beobachten, dass mit privaten Daten inflationär umgegangen
wird, zeigt sich anhand der Interviewausschnitte ein weiterer Effekt: Einerseits werden *ganz andere Welten* sichtbar, die den individuellen Nutzer mit unterschiedlichen
Handhabungen der Grenzziehung von Öffentlichkeit und Privatheit konfrontieren
und damit zur Destabilisierung der eigenen Grenzziehung zunächst einmal anregen.
Es drängt sich vor dem Hintergrund der Publikationspraktik alternativer Nutzer die
Frage auf, wie die Grenzziehung von einem selbst erfolgen soll. Gleichzeitig führen
Social Network Sites durch die Überlappung unterschiedlicher sozialer Kreise dazu,
dass ein spezifischer Umgang in Bezug auf die Veröffentlichung privater Daten
abverlangt wird: wenn alles für alle sichtbar werden kann, stellt sich die Frage,
was für wen sichtbar werden soll. Insofern tragen Social Network Sites dazu bei,
die Grenzziehung der Markierung von Öffentlichkeit und Privatheit zumindest zu
destabilisieren und auszuhandeln und darüber wieder neu zu manifestieren. Wie
gelingt dies nun aber? Welche Form der privaten Nutzung von Social Network Sites
stellt sich ein, um mit dem Problem der Öffentlichkeit des Privaten umzugehen?

2.2   Privatheit: Transformationen ins Unbestimmte

Welche Daten werden für welches Publikum als veröffentlichbar erachtet? Welche
sollen für wen lieber im Geheimen verbleiben? Ich hatte bereits darauf hingewiesen,
dass man aus der Soziologie der Privatheit weiß, dass sich das Verständnis einer
bürgerlichen Privatheit historisch vor einem Publikum und über Medien herstellt.
Dabei zeigt sich die Genese der bürgerlichen Empfindsamkeit als eine spezifische
Form, die über ganz bestimmte mediale Bedingungen sich einlöst. Für Habermas
und auch für Koschorke ist es der Brief, der zur Ausdifferenzierung der spezifisch
bürgerlichen Gefühlslage der Empfindsamkeit führt. Habermas formuliert: „Das
18. Jahrhundert wird nicht zufällig zu einem des Briefes; Briefe schreibend entfaltet
sich das Individuum in seiner Subjektivität." (Habermas 1963, S. 114) Briefe dienen
dabei als „Behälter für die ‚Ergießung der Herzen‘ eher als für ‚kalte Nachrichten‘,
die, wenn sie überhaupt erwähnt werden, der Entschuldigung bedürfen. (…) Briefe

wollen mit Herzblut geschrieben, wollen geradezu geweint sein." Die Abwesenheit des Adressaten wird durch eine Sentimentalisierung des Schreibens kompensiert, wie Koschorke herausarbeitet: „All das Umarmen, Küssen, Verschmelzen entspricht nur deshalb der empfindsamen Moralität, weil es sich über mediale Zwischenträger und in einer Verschiebung ereignet, die alle dabei stimulierten Affekte auf ein höheres, spirituelles Niveau hebt" (Koschorke 1999, S. 214). Von dieser medial vermittelten Form der Intimität und Privatheit, der bürgerlichen Empfindsamkeit, unterscheidet sich die auf Facebook hergestellte. Blickt man auf die Schreibpraktiken bei Facebook zeigen sich einerseits zwar private Kommentare – diese stellen sich aber gleichzeitig als so unbestimmt dar, dass sie sich für ein Publikum als anschlussfähig erweisen können. Dies sei zunächst an folgenden Interviewauszügen illustriert:

*„ähm, weil es einfach schon so ist, dass ich dann auch in einer beruflichen Position bin, wo des dann einfach nicht mehr geht, das ich dann gegoogelt werden könnte, und bei Facebook gefunden werden könnte mit irgendeinem Profilbild. Des kann noch so adrett sein und noch so hübsch, des möchte ich nicht. **Und wie gesagt (Pause), ähm, (Pause), ich hab mich dann entschieden für realer Name und Fakeprofilbild und die Profilbilder** wähle ich dann aus (Pause) wie mir grad (Pause), wie ich dann lustig bin; nach irgend einer Sache, die ich grad lustig find, die ich grad wichtig find, die mich grad interessiert, die ich grad mit Freunden erlebt hab (Pause), **aber die in erster Linie nix mit meiner Person zu tun hat, sondern nur ganz im weitesten, weitesten, weitesten Sinn."** (A-1, Z. 435-461)*
*„Äh (Pause), ich versuch immer Sachen zu posten, die für alle verträglich sind. Also klar sind manche Freunde wahrscheinlich genervt von der xten Konzertneuigkeit aus München, wenn sie selber in Hamburg wohnen, aber ich versuche jetzt zum Beispiel auch zum Beispiel auf Musikkontakte, mit denen ich privat jetzt sonst nix zu tun hab (Pause), **halt auch keine privaten Sachen zu posten, die irgendwie mir unangenehm sein könnten vor denen. Und ich (Pause), ich find, die können auch mal ein Foto von meinem Sohn sehen oder von uns dreien im Urlaub, aber des (Pause), ich würd jetzt halt keins posten, wo wir zu dritt, halb nackt, uns im Bett wälzen, und ähm (Pause) noch ich dabei `ne Champagnerflasche hochhalte oder so (lacht). Ähm, (Pause) ich bin jetzt auch, hab jetzt auch keine Partybilder groß, oder so, dieses, also ich versuch schon des für alle irgendwie ähm im Rahmen zu halten."** (A-1, Z. 193-211)*

Die Interviewauszüge zeigen einen spezifischen Umgang mit der Grenzziehung von Öffentlichkeit und Privatheit, und: sie zeigen, dass die veröffentlichte Inhalte eine spezifische Form annehmen, nämlich die einer unbestimmten Kommunikation, die *für alle verträglich* sein soll, oder so funktioniert, dass sie in Teilen nicht auf die individuelle Person verweisen (Fake-Profilbild). Ein drastisches Beispiel zur Veranschaulichung dieser These mag der folgende Fall sein. Eine Facebook-Userin, die über mehr als 400 Freunde in ihrem Netzwerk verfügt, nutzte einen Haken, um ihre soeben erfolgte Heirat zu verkünden.

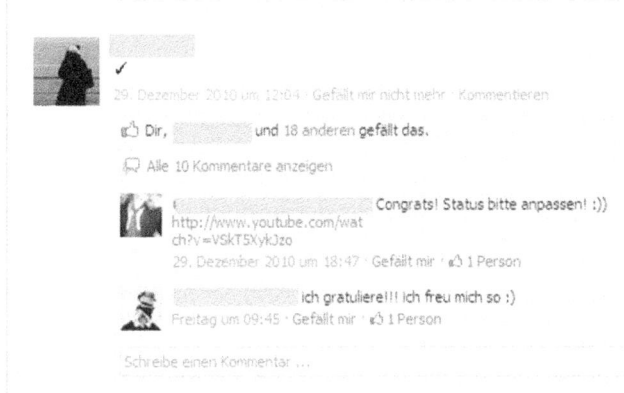

Hiermit wird ein privater Kommentar getätigt, der aber gleichzeitig vergleichsweise unbestimmt bleibt. Was mit dem Haken gemeint sein könnte, wird nur für jene ersichtlich, die über die Hintergründe der Heiratspläne informiert sind. Gleichzeitig können aber unterschiedlichste Anschlüsse erfolgen, der Haken kann als gefällig markiert werden (Like-Button), obwohl man nicht über die näheren Hintergründe Bescheid weiß. Deutlich wird dabei mindestens zweierlei: zunächst zeigt sich, dass die privaten Informationen auf Facebook sich vor einem Publikum entfalten und als private Informationen hergestellt werden. Es handelt sich um eine inszenierte Privatheit, die sich hier vor einem Publikum entfaltet. Die Art der Herstellung von Privatheit kalkuliert aber zumindest in dem hier verhandelten Material das Publikum mit ein, wie der folgende Interviewausschnitt mit der das obige Posting getätigten Nutzerin zeigt:

X: „Aber eben auch, weil wir uns dafür entschieden haben, dass wir nichts äh (Pause) gleich dann ‚Juhuu, wir ham geheiratet, äh (Pause), hier ist unser Hochzeitsfoto‘, machen werden, sondern des erstmal privater (Pause), äh, behandeln.
I: Ist privater (Pause) wär dir das peinlich, sowas da reinzustellen?
X: „Nee, ähm (Pause), **aber meinem Mann wär es unangenehm. Und äh (Pause, lacht) des ist einfach ne Sache, die man dann respektieren muss, ja.“** (I-A3, Z. 473-492)

Durch diese Praxis der Einkalkulation von Publika entstehen Schreibweisen, die sich zwar als private lesen lassen können – für diejenigen, die dies nicht tun können, verbleiben sie aber gleichsam im Unbestimmten. Hieraus kann bei Facebook ein regelrechtes Spiel der In- und Exklusion von Publika entstehen, wie das folgende Fallbeispiel zeigt. Ein User berichtet von gelegentlichem, heimlichem Drogenkonsum mit Freunden, der durch Postings auf der Userseite des Befragten kommentiert wurde.

> *„Weil eigentlich, wenn jetzt jemand das sieht ohne zu wissen, was jetzt irgendwie so die Hintergrundgeschichte ist, dann versteht er es überhaupt nicht. Da ist irgendwie so ein Bild von so `nem komischen Mann irgendwie (Pause) schaut irgendwie seltsam aus; und drunter steht irgendwas mit Spiritualität. Kann man überhaupt nicht einordnen. Aber ich glaub, dass man es trotzdem macht, weil es ja trotzdem nochmal irgendwie so `ne Möglichkeit ist (Pause) so `ne Möglichkeit der Selbsterfindung oder man demonstriert damit irgendwie so`n Insiderwissen, was dann natürlich immer attraktiv sein muss, nach außen (Pause), weil sonst würd man es ja nicht posten."* (I-A4, Z. 217-225)

Auch hier wird in der Herstellung einer inszenierten Privatheit vor einem Publikum auf das kommunikative Mittel der Unbestimmtheit zurückgegriffen, um diese Privatheit zu kommunizieren. Es werden Mitteilungen genutzt, die nur für spezifische Adressaten einen spezifischen Informationswert besitzen – für alle anderen müssen sie im unbestimmten verbleiben. Deshalb müssen alternative Adressaten nicht von der Kommunikation ausgeschlossen sein. Der Informationswert der Mitteilung wird so gefasst, dass er für unterschiedlichste Publika auf verschiedene Weise sich als anschlussfähig erweisen kann. Vor diesem Hintergrund werden dann auch Postings verständlich, die sich zunächst als völlig sinnfrei lesen, wie der folgende Ausschnitt zeigt:

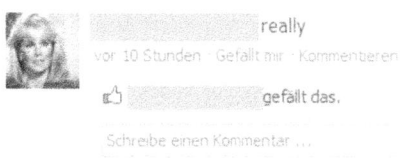

Was mit dem hier erfolgten Kommentar (really) gemeint sein könnte und warum gerade Linda Evans in ihrer Rolle als Krystle Carrington als Profilbild erscheint, verbleibt dem Nichteingeweihten im Unklaren. Wenn überhaupt, dann wird es nur Personen deutlich, die über eventuelle Hintergrundgeschichten (Hinterbühnen) informiert sind. Gleichzeitig fällt aber auf, dass es für die Art der Kommunikation auf Facebook gar nicht von Relevanz sein muss, über Hintergrundgeschichten informiert worden zu sein. Was von Interesse ist, ist nicht die Authentizität des beschriebenen Gefühls bzw. der Informationswert der hier getroffenen Aussagen, sondern vielmehr ganz generell der kommunikative Anschluss. Es geht um Kommunikationen, die sich aber nicht im Sinne einer Gefühlslage bürgerlicher Empfindsamkeit ausdrückt, sondern eher im Mantel der Unbestimmtheit gekleidet ist, wie der folgende Interviewausschnitt zeigt:

> *„Ja, also man kann, (Pause), äh, ich weiß nicht (Pause, es hat die Kommunikation bei mir generell auch so'n bisschen verändert, weil man (Pause), wenn jemand, der sowieso sehr assoziativ denkt, und des ist zum Beispiel so (Pause), jemand schreibt was, und (Pause), was ganz oft ist, Leute posten dann irgendein Bild, suchen irgendein Bild, dass sie dran erinnert oder ein Lied, dass sie dran erinnert, und, äh, (Pause), posten des dazu. Und das hat sich auch erst so entwickelt, dass man sieht, dass es geht, es selber macht, und dann (Pause), ähm (Pause), und des find ich auch sehr spannend dran (Pause), also dass einem so (Pause), **dass einem da mehrere Dimensionen der Kommunikation** (Pause), es ist ein bisschen so wie Telepathie (lacht)." (I-A3, Z. 415-429)*

Sichtbar werden in den Alltagskommunikationen bei Facebook assoziative Kommunikationen, die sich eher über Atmosphären der Kommunikation als über Wissensvermittlung etablieren. Damit rücken die hier verhandelten Kommunikationen in die Nähe von ästhetischen Kommunikationen. George Herbert Mead hat ästhetische Erfahrungen eng an die Möglichkeit des Gemeinschaftserlebens gekoppelt. Ästhetische Erfahrungen bindet Mead an „(j)ede Erfindung, die die Menschen näher zusammenbringt, so daß sie ihrer wechselseitigen Abhängigkeit gewahr werden, und die den Schatz geteilter Erfahrung vergrößert, so daß es jedem leichter wird, sich an die Stelle des andern zu versetzen, jede Form kommunikativen Austauschs, die es möglich macht, am Bewußtsein eines jeden andern teilzuhaben." (Mead 1926/1983, 354) Massenmedien spielen deshalb für Mead eine entscheidende Rolle in der Herstellung dieses gemeinsam geteilten Erlebnisraums. Sie können „Wunschbilder" erzeugen, die über fehlenden gemeinsamen Erfahrungsraum hinweg trösten können. „Ob diese Form der Wunscherfüllung eine ästhetische Funktion hat oder nicht, hängt davon ab, ob die Nachrichtengeschichte, nachdem sie in die verlangte Form gegossen wurde, dem Leser erlaubt, seine eigene Erfahrung als die mit der Gemeinschaft, der er sich zugehörig fühlt, geteilte Erfahrung zu deuten."

(Mead 1926/1983, 355) Als gemeinsame Erfahrung gedeutet werden, können auch die Facebook-Postings von den oben zitierten Usern. Die Posting-*Inhalte* spielen in der Erzeugung von gemeinsam geteilten Erlebnisräumen eine untergeordnete Rolle. Sie stellen vielmehr ein Äquivalent jener Wunschbilder dar, von denen Mead im Hinblick auf die Massenmedien spricht. Die Inklusion in das Netzwerk erfolgt schlicht über den kommunikativen Anschluss und nicht so sehr in der „eigentlichen" Dechiffrierung des mit dem jeweiligen Posting mitgeteilten Inhalt. Damit funktionieren die privatistischen Schreibpraktiken bei Facebook nur auf den ersten Blick ähnlich zu jenen, die die kulturwissenschaftliche Analyse der Intimität herausgearbeitet hat. Die Praxis des Briefeschreibens an eine abwesende Person produzierte die Notwendigkeit Semantiken und kommunikative Stile zu entwickeln, die Co-Präsenz und Authentizität simulieren konnten. Die hierbei generierten Praktiken lesen sich nur auf den ersten Blick zum Teil ähnlich wie jene in Social Network Sites. Goethe fügte etwa in einen Brief an Auguste zu Stolberg, einer begeisterten Anhängerin seiner Werke, eine mit Gedankenstrichen angefüllte Zeile hinzu (Goethe, 3.8.1775). Ziel dieser symbolischen Reihung war, die Gräfin an Goethes Gefühlswelt teilnehmen zu lassen, die er nicht in Worte fasse wollte. In Social Network Sites kann diese Praxis wiederholt werden, wie der folgende Ausschnitt zeigt:

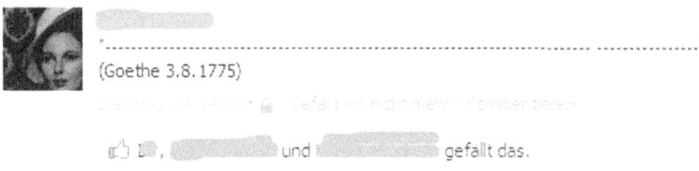

Der Effekt solch eines Postings ist aber nicht die Genese empfindsamer, unaussprechbarer Emotionen, sondern eher der ironische kommunikative Anschluss. Was hieraus entsteht, ist eine lose Koppelung unterschiedlichster Sprecher, die überall auf der Welt lokalisiert sein können (vgl. Wagner/Stempfhuber 2013).

2.3   Öffentlichkeit: Privatisierte Publika des Web 2.0

Die bisherigen Ausführungen sollten zeigen, dass Privatheit durch die Diskursivierung auf Social Network Sites eine Stabilisierung durch ihre kommunikative Destabilisierung erfährt (2.1), und dass private Kommentare in Social Network Sites zusehends damit beschäftigt sind, sich als unbestimmt genug zu halten, um spezifische In- und Exklusionspraktiken des Ein- und Ausschlusses von Publika zu ermöglichen (2.2). Es zeigt sich damit eine spezifische kommunikative Umgangsweise in der Problematik des Privatheitsschutzes und in der Herstellung von privaten Sprecherpositionen in der Öffentlichkeit von Netzwerken, wie der folgende Interviewauszug noch einmal verdeutlichen soll. Hier beschreibt ein Nutzer seine Kommunikationspraxis auf Facebook anhand des Postens von Musikvideos:

> *„Und des ist dann auch wieder so eine Sache, also man postet irgendwie **an den innersten Kreis**, und denkt sich so: ‚Hey, die verstehen dich jetzt.‘, die wissen jetzt, was ich mit den Beachboys verbinde, und **dem äußeren Kreis ist es dann irgendwie egal.**" (B-3, Z. 237-243)*

Was aus einer Soziologie der Privatheit auf die Figur unbestimmter Kommunikation verweist, lässt sich öffentlichkeitssoziologisch noch einmal alternativ in den Blick nehmen. Einerseits erweisen sich die unbestimmten Kommunikationen in Social Network Sites als offen genug, um als privater Sprecher vor der Öffentlichkeit des Netzwerkes aufzutreten. Dies geht aus folgendem Interviewauszug noch einmal hervor:

> *„(...) **und da kann dann jeder wieder irgendwie was zu sagen.** Und des entwickelt sich dann irgendwie ganz (Pause) also es nimmt völlig unabsehbare ähm (Pause) Entwicklungen an dann. **Da kann dann wieder jeder mitmachen irgendwie.** Und dann spricht man übers Land plötzlich irgendwie und dann wieder über die Stadt und dann ist man da und (Pause)." (A-5, Z. 211-215)*

Gerade weil Postings und Kommentare nicht auf ihre ursprünglichen Bedeutungen hinterfragt werden, können unterschiedlichste Sprecher hieran anschließen. Gleichzeitig zeigt sich aber, dass durch die unbestimmten Kommunikationen spezifische Ein- und Ausschließungspraktiken von Publika miteinhergehen, die schließlich zu einer zunehmenden Intimisierung von Öffentlichkeit im Sinne von Nischenbildung führen. Ein Nutzer beschreibt im Interview seinen Umgang mit unliebsamen Kommentaren, die ihm als zu privat erschienen:

> *„Ähm (Pause) also ich glaub, **ich hab so drei Gruppen an Freunden dort.** Die einen, die des wirklich rein professionell nutzen – also eben jetzt aus dem*

Musikbereich. Dann die anderen, die (Pause), die es privat nutzen, und dann teilweise langweiliger und offensichtlich, äh, ich, des ist da Selbstdarstellung (lacht), also unorigineller Selbstdarstellung nutzen, und dann die anderen, die es sehr unterhaltsam und kurzweilig machen. Und inzwischen sind eigentlich fast nur noch die, die es professionell nutzen, und die, die es originell für sich auch privat nutzen übrig geblieben an meiner Wall sozusagen. **Die anderen habe ich alle ausgeschaltet (Pause), weil ich bei vielen echt auch die Aggression bekommen hab, und dachte, ‚eh, was denn das schon wieder für'n Mist‘, und die hab ich ja alle mal ignoriert. Ähm (Pause) ich lösche dann keine Freunde, sondern ich mach halt einfach ‚Beiträge von blablabla verbergen‘.** *(A-1, Z. 412-428)*

Die Funktionsweise von Social Network Sites wie Facebook ermöglicht es, Kontakte zu verbergen, ohne sie gleich vollständig aufgeben (löschen) zu müssen. Der Kontakt im Netzwerk bleibt damit erhalten, wird aber auf der Startseite der Social Network Site nicht mehr sichtbar. Der Verborgene merkt dabei nichts von seinem Schicksal im Netzwerk seiner Kontaktadressen. Dies ermöglicht es den Nutzern, Kontaktadressen aus Taktgefühl aufrecht zu erhalten, ohne ihren inhaltlichen Kommentaren ausgesetzt zu sein. Dies führt einerseits zu einem spezifischen Umgang mit unliebsamen Kommentaren, die sich innerhalb der Interviews vor allen Dingen dann als solche herauskristallisieren, wenn sie als zu privat empfunden werden. Andererseits führt diese Praxis des Verbergens von Kontakten zu einer Hermetisierung des Netzwerkes. Ein Nutzer berichtet etwa im Interview:

„(...) also ich bin sehr vorsichtig mit anderen Sachen kommentieren (Pause), also in negativer Art. Weil ich denke immer man sollte eigentlich tendenziell nur positiv kommentieren, weil des sonst (Pause). Also ich hab schon öfters mal den Impuls, dass ich denk, ‚oh, so'n Schmarrn, da würd ich jetzt am liebsten schreiben (Pause) ähm.‘ Ach so, ein Freund von mir hat sich des neulich mal getraut – ich weiß nicht, ob er es bereut hat – aber hat bei wiederum nem anderen Freund von mir, hat er mal drunter geschrieben ‚who cares‘. Also so richtig – wenn man ihn kennt, weiß man, dass es so richtig böse (Pause), also von Herzen gemeint kam, ‚was interessiert mich jetzt der Scheiß‘. Und es war eigentlich ein sehr großes Herzensding, was der da gepostet hat. **Und sowas hab ich immer versucht zu vermeiden, dass man seinen ersten (Pause), ‚oh, was soll jetzt der Müll‘, dass ich des dann da hinschreib, weil wenn's mich nicht interessiert, dann brauche ich es auch nicht lesen – ich kann den ja auch wegklicken theoretisch mit seinen Neuigkeiten.“** *(A-2, Z. 137-154)*

Was über den spezifischen Ein- und Ausschluss von Kontakten im Netzwerk entsteht, ist eine Art intimisierte Nischen-Öffentlichkeit, die sich über positive Bestätigungen am Laufen hält. Dies sei noch einmal anhand der folgenden Interviewausschnitte verdeutlicht:

„Facebook brillanteste Erfindung ist dieser Like äh (Pause) Button, wenn man was postet, was äh (Pause), was vielen Leuten gefällt, und die (Pause), mhm (Pause), warum eigentlich, (Pause), ja, weil man ähm (Pause), dann das Gefühl hat, dass dann die Blase auf einmal gar nicht mehr so schlimm, sondern schön (Pause), äh, (Pause), dass man (Pause) dadurch, dass man bestimmte Inhalte gleich – vermeintlich zumindest – gleich betrachtet oder gleich dekodiert (Pause), zumindest Gefallen bewertet, dass man äh (Pause), dann darüber eine Gemeinsamkeit und weiß (Pause), Gemeinsamkeit hat und äh ein erst (Pause) mhmmm." (A-4, Z. 92-111)

„(...) Gut, ich mein, (Pause), es ist jetzt schon ein Kreis von Leuten, wo ich – ich war ja relativ wahllos – aber wo ich bei den meisten davon ausgehe, dass nicht weil sie mich so gut kennen, sondern weil wir eine gemeinsame Sprache sprechen (Pause), die meisten, äh, (Pause), dass sie verstehen, was ich sage." (A-3, Z. 62-70)

„(...) Das ist das, was ich meinte mit dieser (Pause), mit dieser Blase, in der man sich bewegt. Des sind halt Leute, die mit Medien zu tun haben, und in den Neunzigern groß geworden sind (lacht). Also da gibt's eine Art zu sprechen, und die hängt mir manchmal auch zum Hals raus (Pause), aber natürlich spreche ich auch oft so. Und, äh, (Pause), ja, da kommt man auch (Pause), und deswegen glaub ich, kann ich relativ viel sagen, ohne auf Unverständnis zu stoßen oder auf Missverständnisse." (A-7, Z. 74-84)

Bislang hatten die Interviews gezeigt, wie die Nutzer von Social Network Sites das Problem des Umgangs mit Privatheit vor einem Publikum durch den Einsatz unbestimmter Kommunikationen lösen. Diese ermöglichen es ihnen, miteinander Kontakt zu halten, ohne zu viel von sich preisgeben zu müssen. Sie können als private Personen vor einem Publikum auftreten, ohne zu privat kommunizieren zu müssen. In Bezug auf Privatheit zeigen sich also unbestimmte Kommunikationen, die einen spezifischen Ein- und Ausschluss von Publika ermöglichen. Wichtig für den Fortbestand des Netzwerkes ist dabei gar nicht so sehr ein inhaltlicher Austausch, sondern ein Wahrnehmungsdiskurs, der sich vorwiegend über seine Anschlüsse, nicht aber über seine inhaltlichen Informationswerte definiert. Was sich hier zeigt, ist eine Praxis, die Bonnie Nardi als „feeling of connection" für den Bereich des Instant Messaging herausgearbeitet hat (Nardi 2005). In ihrer Studie zeigt Nardi, wie Personen nicht deshalb miteinander in Chat-Kontakt treten, weil sie Informationen austauschen wollen, sondern vielmehr deshalb, weil sie miteinander Kontakt haben wollen. Die ausgetauschten Kommunikationen dienen damit nicht der Informationsvermittlung, sondern eher dazu, sich gegenseitige Wahrnehmbarkeit zu signalisieren.

Parallel dazu wird nun innerhalb des hier verhandelten empirischen Materials eine Schließungsbewegung sichtbar. Unliebsame Inhalte werden verborgen und tauchen somit in der Öffentlichkeit des Netzwerkes individueller Nutzer nicht mehr auf. Dies erinnert wiederum an eine Praxis der In- und Exklusion von Publika, die Patricia Lange in ihrer Studie über die Nutzung der Social Network Site Youtube herausgearbeitet hat (Lange 2007). Lange zeigt anhand spezifischer Codierungs-Praktiken von Youtube-Usern, wie dort eingestellte Inhalte einem ganz bestimmten Publikum zur Verfügung gestellt werden. Die Inhalte zeigen sich einmal als *publicly private*, d. h. die Ausmaße der In- und Exklusion von Publika werden von den Nutzern individuell arrangiert und so codiert, dass nicht jeder ihnen folgen kann. Andererseits wird es den Nutzern möglich, Inhalte als *privately public* zu verhandeln, d. h. es können umfassende Kontakte hergestellt werden, während die Nutzer dabei versuchen ihren Informationen möglichst wenig als zu privat empfundene Inhalte hinzuzufügen. Die Spezifika der In- und Exklusion von Publika auf der Social Network Site Facebook schließen einerseits hieran an: unbestimmte Kommunikationen ermöglichen es Personen, *privately in public* zu kommunizieren, ohne dabei zu viel von sich preisgeben zu müssen. Andererseits zeigt sich die Kommunikation auf Facebook noch einmal in alternativer Gestalt zu dieser von Patricia Lange analysierten Praxis. Durch die Möglichkeit des Ausblendens von Kontaktadressen werden Netzwerköffentlichkeiten immer hermetischer. Sie nehmen damit den Charakter einer Nischenöffentlichkeit an, die sich über die positive Bestätigung von Inhalten (Like-Button) am Laufen hält. Zusammenfassend kann man deshalb feststellen, dass sich Privatheit auf Social Network Sites in unbestimmten Kommunikationen stabilisieren kann, während sich öffentliche Diskurse immer weiter schließen können, ohne Netzwerkverbindungen dabei vollständig zu kappen. Die Öffentlichkeit des Netzwerks bleibt zwar erhalten, wird aber für den individuellen Nutzer beabsichtigterweise nicht mehr in vollem Umfang sichtbar. Die Öffentlichkeit des Netzwerks wird insofern intimisiert, während Privatheit unbestimmter wird.

3 Fazit: Intimate Publics 2.0

Die medialen Bedingungen der bürgerlichen Lesegesellschaften hatten eine spezifische Form der Gefühlslage (Innerlichkeit) hervorgebracht und zu einer typischen Praxis des Öffentlichen geführt. Bürgerliche Öffentlichkeiten sind solche, die sich orientiert an den Werten einer allgemeinen Humanität vordringlich über Argumente am Laufen halten. Wer sich innerhalb bürgerlicher Öffentlichkeiten als Sprecher etablieren will, orientiert sich an dem Vorbringen von Legitimationsfragen, die über das kommunikative Einlösen von Geltungsansprüchen prozessiert. Gleichzeitig versteht sich eine bürgerliche Öffentlichkeit zumindest von ihrem normativen

Anspruch her als allinklusive Praxis. Es geht um die Inklusion „ausnahmslos aller Subjekte, die über die Fähigkeit verfügen, an Argumentationen teilzunehmen." (Habermas 1983, S. 99)

Die medialen Bedingungen von Social Network Sites transformieren diese Praxis auf spezifische Weise. Anstelle einer gefühlten Innerlichkeit werden in den kommunikativen Praktiken auf Social Network Sites (auch) unbestimmte Kommunikationen sichtbar. Diese ermöglichen es privaten Sprechern als solche in der Öffentlichkeit des Netzwerks aufzutreten, ohne zu viele Informationen von sich preisgeben zu müssen. Die gefühlte Verbundenheit geht dann über den inhaltlichen Gehalt der Postings hinaus bzw. ist der Informationswert der Postings für die Kommunikationspraxis auf Social Network Sites nicht mehr das alles entscheidende Datum. Anstelle von Informationsfragen treten in der Öffentlichkeit des Netzwerkes Wahrnehmungsfragen in den Vordergrund. Postings und Kommentare, die als unliebsam weil zu privat empfunden werden, werden oftmals ausgeblendet und verborgen. In Bezug auf Öffentlichkeit führt diese Praxis zu einer Entwicklung, die der Gestalt einer bürgerlichen Öffentlichkeit entgegen zu laufen scheint. Es sind Schließungsprozesse, die sich hier zeigen. Über die Praxis des Öffentlichen wird nicht mehr länger im Sinne eines Meinungsstreits verhandelt, wie man sich dies aus Habermasscher Sicht etwa noch vorstellen könnte.[2] Stattdessen bilden sich eher hermetisch anmutende Nischen des Öffentlichen innerhalb des Netzwerkes aus, die über spezifische Ein- und Ausschließmechanismen operieren. Beobachten lässt sich insofern eine Intimisierung des Öffentlichen. Der Begriff einer intimisierten Öffentlichkeit (intimate public) entstammt einer Diskussion, die Lauren Berlant in Bezug auf die amerikanische Öffentlichkeit unter der Regierungsära Reagan analysiert hat. Berlant ging es dabei um die Beschreibung einer privatisierten öffentlichen Kultur, die den Regeln der Zivilgesellschaft, wie sie Habermas beschrieben hat, aus ideologischen Gründen entgegenläuft. Sie kritisierte damit, dass „the dominant idea marketed by patriotic traditionalists is of a core nation whose survival depends on personal acts and identities performed in the intimate domains of the quotidian. It is in this sense that the political public sphere has become an intimate public sphere" (Berlant 1997, S. 4). Die intimisierten Öffentlichkeiten in Social Network Sites verweisen weniger auf einen ideologischen Steuerungsprozess als auf medial vermittelte Schreibpraktiken, die ein spezifisches Verhältnis von Öffentlichkeit und Privatheit erzeugen. Die Grenze zwischen Öffentlichkeit und Privatheit kann dabei selbst als moralisierbares Datum in den Blick geraten.

---

2   „Jedes sprach- und handlungsfähige Subjekt darf an Diskursen teilnehmen." (Habermas 1963, S. 99).

Literatur

Acquisti, A./Gross, R., 2006: Imagined Communities: Awareness, Information Sharing, and Privacy on the Facebook. S. 36-58 in: Golle, P./ Danezis, G. (Hg.): Proceedings of the 6th Workshop on Privacy Enhancing Technologies. Cambridge: Robinson College. Conference Paper, präsentiert auf dem Workshop über Privacy Enhancing Technologies, Cambridge, 28-30 Juni 2006.

Adelmann, R., 2011: Von der Freundschaft in Facebook. Mediale Politiken sozialer Beziehungen in Social Network. S. 127-144 in: Leistert, O./Röhle, Th. (Hg.): Generation Facebook. Über das Leben im Social Web. Bielefeld: transcript.

Al Hasib, A., 2009: Threats of Online Social Networks. International Journal of Computer Science and Network Security 9 (11): 288-293.

Altman, I. 1977: Privacy Regulation: Culturally Universal or Culturally Specific? Journal of Social Issues 33,3, pp. 66-84.

Ayaß, Ruth/Bergmann, Jörg (2006): Qualitative Methoden der Medienforschung. Hamburg: Rowohlt.

Benkel, T., 2012: Die Strategie der Sichtbarmachung. Zur Selbstdarstellungslogik bei Facebook. In: Zurawski, N./Schmidt, J. H./Stegbauer, C. (Hg.): Phänomen „Facebook". Sonderausgabe von kommunikation@gesellschaft 13(3). Online verfügbar unter: http://nbnresolving.de/nbn:de:0228-201213038. (Stand: Juni 2012)

Bublitz, H., 2010: Im Beichtstuhl der Medien. Die Produktion des Selbst im öffentlichen Bekenntnis. Bielefeld: transcript.

boyd, d., 2010: Friendship. S. 79-116 in: Ito, M. et al. (Hg.): Hanging Out, Messing Around, Geeking Out. Kids Living and Learning with New Media. Cambridge: MIT Press.

Cassirer, E., 2010: Philosophie der symbolischen Formen. Erster Teil. Die Sprache. Hamburg: Meiner.

Debatin, B./Lovejoy, J./Horn, A.-K./Hughes, B. N., 2009: Facebook and Online Privacy. Attitudes, Behaviors, and Unintended Consequence. Journal of Computer-Mediated Communication 15 (1): 83-108.

Dwyer, C./Hiltz, S. /Passerini, K., 2007: Trust and Privacy Concern Within Social Networking Sites: A Comparison of Facebook and MySpace. Proceedings of the Thirteenth Americas Conference of Information Systems, Keystone, Colorado, 9-12 August 2007. Online verfügbar unter: http://csis.pace.edu/~dwyer/research/DwyerAMCIS2007.pdf (Stand Mai 2012).

Ellison, N./Steinfield, C./Lampe, C., 2007: The Benefits of Facebook 'Friends'. Social Capital and College Students' Use of Online Social Network Sites. Journal of Computer-Mediated Communication 12(4):1143-1168. Online verfügbar unter: http://jcmc.indiana.edu/vol 12/issue4/ellison.html (Stand Februar 2012).

Geertz, Clifford (1987): Dichte Beschreibung. Beiträge zum Verstehen kultureller Systeme. Frankfurt am Main: Suhrkamp.

Glaser, Barney G./Strauss, Anselm L. (1967): The Discovery of Grounded Theory: Strategies for Qualitative Research, Chicago: Aldine Pub.

Habermas, J. (1962): Strukturwandel der Öffentlichkeit. Frankfurt/Main, Suhrkamp.

Hahn, Kornelia/Koppetsch, Cornelia 2011 (Hrsg): Zur Soziologie des Privaten, Wiesbaden, Springer VS.

Hine, Christine (2009): How Can Qualitative Internet Researchers Define the Boundaries of Their Projects? S. 1-20 in: Nancy K. Baym / Annette N. Markham (Hrsg.), Internet Inquiry. Conversations about method. Los Angeles: Sage.

Hine, Christine (2005): Virtual Methods and the Sociology of Cyber-Social-Scientific Knowledge. S. 1-16 in: Christine Hine (Hrsg.), Virtual Methods. Issues in Social Research on the Internet. Oxford: Berg.

Hine, C., 2000: Virtual Ethnography. London: Sage.

Holzapfel, F./Holzapfel, K., 2011: Facebook-Marketing unter Freunden. Dialog statt plumpe Werbung. Göttingen: BusinessVillage.

Houghton, D./Joinsen, A., 2010: Privacy, Social Network Sites, and Social Relations. Journal of Technology and Human Services 28 (1-2): 74-94.

Illouz, E., 2006: Gefühle in Zeiten des Kapitalismus. Frankfurt am Main: Suhrkamp.

Kirkpatrick, D., 2010: The Facebook Effect: The Inside Story of the Company That Is Connecting the World: New York: Simon & Schuster.

Kivits, Joelle (2005): Online Interviewing and the Research Relationship. S. 35-49 in: Christine Hine (Hrsg.): Virtual Methods. Issues in Social Research on the Internet. Oxford: Berg.

Koschorke, A. (1999): Körperströme und Schriftverkehr. Mediologie des 18. Jahrhunderts. München, Fink.

Krotz, F./Hepp, A. 2012 (Hrsg), Mediatisierte Welten. Forschungsfelder und Beschreibungsansätze. Wiesbaden, Springer VS.

Lange, Patricia (2007): Publicly Private and Privately Public: Social networking on YouTube. Journal of Computer-Mediated Communication 13(1), 361-380.

Lenhart, A./Madden, M., 2007: Teens, Privacy and Online Social Networks: How Teens Manage Their Online Identities and Personal Information in the Age of My-Space. Washington DC: Pew Internet & American Life Project.

Licoppe, C., 2009: Recognizing mutual 'proximity' at a distance: Weaving together mobility, sociality and technology. Journal of Pragmatics 41 (10): 1924-1937.

Luhmann, N., 1982: Liebe als Passion. Zur Codierung von Intimität. Frankfurt am Main: Suhrkamp.

Markham, Annette N. (2005). The politics, ethics, and methods of representation in online ethnography. S. 793-820 in: Norman K. Denzin / Yvonna S. Lincoln (Hrsg.), Handbook of Qualitative Research, 3rd Edition. Thousand Oaks CA: Sage.

McLuhan, M., 1964: Understanding Media. The Extensions of Man. Part I,1.

Miller, D., 2011: Tales from Facebook. Cambridge: Polity.

Morley, D., 2007: Media, Modernity and Technology. The Geography of the New. London: Routledge.

Münker, S., 2009: Emergenz digitaler Öffentlichkeiten. Die sozialen Medien im Web 2.0. Frankfurt am Main: Suhrkamp.

Nardi, Bonnie (2005): Beyond Bandwidth: Dimensions of Connection in Interpersonal Communication, Comput Supported Coop Work (2005) 14:91–130.

Neumann-Braun, K. (Hg.), 2011: Freundschaft und Gemeinschaft im Social Web. Bildbezogenes Handeln und Peergroup-Kommunikation auf Facebook & Co. Baden-Baden: Nomos.

Neumann-Braun, K./Astheimer J., 2010: Doku-Glamour im Web 2.0. Party-Portale und ihre Bilderwelten. Baden-Baden: Nomos.

Orgad, Shani (2009): How Can Researchers Make Sense of the Issues Involved in Collecting and Interpreting Online and Offline Data? S. 33-53 in: Nancy K. Baym / Annette N. Markham (Hrsg.), Internet Inquiry. Conversations about method. Los Angeles: Sage.

Papacharissi, Z. 2011: A Networked Self. Identity, Community, and Culture on Social Network Sites. London, Routledge.

Prüller, M., 2010: Freundschaft. Über das Überleben unserer Beziehungskultur trotz und dank Web2.0. S. 14-29 in: Kugler, G. (Hg.): Entdeckung der Freundschaft. Von Philia bis Facebook. Freiburg: Herder.

Raynes-Goldie, K., 2010: Aliases, Creeping, and Wall Cleaning. Understanding Privacy in the Age of Facebook. First Monday 15 (1). Online verfügbar unter: http://firstmonday. org/htbin/cgiwrap/bin/ojs/index.php/fm/article/view/2775/2432 (Stand: Februar 2012).

Reinecke, L./Trepte, S., 2008 : Privatssphäre 2.0: Konzepte von Privatheit, Intimsphäre und Werten im Umgang mit user-generated-content. S. 205-228 in: Zerfass, A./Welker, M./ Schmidt, J. (Hg.): Kommunikation, Partizipation und Wirkungen im Social Web, Band 1. Köln: Halem.

Richard, B./Grünwald, J. /Recht, M. /Metz, N. (Hg.), 2010: Flickernde Jugend –rauschende Bilder. Netzkulturen im Web 2.0. Frankfurt am Main: Campus.

Reichert, R., 2008: Amateure im Netz. Selbstmanagement und Wissenstechnik im Web 2.0. Bielefeld: transcript.

Schmidt, J., 2009: Das neue Netz. Merkmale, Praktiken und Folgen des Web 2.0. Konstanz, UVK.

Siri, J./ Melchner, M./ Wolff, A.,2012: The Political Network. Parteien und politische Kommunikation auf Facebook. In: Zurawski, N./Schmidt, J. H./Stegbauer, C. (Hg.): Phänomen ,Facebook'. Sonderausgabe von kommunikation@gesellschaft 13 (6). Online verfügbar unter: http://nbn-resolving.de/:nbn:de:0228-201213068 (Stand: Juni 2012).

Stempfhuber, M. 2012: Paargeschichten. Zur performativen Herstellung von Intimität. Wiesbaden, Springer VS.

Turkle, S., 2011: Alone Together: Why We Expect More from Technology and Less from Each Other. New York: Basic Books.

Wagner, E./Stempfhuber, M. (2013): "Disorderly Conduct": On the Unruly Rules of Public Communication in Social Network Sites. Erscheint in: Global Social Networks. A Journal for Transnational Affairs (Special Issue).

Wahnhoff, T., 2011: Wa(h)re Freunde. Wie sich unsere Beziehungen in sozialen Online-Netzwerken verändern. Heidelberg: Spektrum Akademischer Verlag.

Wirz, D., 2012: Markt der Bilder – Bilder des Marktes? Netzwerkanalysen zur Verbreitung von Bildinhalten und Useraktivitäten auf Social Network Sites am Beispiel von festzeit.ch. In: Zurawski, N./ Schmidt, J. H./Stegbauer, C. (Hg.): Phänomen ,Facebook'. Sonderausgabe von kommunikation@gesellschaft 13 (4). Online verfügbar unter: http://nbnresolving. de/nbn:de:0228-201213046. (Stand: Juli 2012).

„Mein Smartphone ist mein Schatz"
Intimität in transnationalen Familien

Heike Greschke

1 Einleitung

Für Denis erfüllte sich unlängst ein Traum. Wie man auf der Website der Skype-Kampagne „stay together" in einem kurzen Video erfahren kann, lebt der Familienvater seit seiner überstürzten Flucht aus dem kriegsgeschüttelten Uganda in Pennsylvania. Von Zuhause hat er nur seine Erinnerungen mitbringen können. An Rückkehr ist nicht zu denken. Das Schlimmste für ihn wäre, für seine Familie ein Fremder zu werden. Dank der kostenlosen IP-Telefonie-Software *Skype* ist es ihm jedoch möglich, tagtäglich mit seiner Familie Zeit zu verbringen, während des Kochens mit seinem Sohn zu lachen und von seiner Frau die neuesten Klatschgeschichten aus seinem Dorf zu hören. So bleibt er in deren Alltag eingebunden und lässt auch sie an seinem neuen Leben teilhaben. Und nun besitzt er sogar ein aktuelles Foto, das ihn im Kreise seiner Lieben zeigt. *Skype* hat auch dies möglich gemacht und überdies dafür gesorgt, dass seine Geschichte öffentlich bekannt wird.

An dieser wohlgemerkt für Werbezwecke in Szene gesetzten Geschichte wird die ein oder andere Dichotomie, in der „virtuelles" dem „realen" Leben gerne gegenübergestellt wird, ad absurdum geführt. So zeigt das Beispiel sehr anschaulich den hohen Grad der Integration von on- und offline-Bereichen des täglichen Lebens. Es sind keine Fremden, sondern die Nächsten, mit denen man über Kontinente hinweg kommuniziert. Es sind keine separaten, vom Boden auf dem man gerade steht, abgetrennten Räume, in denen man sich im Netz bewegt. Vielmehr verhilft das Internet dazu, physisch-lokale Lebenswelten und Alltagsroutinen hier und dort aneinander zu orientieren und sie miteinander zu verschränken. Das zitierte Beispiel ist auch deshalb interessant, weil in ihm das Verhältnis von Virtualität und Materialität nahezu umgekehrt wird. Die Erzeugung eines virtuell geteilten Raums ist hier die Voraussetzung zur Schaffung eines materiellen Objekts. Das „unmögliche" Familienfoto arrangiert materielle mit projizierten Körpern ‚Schulter an Schulter' und lässt sie zu einer hybriden Einheit verschmelzen. Das Foto, das sich Denis schließlich an die Wand über seinem Bett hängt, ist keine Erinnerung an die Familie, die gemeinsam in einem Dorf in Uganda gelebt hat. Es repräsentiert vielmehr die Wirklichkeit einer translokalen Lebensform, die über den virtuellen Raum und seine Zeit hinaus erfahr- und erinnerbar wird.

Ein dritter Aspekt, der in dem Video angesprochen wird und im Hinblick auf die Fragestellung dieses Buches besondere Aufmerksamkeit verdient, betrifft das Verhältnis von Öffentlichkeit und Privatheit im Kontext mediengestützter Formen des „ent-fernten" (Hahn 2009) Zusammenlebens. Auch wenn die wenigsten transnationalen Familien damit rechnen können zu vergleichbarer Berühmtheit zu gelangen wie Denis – allein auf *Youtube* wurde seine Geschichte bereits über 432.000 Mal gesehen – so sind doch jegliche Aktivitäten, die im globalen Kommunikationsnetzwerk stattfinden, prinzipiell reproduzier- und archivierbar und können potentiell weltweit auch von unbeteiligten Dritten beobachtet werden. Für internetbasierte Kommunikation gilt in potenzierter Weise, was Simmel (1908) bereits für den Brief festgestellt hat: sie ist ihrem Wesen nach der Geheimhaltung entgegengesetzt. Nicht nur Verschriftlichung, die technische Fixierung jeglicher Kommunikation stellt eine Objektivierung des Subjektiven dar, die eine potentielle und unbegrenzte Öffentlichkeit miteinschließt. Alles Private, das sich im Internet abspielt, schließt potentiell unbekannte Dritte mit ein. In dem Maße, wie digitale Medien in den Alltag von Familien integriert und zum unabkömmlichen „Teilnehmer" sozialer Beziehungen werden und dabei den geografischen Radius der Beziehungsmöglichkeiten erheblich erweitern, wird Öffentlichkeit zum Wesensmerkmal familialer Praktiken. Dies gilt nicht nur, jedoch in besonderem Maße für transnationale Familien, für die ein „Zusammenleben" ohne Medien unmöglich ist.

Aber ist familiales Zusammenleben über Medien vermittelt überhaupt möglich? Lassen sich geografische Distanz und leibgebundene Kopräsenz mit Medien kompensieren? Wie verändert sich familiale Intimität und das Verhältnis von Privatheit und Öffentlichkeit, wenn Technik zum unentbehrlichen Familienmitglied wird? Im folgenden Beitrag wird das Phänomen ‚transnationale Familie' in seinen empirischen Dimensionen beleuchtet und auf seine strukturellen Konstitutionsbedingungen untersucht. Familie, ob transnational oder monolokal, so wird im zweiten Teil des Beitrags argumentiert, kann als strukturelles Hybrid gelten, das sich im Binnen-, wie im Außenverhältnis zwischen den Polen Privatheit und Öffentlichkeit positioniert. Wie privat bzw. wie öffentlich der momentane Status einer Familie ist, hängt von unterschiedlichen Faktoren ab. Transnationale Familien sind tendenziell dem Pol Öffentlichkeit näher. Das hängt u. a. mit ihrer rechtlichen Verfasstheit zusammen und wird durch den Einzug digitaler Medien in die transnationale Intimsphäre verstärkt. Im dritten Teil des Beitrags soll schließlich die Bedeutung von Intimität in transnationalen Familien an einem besonderen, wenngleich nicht seltenen Fall untersucht werden. Im Fokus stehen hier „doppelte Versorgungsarrangements", in denen sich vorwiegend Migrant*innen* mit der Herausforderung konfrontiert sehen, gleichzeitig *hier* (im ‚fremden' Privathaushalt, in dem sie bezahlte Reproduktionsarbeit verrichten) und *dort* (in der eigenen Familie, mit der sie mittels Medien permanent verbunden sein können) präsent und verfügbar zu sein.

2 Medien im Alltag transnationaler Familien

Zu behaupten, Kommunikationstechnologien seien für transnationale Familien konstitutiv, erscheint schon beinahe trivial; Wissen über solche Formen des Zusammenlebens vorausgesetzt. Lange Zeit war die soziologische (und damit auch die gesellschaftliche) Perspektive auf Migrationsprozesse allerdings auf den jeweiligen nationalstaatlich gerahmten Kontext beschränkt. Grenzüberschreitende soziale Beziehungen und Praktiken wurden dabei systematisch ausgeblendet. So lautet jedenfalls die Kritik der, in den 1990er Jahren aufkommenden „transnationalen" Migrationsforschung (Basch et al. 1994, Smith und Guarnizo 1998, Vertovec 1999, Khagram und Levitt 2008), die in einer Vielzahl empirischer Studien untersucht, wie und mit welchen Praktiken grenzüberschreitender Mobilität Transmigranten und –migrantinnen relativ dauerhafte soziale Strukturen, Räume (Pries 1998) bzw. Felder (Glick-Schiller 2003) zwischen mindestens zwei Nationalstaaten schaffen, in denen sie ihr Leben organisieren.

Dass transnationale Räume und Beziehungen nicht allein auf körperlicher, sondern in entscheidendem Maße auch auf kommunikativer Mobilität beruhen und daher auf Medien angewiesen sind, wird von der Forschung erst allmählich und meist eher zufällig entdeckt. Die transnationale Familienforschung hat vor allem die Frage im Blick, wie grundlegende Reproduktionsaufgaben, neben der finanziellen Unterstützung, allen voran Erziehung, Pflege und Fürsorge über geografische, grenzüberschreitende Entfernung hinweg organisiert werden (Baldassar, Baldock und Wilding 2007, Bernhard, Landolt und Goldring 2008, Karakayali 2010, Parreñas 2005). In der medialen Rahmung wird nun plötzlich explizit, was in monolokalen Familienformen so selbstverständlich ist, dass es nahezu unsichtbar ist: „die gemeinschaftsbildende Rolle alltäglicher Kommunikationszusammenhänge" (Keppler 1994: 9). So kommt eine Reihe von Studien, die im Feld der transnationalen Familienforschung angesiedelt sind und in denen IKTs kein expliziter Fokus sind zu Ergebnissen, die jenen erstaunlich ähnlich sind, die aus Studien der *digital anthropology* (u.a. Miller und Slater 2000, Horst und Miller

2006) resultieren. Letztere konzentriert sich kultur- bzw. ländervergleichend auf die globale Verbreitung und Aneignung von IKTs und gerade nicht primär auf die transnationale Beziehungspflege. Gleichwohl zeigt sich in beiden Forschungsbereichen, dass medial vermittelte Kommunikation im Alltag der untersuchten Gruppen eine immer wichtigere Rolle spielt. So beobachtet Wilding im Rahmen einer Studie zur transnationalen Organisation der Pflege älterer Angehöriger, dass die Frequenz und Dauer transnationaler Telefongespräche „about nothing in particular" (Wilding 2006: 130) in den von ihr interviewten Familien in den 1990er Jahren sprunghaft angestiegen sei. Horst stellt vor dem Hintergrund einer Studie über den Zusammenhang zwischen Armutsbewältigung und der Verbreitung der Mobilfunktechnologie in Jamaica fest: „The availability and ownership of mobile phones has in many ways collapsed the distance between Jamaicans at home and abroad due to their ability to create a sense of involvement in each other's everyday lives. It has also enabled Jamaicans at 'home' to communicate their care and concern for their friends and family 'in foreign'" (Horst 2006: 156).

Miller und Slater (2000) stellen in ihrer Untersuchung der Verbreitung des Internets auf der Insel Trinidad fest, dass die neuen Medien in besonderer Weise dazu geeignet sind, die vielen durch Migration zerrissenen familiären Beziehungen zu reintegrieren. E-Mail und Chatkommunikation erlauben demnach Eltern, am Alltag ihrer Kinder teilzuhaben, bei anstehenden Entscheidungen um Rat gefragt zu werden und so, trotz geografischer Entfernung, ihre Elternrolle auszuüben. Ähnliche Beobachtungen machen Lutz und Palenga-Möllenbeck (2011) in einer vergleichenden Untersuchung transnationaler Betreuungsarrangements polnischer und ukrainischer Migrantinnen. Sie betonen, dass zumindest für polnische Migrantinnen, die in Deutschland als Pflegekräfte arbeiten, „aufgrund der niedrigen Kosten von Auslandstelefongesprächen oder per Internet (z. B. über den Internet-Telefonie-Anbieter Skype) [...] die tägliche Kommunikation mit ihren Familien zum Normalfall geworden [sei]" (Lutz und Palenga-Möllenbeck 2011: 20f). Kommunikationstechnologien werden um so wichtiger, je eingeschränkter die Möglichkeiten der körperlichen transnationalen Mobilität sind, wie Fresnoza-Flot im Vergleich zwischen dokumentierten und undokumentierten filipinischen Migrantinnen in Frankreich beobachtet. Dabei zählt offenbar die Sicherung der wechselseitigen Erreichbarkeit zwischen Müttern und ihren im Herkunftsland verbliebenen Angehörigen zu den Verantwortlichkeiten, die mit transnationaler Mutterschaft verbunden sind: „All respondends have made sure that each member of their family possesses a cellular phone and are usually the ones paying for the cell phone bills of their children by including this amount in their monthly remittance" (Fresnoza-Flot 2009: 260).

Wie der Alltag in solchen Familien aussehen *könnte*, davon erzählt das eingangs erwähnte Skype-Werbevideo „The impossible family portrait". Der Kurzfilm zeigt, wie der Familienvater in Pennsylvania mit seiner Familie in seinem Herkunftsdorf in Uganda während des Kochens über Skype kommuniziert, wie sie gemeinsam lachen und scherzen. Man sieht, wie hier und dort eingekauft und Essen zubereitet wird. Dabei wird die Unterschiedlichkeit der Orte mit der Ähnlichkeit der Handlungen kontrastiert und die Verschränkung von alltäglichen Praktiken im transnationalen medial vermittelten Raum sehr anschaulich, wenn auch idealisiert, zum Ausdruck gebracht. Da wäre zunächst das Problem der zeitlichen Koordination eines gemeinsamen Alltags zwischen zwei Orten, die in verschiedenen Zeitzonen liegen, das im vorliegenden Fall mit einer zeitlichen Differenz von etwa sieben Stunden verbunden sein dürfte. Insbesondere die technischen Bedingungen für den reibungslosen und störungsfreien Ablauf von Videochats unterscheiden sich je nach regionaler und sozio-ökonomischer Position erheblich. Zwar hat sich die Zahl der Internetanschlüsse zwischen 2001 und 2011 weltweit um 528 Prozent vervielfacht, aber es verfügt eben doch lediglich ein Drittel der Weltbevölkerung über einen Zugang zum Internet (Miniwatts 2012). Selbst wenn, wie verschiedentlich zu lesen ist, die Angehörigen im Herkunftsland mit den notwendigen Geräten ausgestattet werden und sich die erforderlichen Medienkompetenzen aneignen (Greschke 2009, Fresnoza-Flot 2009), Migrationsfamilien mithin überproportional in diesem an globale Kommunikation angeschlossenen Drittel der Weltbevölkerung vertreten sein mögen, steht und fällt eine videobasierte Kommunikation in Echtzeit mit dem Fassungsvermögen, der Bodenbeschaffenheit und dem momentanen Aufkommen auf der Datenautobahn, über die man seine Botschaften und Bilder gerade verschickt.

Von all diesen erwartbaren Problemen sieht man in dem Video freilich nichts. Die Darstellung orientiert sich vielmehr am Idealtypus der leibgebundenen Ko-präsenz und suggeriert deren perfekte Imitation. Und auch die transnationale Familienforschung begnügt sich meist mit der Feststellung, dass die Pflege familialer Beziehungen durch digitale Technologien erheblich erleichtert wird, sofern diese verfügbar sind und störungsfrei funktionieren. Die transnationale Migrations-forschung folgt so den Aspirationen der IT-Unternehmen, die das Potential ihrer Produkte als *Vermittler* sozialer Prozesse feiern, während sie deren strukturelle und semantische *Eigenmacht* in sozialer Interaktion negieren. Unbeachtet bleibt dabei die soziologisch interessante Frage, wie die mediale Rahmung (inklusive ihres Störungspotentials) das Familienleben auf Distanz beeinflusst. Hier wären gerade die Diskrepanzen zwischen idealer und faktischer Kommunikation, die kreativen Weisen, durch die der potentielle „Störenfried" Technik in familiale Gefüge integriert wird, ebenso aufschlussreich, wie die Rückkopplungen sozialer Aneignung an Prozesse technologischer Innovation.

3   Medienentwicklung und soziale Aneignung in Migrationskontext: Eine techno-soziale Evolutionsgeschichte

Die evolutionäre Verwobenheit zwischen technologischer Entwicklung und sozialer Aneignung von Kommunikationsmedien tritt im Fall transnationaler Familien besonders markant zu Tage. Das wird deutlich, wenn man verschiedene historische Migrationsphasen im Kontext ihrer technologischen Möglichkeiten betrachtet. Bereits klassische Studien der Chicagoer School (Thomas & Znaniecki 1958 [1918-20]); Park 1970 [1922]), weisen ebenso wie einige historische Migrationsstudien (Elliot et al. 2006; Fitzgerald & Lambkin 2008: 195f.) auf die essentielle Bedeutung hin, die Medien lange vor dem digitalen Zeitalter gespielt haben. Aus den genannten Studien lässt sich gar schlussfolgern, dass Migration gleichermaßen eine mediale Sozialisation mit sich bringt. Thomas und Znaniecki untersuchen anhand brieflicher Kommunikation, wie sich das Verhältnis zwischen jungen Polen, die in die US-amerikanischen Städte migrieren und ihren im Herkunftsland verbliebenen Familien. Sie stellen fest, dass die von ihnen untersuchten, meist aus bäuerlichen Verhältnissen stammenden Personen in der Migrationssituation das Briefeschreiben, im Vergleich zu vorher exzessiv betreiben, obwohl ihnen das Lesen und Schreiben meist schwer fällt (vgl. auch Park 1970 [1922]).

Betrachtet man nun die historische Entwicklung und Ausdifferenzierung von Kommunikationstechnologien im Zusammenhang mit ihrer sozialen Aneignung in Migrationskontexten, so zeigt sich darüber hinaus, dass Technologie und Sozialität in engen Wechselwirkungen zueinander stehen, die man als techno-soziale Evolution bezeichnen könnte. So sehen bereits Thomas und Znaniecki die primäre soziale Funktion der von ihnen untersuchten Briefe im Erhalt der wechselseitigen Solidarität trotz Trennung: „every letter, in other words, whatever else it may be, is a bowing letter, a manifestation of solidarity" (1958 [1918-20]: 304). Zudem geben ihre Studien Hinweise darauf, dass schon mit dem Medium Brief die Entkopplung von körperlicher und sozialer Nähe befördert und soziale Anwesenheit zur Herstellungsleistung wird. Sie zeigen, wie bestimmte Muster in der brieflichen Kommunikation die physische Präsenz des migrierten Angehörigen bei familiären Ereignissen kompensieren. Der „zeremonielle Brief" gilt etwa als Substitut für die physische Anwesenheit des migrierten Angehörigen, die bei Familienfesten normalerweise erwartet wird. Der „literarische Brief" hingegen substituiert nicht nur das lokal übliche gemeinsame Musizieren oder Rezitieren von Gedichten zu festlichen Anlässen und informellen Treffen. Diese Briefe unterscheiden sich von den anderen insbesondere dadurch, dass sie zu entsprechenden Gelegenheiten öffentlich verlesen werden. Mit Hilfe des Schriftmediums Brief „transzendiert [der Absender] seine Reichweite räumlich und zeitlich" (Ayaß 2010: 289) und stellt eine Verbindung zu sozialen Situationen her, „die sich nicht in unmittelbarer Reichweite des Schreibenden befinden (Ayaß 2010: 288). Durch die spezifische Art der Rezeption wird darüber hinaus – lange vor der Verfügbarkeit von Kassetten, Videos und anderen multimedialen Speichermedien – ein geringer Grad an (performativer) Anwesenheit des geografisch entfernten Teils der Familie hergestellt (vgl. auch Milne 2010).

Die Gattung „literarischer Brief" der polnischen Migrationsfamilien Anfang des 20ten Jahrhunderts findet sein digitales Pendant in der „virtuellen Geburtstagsfeier" einer zeitgenössischen paraguayischen Migrationsgemeinschaft, die ich im Rahmen einer früheren Studie analysiert habe (Greschke 2009). Das eigentümliche an dieser Gemeinschaft ist, dass die meisten, über den Globus verstreuten Mitglieder sich vor ihrer Begegnung in einem öffentlichen Diskussionsforum weder persönlich kannten, noch familiale Verbindungen zueinander gehabt hätten. Die einzigen Gemeinsamkeiten die sie zueinander führten, waren nationale Herkunft, Sprache und Zugang zum Internet. Dennoch bildete sich im Verlauf der Zeit eine familienähnliche Gemeinschaft heraus, deren Mitglieder einen gemeinsamen Alltag pflegten, Anteil aneinander nahmen, sich in Not zur Seite standen und eben auch zusammen Geburtstag feierten. In besagtem Fall hat die in Paraguay ansässige Gruppe ein Fest für ein in die USA migriertes Mitglied veranstaltet. Dabei wurden die Geschehnisse (inklusive Anschneiden der Geburtstagstorte und telefonisches Übermitteln von Geburtstagsgrüßen) sequentiell auf Fotos festgehalten und unmittelbar im Anschluss an die Feier im Online-Forum der Gruppe veröffentlicht. Die eigentliche Geburtstagsfeier, an der sich sowohl die Beglückwünschte als auch die übrigen, außer Landes lebenden Mitglieder beteiligten, fand dann allerdings erst im Forum statt. Die Fotos bildeten gewissermaßen den phänomenologischen Stoff, mit dem das virtuelle Ereignis ausgekleidet wurde (Greschke 2009: 123ff).

Im Vergleich mit dem „literarischen Brief" der polnischen Bauern fällt eine Gemeinsamkeit auf: Sowohl die Briefeverleser als auch die Geburtstagsgäste leihen dem abwesenden Teil der Gemeinschaft ihre Körper. Der evolutionäre Fortschritt bezieht sich hier vor allem auf den Grad der Multimodalität der Kommunikation und ihrer raum-zeitlichen Kompression. Der wesentliche Unterschied zwischen briefbasierten und digitalen Praktiken der Herstellung von Anwesenheit liegt hingegen in der Umkehrung des Verhältnisses zwischen leibgebundener Interaktion und ihrer medialen Rahmung. Während die literarischen Briefe für die Zusammenkünfte geschrieben werden, die Referenz also das ohnehin stattfindende physisch-lokal situierte Ereignis ist, wird das Treffen in Paraguay allein durch die Möglichkeit seiner nachträglichen Medialisierung motiviert.

Auch Madianou und Miller (2011) untersuchen den Wandel medialer Praktiken in Migrationskontexten am Beispiel der Migrationsbiografien philippinischer Einwanderinnen in Cambridge und ihrer im Herkunftsland verbliebenen Kinder. Mit ihrem historisierenden expliziten Fokus auf die medialen Praktiken von Migrationsfamilien gelingt es den Autor_innen, den Prozess der Ausdifferenzierung von Kommunikationstechnologien in „polymediale" Kontexte der Beziehungsgestaltung zu rekonstruieren. Die Kommunikation der untersuchten Familien war vor Anbruch des digitalen Zeitalters weitgehend auf Briefe, Kassetten und Geschenksendungen beschränkt. Telefonate waren aufgrund der hohen Kosten nur zu besonderen Gelegenheiten möglich. Mit der Einführung von kostengünstigen Prepaid-Cards und später von Mobilfunk und Internet weitete sich das Angebot an kommunikativen Mitteln drastisch aus. Den Autor_innen zufolge erschließt sich die soziale Bedeutung eines Mediums nicht zuletzt aus seiner Abgrenzung von anderen, gleichermaßen verfügbaren Medien. „An email is not just an email; it is its differences from a voice call or a text that partly makes it what it is" (Madianou und Miller 2011: 137). Das Aufkommen neuer Medien erweitert also nicht nur das Repertoire an verfügbaren kommunikativen Mitteln, auch die Bedeutung der bisher verfügbaren Medien verändert sich im Lichte des technologischen Fortschritts. Die Möglichkeit zwischen verschiedenen Medien zu wählen die Verschiedenes können und diese zu kombinieren, erfordert folglich die Aushandlung geteilter Nutzungskonventionen (Gershon 2010). Gleichzeitig erhöht sich die Chance, komplexe Beziehungen in geografischer Distanz auch dauerhaft zu unterhalten, nicht zuletzt weil die Ausdrucksmöglichkeiten sich mit den verfügbaren Medien erweitern.

Auch wenn die Auswahl an verfügbaren Medien und die Intensität und Dichte der Kommunikation im Laufe der Medien- und Migrationsgeschichte stark zugenommen hat, so hat sich die Bedeutung, die Medien in transnationalen Familien haben, nicht grundlegend verändert. Im Vergleich der medialen Praktiken die sich im Zuge der Ausdifferenzierung vom Brief bis hin zu digitalen und „polymedialen" Kommunikationsumgebungen entwickeln, deutet sich vielmehr an, dass ein wesentlicher Aspekt des Gebrauchs von Medien in Migrationskontexten in der Perfektionierung von Techniken und Praktiken der Herstellung von Präsenz und sozialer Nähe bei räumlicher Trennung besteht. Im Zuge dieser techno-sozialen Evolution verändert sich das Raum-Zeit-Gefüge in dem sich transnationales Familienleben abspielt in drastischer Weise. Es bringt geteilte Anwesenheiten hervor (Greschke 2009: 182ff) und lässt soziale Situationen überlappen, die sich in verschiedenen physisch-lokalen Settings gleichzeitig abspielen. Man kann hier und dort intim sein, ist aber mit der Herausforderung konfrontiert, in allen Situationen, an denen man zur selben Zeit teilnimmt, angemessen zu agieren. Doch was heißt eigentlich ‚intim sein' in Familien? Um einschätzen zu können, was Intimität in transnationalen durch Medien vermittelten Beziehungen (anderes) bedeutet, muss zunächst einmal der Intimitätsbegriff im Hinblick auf seine ‚Familientauglichkeit' diskutiert werden.

4   Intimität in Familien? Triadische Beziehungen zwischen privat und öffentlich

Wenn, wie Giddens herausstellt, „intimacy is built through a dialogue of mutual self disclosure between equals" (1992, zitiert nach Jamieson 2011: Abs. 1.5) und der Kern einer intimen Beziehung in etwas liegt, was die Beteiligten „nur miteinander aber mit niemand außerhalb dieser Gemeinschaft teilen" (Simmel 1993 [1908]: 351) ist Intimität in Familien auch ohne Internetanschluss in mindestens zweifacher Hinsicht eine prekäre Angelegenheit. Zum einen kann Familie soziologisch als Hybrid gelten, da sie sich im Spannungsfeld von Privatheit und Öffentlichkeit konstituiert. Als gesellschaftliche Institution mit Reproduktions- und Sozialisationsaufgaben wird die Familie zwar der privaten Sphäre zugeordnet und genießt in den meisten Ländern den besonderen Schutz der staatlichen Ordnung. So heißt es im Grundgesetz der Bundesrepublik Deutschland: „Ehe und Familie stehen unter dem besonderen Schutz der staatlichen Ordnung" (Art. 6, Abs. 1). Auch in der *Allgemeinen Erklärung der Menschenrechte* ist dieser Schutzauftrag des Staates gegenüber der Institution Familie in ähnlichem Wortlaut zu finden. Gleichzeitig ist Familie jedoch prinzipiell dem Zugriff des Staates ausgesetzt, der darüber wacht, dass Eltern ihre Pflege- und Erziehungsaufgaben erwartungsgemäß erfüllen. Diese Ambivalenz des staatlichen Auftrags, der Familie einerseits schützend und andererseits kontrollierend gegenüberzustehen, ist bereits in der Formulierung des Grundgesetzes angelegt. So wird „die Pflege und Erziehung der Kinder" als das „natürliche Recht der Eltern und die zuvörderst ihnen obliegende Pflicht" angesehen. Dem Staat wird jedoch die Kontrolle über die Ausübung der elterlichen Pflichten zugewiesen: „Über ihre Betätigung wacht die staatliche Gemeinschaft" (Art. 6, Abs. 2).

Migrationsfamilien sind tendenziell dem staatlichen Zugriff stärker ausgesetzt als andere, da abhängig von ihrem Aufenthaltsstatus, neben den staatlichen Institutionen des Kinder- und Jugendschutzes auch die jeweilige Ausländergesetzgebung mit ihren exekutiven Organen in die private Lebensführung eingreifen kann. Intimität in Familien, insbesondere in Migrationsfamilien spielt sich mithin nur vordergründig im familialen Binnenverhältnis ab und ist grundsätzlich geprägt von der latenten Figur eines mächtigen Dritten, demgegenüber im Zweifelsfall Geheimnisse offenbart und familiale Praktiken legitimiert werden müssen.

Auch im familialen Binnenverhältnis ist Intimität im Sinne einer „Gesellschaft zu zweien", in der man sich nur dem anderen, nicht aber „einer über ihn hinausreichenden Kollektiveinheit gegenüber" sieht (Simmel 1993 [1908]: 349), ein umkämpftes Terrain. Die Gesellschaft zu Zweien, die gegenseitige Selbstoffenbarung unter Gleichen, bedarf der temporären Exklusion der übrigen Familienmitglieder und muss entsprechend mit diesen ausgehandelt werden. Familien(kulturen) entwickeln sich zumindest in der modernen bürgerlichen Familie auf der Basis triadischer Beziehungen, allen voran die ‚Mutter-Vater-Kind-Triade', der für die kindliche Entwicklung und die Etablierung gemeinsamer Normen und Werte grundlegende Bedeutung beigemessen wird (vgl. u. a. Hurrelmann 2002, Gildemeister und Robert 2008). Der Kampf um das Recht auf die eigene Intimsphäre und das angemessene Balancieren von Nähe und Distanz zwischen den Polen Individualität und Gemeinschaft ist für alle Beteiligten gleichermaßen – Eltern, wie Heranwachsende – eine Herausforderung.

Im Binnenverhältnis ist Intimität also Gegenstand permanenter Aushandlung und Abgrenzung zwischen den Familienmitgliedern, während die Familie als exklusive Gemeinschaft ihre Intimität in Abgrenzung nach Außen, insbesondere gegenüber eingriffsberechtigten staatlichen Institutionen behaupten muss. Insbesondere die Funktionalität des Geheimhaltens als Element der Intimität in (Migrations) Familien erhält vor diesem Hintergrund eine besondere Note. So ließe sich fragen, inwieweit die Privatisierung von Familienangelegenheiten historisch und kulturell in Zusammenhang mit der Rolle des Staates gegenüber Familien zusammenhängt. Entsprechend müssten insbesondere bei Migrationsfamilien die kulturell und sozial gerahmten ‚emischen' Familienkonzepte die maßgebliche Referenz sein, um einem möglichen, durch Medien indizierten Wandel von Intimität auf die Spur kommen zu können. Jamieson (2011) kritisiert Intimitätskonzepte, die von einem westlich geprägten Individualitätsbegriff ausgehen und einseitig auf Praktiken der Selbstoffenbarung und Selbsterzählung fokussieren. Sie schlägt stattdessen einen praxeologischen, breiter gefassten Intimitätsbegriff vor: „‚Practices of intimacy' refer to practices which enable, generate and sustain a subjective sense of closeness and being attuned and special for each other" (Jamieson 2011: Abs. 1.2). Intimität wird hier als ein Set diverser auf Reziprozität angelegter Praktiken, wie ‚einander geben', ‚miteinander teilen', ‚gemeinsam Zeit verbringen', ‚einander kennen', ‚praktisch füreinander sorgen', ‚sich aneinander gebunden fühlen' und ‚Gefühle füreinander zum Ausdruck bringen' verstanden.

5 Intimität in doppelten Versorgungsarrangements

Im Folgenden soll nun der besondere, wenn auch nicht seltene Fall des doppelten Versorgungsarrangements auf seine intimen Praktiken hin untersucht werden. Es handelt sich um eine gegenwärtig sehr prominente Migrationspraxis, in der vornehmlich weibliche Migrant_innen in Privathaushalten mit Reproduktionsaufgaben, u. a. mit der Pflege älterer oder kranker Menschen betraut sind. Die Pflegekräfte leben häufig im sogenannten ‚Live-in-Modell' in den Haushalten ihrer Arbeitgeber_innen und sind gleichzeitig über einen (mobilen) Internetzugang für ihre Familien im Herkunftsland permanent erreichbar. Diese transnationalen Pflegeverhältnisse sind in Grenzregionen mit Wohlstandsgefälle, wie etwa Argentinien-Paraguay, USA-Mexico, Deutschland-Polen häufig mit „Pendelmigration" (Morokvasic 1994) verbunden und in einem Wechselmodell organisiert. Das heißt mindestens zwei Pflegekräfte wechseln sich in regelmäßigen zeitlichen Intervallen ab, so dass die Frauen z. B. drei Monate im Dienst und die folgenden drei Monate zuhause bei ihren Familien sind.

Das besondere an diesen Arrangements ist, dass sich in ihnen gewissermaßen zwei intime Situationen praktisch überlappen, die sich in ihrer sozialen Bedeutung stark voneinander unterscheiden. Die Pflegekraft-Klient_in-Beziehung ist als professionelle gerahmt, die nicht auf Reziprozität angelegt ist und umfasst nur ein reduziertes Set an intimen Praktiken. Von der Pflegekraft kann erwartet werden, dass sie gemäß der vertraglichen Vereinbarung Zeit mit dem/der Klient_in verbringt und ihn/sie versorgt und pflegt. Vom Klienten/der Klientin kann im Gegenzug erwartet werden, dass er/sie die Pflegekraft vereinbarungsgemäß für ihre Leistungen bezahlt. Zuneigung oder gar Liebe ist nicht Teil des Vertrags und darf es auch nicht sein. In Familien, insbesondere in der Eltern-Kind-Beziehung wird Liebe und wechselseitige Verbundenheit hingegen gemeinhin vorausgesetzt. Geld spielt auch in der transnationalen Familienbeziehung eine wichtige, der Pflegebeziehung allerdings konträr entgegengesetzte Rolle. Die besseren Verdienstmöglichkeiten sind einer der Gründe, warum sich Familien überhaupt auf die Migration und die damit verbundene (temporäre) Trennung einlassen. Während sich also der/die Klient_in das Zusammenleben mit der Pflegeperson erkauft, bezahlt die Familie für ihre ökonomische Besserstellung mit der temporären Abwesenheit der Mutter. Diese Übereinkunft, so nüchtern betrachtet, enthält bereits ein beachtliches Konfliktpotential auf beiden Seiten. Denn wie Jamieson betont, wird das Verhältnis von Liebe zu Intimität besonders dort deutlich, wo sie konzeptionell voneinander getrennt sind: „Relationships between clients and professional carers … can involve practices of intimacy … without love. Codes of practice mark such relationships as professional or commercial rather than personal but the absence of love, an aspect

of this distinction, is often subverted, obfuscated or experienced as problematic"
(Jamieson 2011: Abs. 3.4). Es mag daher weder Zufall noch allein einer gemeinsamen „Genderidentität" geschuldet sein, dass transnationale Arbeitsverhältnisse in privaten Haushalten häufig den Charakter einer Freundschaft oder sogar Familienbeziehung bekommen (Lutz 2008) und dass aus Pflegeverhältnissen manchmal sogar Ehen entstehen.

Mit der vertraglich vereinbarten Verfügbarkeit als Pflegekraft und der gleichzeitig technologisch möglichen rund-um-die-Uhr-Erreichbarkeit als Mutter verbinden sich soziale Erwartungen, die praktisch bewältigt werden müssen. Die Pflegekraft-Mutter muss sich im wahrsten Sinne des Wortes teilen, um den Ansprüchen an exklusiver Zuwendung auf beiden Seiten gerecht zu werden. Einige Beobachtungen in einer laufenden empirischen Studie weisen darauf hin, dass dies tatsächlich ein ungelöstes Problem, mindestens aber ein wiederholt diskutiertes Thema in Online-Foren ist, in denen sich transnationale Pflegekräfte austauschen (Motowidlo 2013). Die Verheißungen des technologischen Fortschritts, die durch IT-Unternehmen propagiert werden und in transnationalen Familien soziale Erwartungen schüren, schränken gleichzeitig die Möglichkeiten exklusiver Zuwendung in ‚Gesellschaft zu Zweien' ein. Man ist eben tendenziell nur halb anwesend, während einem gleichzeitig jemand über die Schulter schaut.

In medialen Kontexten ist Zweisamkeit in ihrer reinen Form ohnehin nicht möglich: Es gibt immer einen Dritten: die Technik, die nicht nur Interaktion zwischen menschlichen Akteuren ermöglicht, sondern auch selbst Teil dieser Interaktion ist. Besonders deutlich tritt sie bei Störungen des Kommunikationsablaufs zum Vorschein. Auch wenn man sich bei reibungsloser Übertragung der Illusion hinzugeben vermag, man sei ungestört, in Situationen, in denen das Bild plötzlich hängt, oder ein Rauschen an die Stelle des vertrauten Flüstern tritt, werden die Kommunikationspartner gezwungen, auf den Dritten im Bunde Bezug zu nehmen. Dieser Dritte hat zudem gewisse Eigenschaften, wie Archivierungs- und Verbreitungsfunktionen, die dem Intimitätserleben grundsätzlich entgegenstehen. Konstitutiv für eine intime Situation ist ihre Flüchtigkeit, nur so kann gewährleistet werden, dass das Erlebte auf diesen Moment und die an ihm Beteiligten beschränkt bleibt. Wenn es strukturell möglich ist, solche Situationen zu fixieren, d. h. sie von ihrer Raum-, Zeit- und Personengebundenheit zu lösen, sie reproduzierbar und anderen zugänglich zu machen, verändert diese Möglichkeit, selbst wenn von ihr gar kein Gebrauch gemacht wird, das Wesen der Intimität in entscheidender Weise. Denn, sofern den Teilnehmenden diese Möglichkeit bewusst ist, wird sie auch antizipiert. Man adressiert nun nicht mehr nur das vertraute und bekannte Gegenüber, sondern potentiell einen in zeitlicher und räumlicher Hinsicht unbegrenzten und unbekannten Kreis an Personen. Insofern ist die freiwillige Selbstveröffentlichung auf sozialen Netzwerkseiten, die in medienpädagogischen Diskursen sorgenvolle Töne hervorruft (Lit.), eigentlich nur als konsequente Flucht nach vorn zu verstehen.

6   Ausblick

Kommunikationstools, mit denen sich in privaten, wie in Arbeitskontexten, kurze wie weite geografische Distanzen überbrücken lassen, erfreuen sich wachsender Beliebtheit. Skype ist vermutlich das meistgenutzte unter ihnen. Am 8. August 2013, während ich diese Zeilen schreibe, sind laut unternehmenseigener Angaben außer mir weltweit 52.268.958 Mio. weitere Skype-User gerade online. Wir wissen freilich nicht, wer von diesen Nutzer_innen gerade auf welche Weise mit wem kommuniziert, ob es sich dabei um Alltags- oder aufgabenorientierte Kommunikation handelt, welche Daten über welche Entfernungen ausgetauscht, wie häufig Statusanzeigen verändert werden oder wer sich mit wem gerade zur Videokonferenz trifft. Der überwiegende Anteil der Nutzer_innen wird vermutlich, so wie ich, weniger Zeit aktiv kommunizieren, als nur ‚eingeloggt', d. h. innerhalb seines/ihres persönlichen Netzwerkes potentiell erreichbar und wahrnehmbar sein. *Skype* gehört damit, ähnlich wie komplexere *social network sites*, wie *Facebook* und *Microblogging*-Plattformen, wie *Twitter*, zu den Kommunikationstechnologien, die im Zusammenhang mit der Emergenz einer neuen Form elektronisch erzeugter Nähe diskutiert werden, die Clive Thompson mit dem Begriff „ambient intimacy" (2004: 21) umschreibt. Hierbei handelt es sich um eine Form der Intimität, bei der körperliche Kopräsenz nicht die Voraussetzung für die Herstellung einer intersubjektiv geteilten Lebenswelt ist, die jedoch ein erhebliches Mehr an kommunikativer Arbeit bedarf, da der gemeinsame lebensweltliche Kontext in all seinen materiellen und leiblichen Aspekten in Zeichen übersetzt werden muss, um vom Gegenüber wahrgenommen werden zu können. Das Wissen darüber, ob der/die Andere gerade einen Kaffee trinkt, seinen/ihren Schlüssel sucht, sich über einen Film aufregt oder sich an der Nase kratzt ist für eine intime Beziehung unter der Bedingung von Kopräsenz zwar inhaltlich banal, aber strukturell konstitutiv. Die kleinen Nebensächlichkeiten des Alltags, die man sich permanent mitteilt, verschwinden – dank der Flüchtigkeit des gesprochenen Wortes – im Moment des Sagens wieder aus dem Bewusstsein. Man würde es kaum schriftlich fixieren. In medial vermittelten Intimitätsbeziehung muss jedoch jede Geste, jede alltägliche Handlung, jeder noch so nebensächliche Kommentar schriftlich festgehalten werden, um übermittelt werden zu können und rückt dabei die Banalität des Alltags ins Bewusstsein. Die unendliche Anzahl an kleinen Botschaften, die tagtäglich per SMS, *Twitter, Facebook, Skype* und anderer Kommunikationskanäle über die Datenautobahnen jagen, schaffen ein „Umgebungsbewusstsein", das die Grenzen zwischen öffentlichen und privaten Sphären des sozialen Lebens transzendiert.

Ein nicht unerheblicher Teil des Kommunikationsaufkommens im globalen Netz verbindet Familienangehörige, die durch geografische Distanz und staatliche Grenzen getrennt leben und macht sie zu transnationalen Familien. Mit der Nutzung digitaler Medien die Vernetzungs-, Verräumlichungs- und Kommunikationsfunktionen miteinander verbinden, gerät der Kern der Familienbeziehung in eine Sphäre potentieller Öffentlichkeit, wird die familiale Intimität ihrer Flüchtigkeit und Privatheit beraubt und das subjektive Erleben objektiviert. In doppelten Versorgungsarrangements wird transnationales Familienleben mit professionellen Pflegebeziehungen verschränkt. Dabei berühren sich zwei intime Situationen, die sozial sehr unterschiedliches bedeuten. Wie diese Überlappung professioneller und familialer Praktiken der Intimität von den Akteur_innen bewältigt werden und wie sie das jeweilige Intimitätskonzept verändern, konnte hier nur skizziert werden und bedarf näherer empirischer Untersuchung.

Digitale Kommunikationstechnologien unterstützen nicht nur die Bemühungen, Familie in geografischer Distanz aufrechtzuerhalten. Mit ihnen wird die Institution Familie zur reflexiven Projektionsfläche für die Aushandlung gesellschaftlicher und individueller Erwartungen im Hinblick auf die Frage was Familie ist, was sie sein soll und darf bzw. sein kann: In Anbetracht des Potentials elektronischer Medien abwesende Familienmitglieder im Alltag einbinden bzw. permanent in Kontakt halten zu können, muss die Frage, wer gehört dazu und hat welche Aufgaben bzw. Verantwortung ebenso neu verhandelt werden, wie Grenzen und Nähe-Distanz-Verhältnisse neu bestimmt werden müssen. Im Zuge der Ausdifferenzierung und permanenten Weiterentwicklung von Medienformaten werden Erwerb und Vermittlung von Medienkompetenzen zur Kernaufgabe in Familien. Die Aushandlung sozialer Konventionen der Mediennutzung wird selbstverständlicher Teil einer jeden Familienkultur. Schließlich werden im Kontext von Mediennutzung Praktiken des *doing family* fixier- und explizierbar und damit für die wissenschaftliche Analyse, wie für die Selbstreflexion offenbar, die in der Flüchtigkeit und Implizitheit des unvermittelten Familienalltags viel schwieriger aufzuspüren sind. Es sind daher nicht Zufall, sondern die gegenwärtigen technologischen „Möglichkeits- und Rahmenbedingungen, unter denen die Sozialforschung stattfindet" (Ziegaus 2009: 21), die erklären, warum die techno-sozialen Praktiken des *doing family* überhaupt in den Interessenfokus der Forschung geraten. Es bleibt zu untersuchen, inwieweit sich die Position der gesellschaftlichen Institution Familie, vor allem im transnationalen Kontext, im Zuge ihrer fortschreitenden Digitalisierung in Richtung Öffentlichkeit verschiebt, dabei verstärkt der (antizipierten)

Beobachtung (staatlicher Autoritäten) ausgesetzt sieht und wie dies wiederum das Intimitätsverständnis und die familialen Praktiken der Akteure weiter beeinflusst. Die Sozialwissenschaft muss sich dabei selbstkritisch fragen, welchen Beitrag sie dabei leistet. Welche Rolle nimmt langfristig die Technik in der transnationalen Familie ein? Bleibt das Smartphone der „Schatz" der intime Praktiken nicht nur symbolisiert, sondern auch aufbewahrt? Oder wird es zunehmend zur Bürde und Bedrohung für die persönliche und familiale Privatsphäre?

Literatur

Ayaß, R., 2011: Mediale Strukturen der Lebenswelt. S.285-308 in: Staudigl, M. (Hrsg.), Alfred Schütz und die Hermeneutik, Konstanz: UVK.

Baldassar, L., C. V. Baldock & R. Wilding, 2007: Families caring across borders. Migration, ageing and transnational caregiving. Houndmills [u. a.]: Palgrave Macmillan.

Basch, Linda, et al., 1994: Nations Unbound: Transnational Projects, Postcolonial Predicaments, and Deterritorialized Nation-States, Amsterdam: Gordon & Breach.

Bernhard, J.K., P. Landolt und L. Goldring, 2009: Transnationalizing Families: Canadian Immigration Policy and the Spatial Fragmentation of Care-giving among Latin American Newcomers. Internation Migration, Vol. 7(2), [doi:10.1111/j.1468-2435.2008.00479.x].

Elliot, B.S., D.A. Gerber & S. M. Sinke (Hrsg.), 2006: Letters across Borders. The Epistolary Practices of International Migrants. New York [u. a.]: Palgrave Macmillan.

Fitzgerald, P. & B. Lambkin, 2008: Migration in Irish Histroy, 1607-2007. New York [u. a.]: Palgrave Macmillan.

Fresnoza-Flot A., 2009: Migration Status and Transnational Mothering: the Case of Filipino Migrants in France. Global Networks 2: 252-270.

Gershon, I., 2010: The Breakup 2.0. Disconnecting over New Media. New York: Cornell University Press.

Gildemeister, R. und G. Robert, 2008: Geschlechterdifferenzierungen inlebenszeitlicher Perspektive: Interaktion – Institutoin – Biografie. Wiesbaden: Verlag für Sozialwissenschaften.

Glick-Schiller, Nina, 2003, The Centrality of Ethnography in the Study of Transnational Migration: Seeing the Wetlands Instead of the Swamp, in: Foner, Nancy (Hrsg.), American Arrivals: Anthropology Engages the New Immigration, Santa Fe: School of American Research Press, Kapitel 4.

Greschke, H., 2009: Daheim in www.cibervalle.com. Zusammenleben im medialen Alltag der Migration. Stuttgart: Lucius&Lucius.

Greschke, H., 2012: Wie ist globales Zusammenleben möglich? Die Transnationalisierung dei unmittelbaren sozialen Beziehungen und ihre methodologische Reflexion. In: Soeffner, H.G. (Hg.), Transnationale Vergeselschaftungen. Verhandlungen des 35. Kongresses der Deutschen Gesellschaft für Soziologie in Frankfurt a. M. 2010, Band 1, S. 371-383.

Greschke, H., Klingler, B. Messmer, H. (2010): Praxis im Modellprogramm – Fallstudien zum Hilfeplangespräch. In: Albus, S. et al.: Wirkungsorientierte Jugendhilfe. Abschlussbericht der Evaluation des Bundesmodellprogramms „Qualifizierung der Hilfen zur Erziehung

durch wirkungsorientierte Ausgestaltung der Leistungs-, Entgelt- und Qualitätsverein-
barungen nach §§ 78a ff SGB VIII. Waxmann, S. 62-104.

Hahn, C., 2009: Ent-fernte Kommunikation: Zur Soziologie fortgeschrittener Medienkulturen. Konstanz: UVK.

Horst, H., 2006: The Blessings and Burdens of Communication: Cell Phones in Jamaican
Transnational Social Fields. Global Networks 6(2): 143-159.

Horst H.A. & D. Miller, 2006: The Cell Phone. An Anthropology of Communication. Oxford
[u. a.]: Berg.

Hurrelmann, K., 2002: Einführung in die Sozialisationstheorie. 8. Auflage. Weinheim/
Basel: Beltz.

Jamieson, L. 2011: Intimacy as a Concept: Explaining Social Change in the Context of
Globalisation or Another Form of Ethnocentricism? Sociological Research Online,
16(4), Art 15. Online-Zugriff: http://www.socresonline.org.uk/16/4/15.html [02.12.2011].

Karakayali, J., 2010: Transnational Haushalten. Biografische Interviews mit care workers
aus Osteuropa. Wiesbaden: Verlag für Sozialwissenschaften.

Kasakos, G., 1980: Familienfürsorge zwischen Beratung und Zwang. Analysen und Beispiele.
München: Juventa.

Keppler, A. (1994): Tischgespräche. Über Formen kommunikativer Vergemeinschaftung am
Beispiel der Konversation in Familien. Frankfurt a. M.: Suhrkamp.

Khagram, Sanjeev und Peggy Levitt (Hrsg.), 2008: The Transnational Studies Reader. In-
tersections and Innovations, New York [u. a.]: Routledge.

Licoppe, C. und J. Morel, 2012: Video-in-Interaction: „Talking Heads" and the Multimodal
Organization of Mobile and Skype Video Calls. Research on Language & Social Interaction, 45(4): 399-429.

Lutz, H., 2008: Vom Weltmarkt in den Privathaushalt. Opladen [u. a.]: Budrich.

Lutz, H. & E. Palenga-Möllenbeck, 2011: Das Care-Chain-Konzept auf dem Prüfstand.
Eine Fallstudie der transnationalen Care-Arrangements polnischer und ukrainischer
Migrantinnen. Gender. Zeitschrift für Geschlecht, Kultur und Gesellschaft 1: 9-27.

Madianou, M. & D. Miller, 2011: Migration and New Media. Transnational Families and
Polymedia. London & New York: Routledge.

Miller, D., & D. Slater, 2000: The Internet – An Ethnographic Approach, Oxford [u. a.]: Berg

Milne, Esther (2010): Letters, Postcards, Email. Technologies of Presence. London: Rout-
ledgeResearch in Cultural and Media Studies.

Miniwatts Marketing Group, 2012: Internet World Stats: http://www.internetworldstats.
com/stats.htm [letzter Zugriff am 07.03.2012].

Morokvasic, M., 1994: Pendeln statt auswandern. Das Beispiel der Polen. In: Morokvasic,
M./Rudolph, H. (Hg): Wanderungsraum Europa. Menschen und Grenzen in Bewegung.
Berlin: Ed. Sigma,166-187.

Motowidlo, Jagoda, 2013: „…und aus dem Gespräch mit meiner Tochter ist nichts geworden." Geteilte Aufmerksamkeit in translokalen Situationen doppelter Versorgungsarrangements. Vortrag präsentiert im Rahmen der Frühjahrstagung „Hier und jetzt und
anderswo. Situativität in medial vermittelten Kontexten" der Sektion Methoden der
qualitativen Sozialforschung in der Deutschen Gesellschaft für Soziologie, 12. – 13.04.
2013, Universität Gießen.

Park, R. E., 1970 [1922]: The Immigrant Press And Its Control, Westport: Greenwood Press

Parreñas, R., 2005: Long Distance Intimacy: Class, Gender and Intergenerational Relations Between Mothers and Children in Filipino Transnational Families. In: Global Networks 5, 4, 317-336.

Pries, L., 1998: Transnationale Soziale Räume – Theoretisch-empirische Skizze am Beispiel der Arbeitswanderungen in Mexiko-USA, in: Beck, U. (Hrsg.), Perspektiven der Weltgesellschaft, Frankfurt a. M.: Suhrkamp, 55-86.

Rintel. S. 2013: Video calling in long-distance relationships: The opportunistic use of audio/video distortions as a relational resource. The Electronic Journal of Communication/ La Revue Electronic de Communication (EJC/REC) Special Issue on Videoconferencing in Practice: 21st Century Challenges. 23 (1&2) (i. E.).

Schone, R., 2001: Familien unterstützen und Kinder schützen – Jugendämter zwischen Sozialleistung und Intervention. In: Sozialpädagogisches Institut im SOS Kinderdorf e. V. (Hg.): Jugendämter zwischen Hilfe und Kontrolle. München, S. 51-89

Simmel, G., 1993 [1908]: Die Gesellschaft zu Zweien. In: Georg Simmel, Aufsätze und Abhandlungen 1901-1908. Gesamtausgabe Band 8, herausgegeben von Otthein Rammstedt. Frankfurt a. M.: Suhrkamp, S. 348-354.

Simmel, G. 1993 [1908]: Der Brief. Aus einer Soziologie des Geheimnisses. In: Georg Simmel, Aufsätze und Abhandlungen 1901-1908. Gesamtausgabe Band 8, herausgegeben von O. Rammstedt. Frankfurt a. M.: Suhrkamp, S. 394-397.

Smith, M. P. und L. E. Guarnizo (Hrsg.), 1998: Transnationalism From Below, New Brunswick: Transaction Publishers.

Thomas, W. I. & F. Znaniecki, 1958 [1918-20]: The Polish Peasant in Europe and America. New York: Dover.

Thompson, C. 2011: Die schöne neue Welt der Intimität. In: Heinrich-Böll-Stiftung (Hrsg.) #public_life. Digitale Intimität, die Privatsphäre und das Netz, S. 20-27. Online-Ressource: www.boell.de/downloads/2011-04-public_life.pdf. (letzter Zugriff am 24.05.2012).

Vertovec, S., 1999: Conceiving and Researching Transnationalism, in: Ethnic and Racial Studies, Vol.22(2), 447-462.

Vertovec. S., 2004: Cheap calls: the social clue of migrant transnationalism. Global Networks 4(2): 219-224.

Wilding, R., 2006: "Virtual" Intimicies? Families Communicating Across Transnational Contexts. Global Networks 6(2): 125-142.

Ziegaus, S. 2009: Die Abhängigkeit der Sozialwissenschaften von ihren Medien. Grundlagen einer kommunikativen Sozialforschung. Bielefeld: Transcript.

Internetquellen:

http://skypestaytogether.com/ (letzter Zugriff am 12.08.2013).

http://www.un.org/depts/german/grunddok/ar217a3.html (letzter Zugriff am 30.08.2013).

http://dejure.org/gesetze/GG/6.html (letzter Zugriff am 30.08.2013).

Intim werden. Annäherungsgeschichten intrakulturell erzählt

Kornelia Hahn und Alexander Schmidl

Wie finden Paare zu einer intimen Beziehung zusammen? Die Beantwortung dieser Frage wird von Paaren typischerweise in „Annäherungsgeschichten" erzählt, ist jedoch aus soziologischer Perspektive theoretisch und methodisch voraussetzungsvoll. Intim verstandene Beziehungen zu unterhalten, bildet sich erst allmählich im Zuge der Entwicklung moderner Gesellschaften als Normalität heraus. Während damit intime Beziehungen für die Gestaltung der alltäglichen Lebensführung relevant werden und der Begriff der intimen Beziehung in Diskurse des Alltags eindringt, ist eine soziologische Abgrenzung zwischen intimen und nicht-intimen Beziehungen im Unterschied zu anderen, formal definierten Beziehungsformen wie z.B. Ehebeziehungen oder Eltern-Kind-Beziehungen nicht objektiv möglich. Konventionell werden in der Forschung intime Beziehungen aufgrund von Selbstbeschreibungen untersucht. Hierbei ist charakteristisch, dass die Selbstbeschreibung, sich in einer intimen Beziehung „zu befinden", einen intersubjektiven Verständigungsprozess innerhalb eines Paares voraussetzt. Dieser ist Teil des kulturellen Konzepts der intimen Beziehung, dass (genau) zwei Personen den Übergang in eine intime Beziehung in geteilter Interpretation retrospektiv bestimmen. Die forschungspraktische Frage nach einer *intimen* Beziehung muss berücksichtigen, dass die Reflexion dieser Frage (und die Antwort) auch für die Paarkonstitution selbst bereits relevant geworden ist. Mit anderen Worten, kann zum einen nie das „Wesen" der Beziehung erfasst werden, sondern prinzipiell nur die Interpretation aus Sicht des Paares und zum anderen ist die Antwort auf die forschungspraktische Frage nach der Art der Beziehung nicht unabhängig davon zu sehen, wie die Individuen bzw. das Paar die Frage zuvor schon einmal für sich selbst beantwortet haben. Methodisch handelt es sich also um einen schwierig zu erfassenden Prozess mehrfacher kommunikativer Rahmungen. In der folgenden Untersuchung geht es darum, zu beobachten, wie die Möglichkeit des Übergangs von der Anonymität in eine intime Beziehung in seinen kommunikativen Facetten von den Akteurinnen

und Akteuren selbst dargestellt wird, also um die *Rekonstruktion des kommuni-*
kativen Prozesses des intim Werdens. Dabei beobachten wir Paare, die durch eine
Internetpartnerschaftsagentur zusammengefunden haben.[1] Gleichzeitig ist diese
Untersuchungsanlage aber in eine aktuelle soziologische Frage eingebettet, nämlich
die, ob Internetkommunikation überhaupt das Erleben von Intimität erzeugen kann
oder ob eine solche Kommunikation nicht eher nur pragmatisch etwa zur Vereinbarung von face-to-face-Treffen – die dann die eigentliche Initialzündung für eine
intime Beziehung darstellt – genutzt wird oder überhaupt genutzt werden kann.

Die Forschungsfrage dieses Beitrags fokussiert somit das *Erleben* von Kommu-
nikation in körperlicher Anwesenheit und Abwesenheit bei der Herstellung von
Intimität. Wir werden diese Frage zunächst vor dem Hintergrund einiger bestehender
Forschungsergebnisse in Bezug auf und vor allem durch Internetkommunikation
initiierte intime Beziehungen beleuchten und zuspitzen, um daran anschließend
den Stellenwert von den im Internet veröffentlichten Annäherungsgeschichten von
Paaren als Datenquelle zu diskutieren. Im Anschluss stellen wir ein diesbezügliches
Forschungsprojekt vor, dessen Ergebnisse wir abschließend in Bezug auf unsere
Forschungsfrage und ihren Beitrag zur weiteren Bestimmung von Medienkulturen
darstellen.

1   Intime Beziehungen und Internetkommunikation

Die Beobachtung der Anbahnung einer intimen Beziehung fokussiert einen kommunikativen Prozess und unterscheidet sich grundlegend von der Erforschung
von Gründen, die zur Aufnahme einer Partnerschaft, wie vor allem im formalen
Konzept der Ehe, jeweils individuell angeführt und kollektiv legitimiert werden.
Es geht hierbei um die Praxis der Annäherung, die selbst wiederum in ein kul-
turelles Konzept bzw. Skript eingebunden ist: Während eheliche Partnerschaften
(in Mitteleuropa) bis ins 20. Jahrhundert aufgrund von nach außen getragenen
Statusüberlegungen (sozialer Status, ökonomische Abhängigkeiten, gesellschaftliche Normen etc.) zustande kamen, wird die Organisation von sexuellen, privat
verstandenen Beziehungen auch praktisch durch die Rahmung „romantische

---

1   Die Beobachtung von Paaren, die sich ausgehend von einer Kontaktaufnahme „im"
     Internet kennengelernt haben, stellt natürlich einerseits eine Einschränkung der Ge-
     neralisierbarkeit von intimen Beziehungen dar, andererseits bietet sich der Vorteil, dass
     in diesen Fällen ein Prozess von der tatsächlichen Anonymität, d. h. des Nichtwissens
     von der Existenz der oder des anderen, bis zur tatsächlichen Aufnahme einer intimen
     Beziehung rekonstruiert werden kann.

Liebe" überlagert. Diese Rahmung geht unter anderem von der individuellen Wahl der Partnerinnen und Partner aus, von einem hohen Stellenwert sexueller Attraktion sowie einem körperlich erlebten, nicht rational erklärbaren Zustand der „Verliebtheit". Annäherungsgeschichten beziehen sich auf eine Textsorte, die mit dieser „freien Liebe" in der Kultur der Moderne entsteht. Anthony Giddens sieht das romanhafte Erzählen als das eigentlich Konstitutive der romantischen Liebe, wobei die gemeinsame Entwicklung einer individuellen Geschichte gerade keine Referenzpunkte zu *sozialen* Prozessen enthält (Giddens 1992: 39)[2]. Ein zentraler Punkt der Erzählung ist typischerweise das Erleben einer Zäsur im Alltag durch die Annäherung. Es kommt zu einem Umschlag oder einer Statuspassage, die vollzogen wird, indem Individuen sich ab einem bestimmten Zeitpunkt als Teil eines (intimen) Paares verstehen. Der Umschlag bezieht sich dabei nicht nur auf einen abstrakten Zeitpunkt, sondern er wird vielmehr durch einen „Ursprungsmythos" (Burkart 2009: 255) markiert: Die „gemeinsame Geschichte stabilisiert die Kultur der Einheit." (Burkart 2009: 253) Dabei ist ein starker oder sogar konstitutiver Topos die „erste Begegnung als unabweisbarer Wink des Schicksals" (Burkart 2009: 255). Das bedeutet, Bestandteil des Mythos ist es, dass der Beginn der intimen Beziehung passiv erlebt, oft sogar – passioniert – erlitten, und nicht vom Paar aktiv herbeigeführt wird. Diesem Erklärungsmuster ist jedoch eine gewisse Paradoxie inhärent: Während das kulturelle Skript einerseits vorsieht, dass die Initiative zu einer intimen Beziehung nicht ergriffen werden kann, ist eine ganz individuelle Deutung über die (Be-) Gründung der intimen Beziehung nicht nur sozial akzeptiert, sondern gewissermaßen sogar erforderlich. Mit anderen Worten, muss die Annäherungsgeschichte retrospektiv von einer subjektiven Deutung schicksalhaft empfundener Umstände und Ereignisse erzählen.

Dies ist ein Ausgangspunkt für viele kritische Betrachtungen der Annäherung im Internet, auch von Seiten der Sozialwissenschaften. So formuliert Dombrowski: „... Online-Dating basiert auf der Idee, dass ein Partner und die Liebe durch aktive Suche gefunden werden können. Daneben stehen Vorstellungen über die wichtige Rolle des Zufalls in der Liebe. Der Zufall wird jedoch durch viele Börsen hintenan gestellt. ..." (Dombrowski 2011: 227) Hillenkamp ist der Ansicht, dass vor den Zeiten des Internets die Partner „mit dem Körper gesucht" (2012: 13) wurden. Die durch das Internet anscheinend stärkere Veräußerung inneren Erlebens macht nun die Partnersuche sichtbar und entzaubert sie damit, was Hillenkamp negativ wertet.

---

2 "Romantic love introduced the idea of a narrative into an individual's life – a formula which radically extended the reflexivity of sublime love. The telling of a story is one of the meanings of 'romance', but this story now became individualised, inserting self and other into a personal narrative which had no particular reference to wider social processes." (Giddens 1992: 39)

Tatsächlich lassen sich mindestens zwei miteinander verbundene Aspekte auf-
zeigen, in denen das konventionelle Romantikskript von der Onlinepartnersuche
abzuweichen scheint: Erstens, die Umkehrung von kopräsenter Begegnung und
(möglicher) Fernkommunikation[3] und, zweitens, die unterschiedlichen Zeichencodes (Körperzeichen vs. nicht körperbasierte visuelle und auditive Zeichen, die
in Internetbegegnungen Verwendung finden).

Während es in privaten Beziehungen eher üblich ist, dass sich Personen, die sich
bereits aus dem face-to-face Kontakt kennen, in Abwesenheit schreiben, ist es in der
Onlinepartnersuche umgekehrt: Das Kennenlernen in körperlicher Kopräsenz erfolgt
nach einem Schriftwechsel. Merkle und Richardson sprechen deshalb davon, dass
„(t)hus, the development of a face-to-face romantic relationship moves from initial
encounter, based on spatial proximity and physical attractiveness, to discovery of
similarities and to self-disclosure. In contrast, most Internet romantic relationships
progress through an inverted developmental sequence" (Merkle/ Richardson 2000:
189) und bewerten den absenten Anfang als „far removed from customary methods
of finding attraction and intimacy with another person" (Merkle/ Richardson 2000:
188). Eher ambivalent sieht dagegen Regan Internetkommunikation in intimen
Beziehungen in einer jüngeren Untersuchung. Einerseits schreibt sie: „Certainly it
is easier for one person to convey romantic interest to another when the two individuals are in the same place, at the same time, with sufficient opportunity to see
each other and to send and evaluate each other's courtship signals" (Regan 2008:
25). Andererseits formuliert sie aber auch: „But physical proximity and face-to-face
interaction are not *required* to convey attraction or initiate a romantic relationship
with another person" (Regan 2008: 25, Hervorheb. im Original). Miller konstatiert
ähnlich, dass empirische Untersuchungen ein diffuses Ergebnis zur Frage zeigen, ob
„internet and participation in online communities ‚harms' real life community or
social interactions" (2011: 196), jedoch ohne expliziten Bezug zu *intimen* Beziehungen. Einschlägiger untersucht Kranzlmüller „wie die formalen Einschränkungen
des Interface im Sinne eines limitierenden Vermittlungsmediums reduziert werden
können und welche Entwicklungsmöglichkeiten es für Dating-Interfaces auf der
Grundlage aktueller Tendenzen im Bereich der Web-Architektur gibt" (2007: 193).

An den Zitaten fällt durchgehend auf, dass die Untersuchungen Internetkommunikation determinierende kommunikative Eigenschaften zuzuschreiben scheinen.
Merkle und Richardson bemerken dazu beispielhaft:

> „Interpersonal relationships do not come to exist as fortuitous events, but instead
> are subject to a number of variables that determine the likelihood that two people

---

3   Sieht man einmal von der seit dem 18. Jahrhundert bestehenden Möglichkeit, Partner-
     schaftsinserate in Zeitschriften aufzugeben und einen Schriftwechsel zu initiieren, ab.

will discover an affinity sufficient enough to form a relationship. These variables are likely to differ for computer mediated versus face-to-face relationships because of the distinctive environments in which each relationship comes to exist" (2000: 189).

Das heißt, dass technologisch und nicht technologisch basierten Kommunikationsformen eine jeweils eigene Logik zugeschrieben wird. Dies wird vor allem durch die unterschiedlichen Zeichencodes der Medien begründet, die für die Kommunikation von Romantik und Intimität mehr oder weniger geeignet sind. Ben-Ze'ev bewertet etwa den Schriftcode für die Herstellung von Intimität generell positiv:

„Since online relationships are constituted by conversations, they cannot afford to hide essential information about the agent's attitudes and feelings. They should be, as many of them actually are, open and sincere. For some people it may be the most valuable and meaningful activity they have ever experienced; as one woman writes: „I don't even think I knew what true love was all about until I went on the computer" (2011: 155).

Illouz dagegen sieht eine Objektivierung, Quantifizierung und Ökonomisierung im Zuge der Partnerschaftsanbahnung online äußerst kritisch: „(D)ie Technologie des Internet beruht auf einem intensiven Gebrauch psychologischer Kategorien und Annahmen darüber, wie das Selbst verstanden werden muß und wie Gemeinschaft durch emotionale Kompatibilität hergestellt werden kann." (2007: 117) Dies führt dazu, dass das „Selbst … hier wählen und seine Optionen maximieren (muss), es ist gezwungen, Kosten-Nutzen-Analysen und Effizienzberechnungen durchzuführen" (Illouz 2007: 128). Insgesamt ist nach Illouz die „Wahl eines Partners zu einem wesentlich *rationaleren Vorgang* geworden ist" (Illouz 2011: 319).

Wir gehen im Folgenden jedoch nicht selbstverständlich davon aus, dass die neue Internetkommunikation prinzipiell eine „unabhängige Variable" im Kommunikationsprozess ist und ihre Verwendung prinzipiell eine Veränderung in der (intimen) Paarkommunikation bewirkt. Anstatt zwischen online und offline Kommunikation per se zu trennen, versuchen wir vielmehr, kopräsente und technologieunterstützte Kommunikationsformen analytisch zu verschränken (als Begründung hierzu Hahn 2009). Unsere Forschungsperspektive kann deshalb dahingehend präzisiert werden, dass gefragt wird, ob und wie sich online-basierte Paargeschichten in das kulturelle Modell der romantischen Beziehung einfügen. Hierbei steht nun der scheinbare Widerspruch zwischen dem unerklärlichen Entstehen einer romantischen Beziehung und den rationalen Matching-Methoden der Online Partnerschaftsagenturen im Vordergrund und forschungspraktisch: die subjektive Deutung des Kennenlernprozesses.

2   Zur methodischen Bedeutung von internetbasierten „Annäherungsgeschichten" als Datenquelle

Mit dem Fokus auf dem „Intim werden" wird ein Prozess des inneren Erlebens beleuchtet, der selbstverständlich nur dann soziologisch beobachtbar wird, wenn er in irgendeiner Form nach außen kommuniziert wird. Eine Kommunikationsform stellt die Darstellung dieses Prozesses durch die Akteurinnen und Akteure dar. Sie behandelt deren Deutungen über das Zustandekommen ihrer Beziehung – also eine Art der Rekonstruktion des Geschehens für eine anonyme Leserschaft. In diesem Zusammenhang bemerkt Jamieson:

> „The main and often only way of finding out about everyday practice is through the stories people tell about themselves. In telling their own stories, people often draw on public stories to reinterpret and make sense of their own lives" (2005: 158).

Anhand von Annäherungsgeschichten reflektieren wir den kommunikativen Prozess von Paaren, der zum intersubjektiven Verständnis führte, eine romantische Liebesbeziehung zu führen. Unsere Daten sind verschriftlichte und im Internet veröffentlichte Narrationen von „Übergangsgeschichten" der Protagonisten, die sich durch ein kommerzielles, internetbasiertes Dating-Portal – nämlich PARSHIP – zu einer intimen Beziehung gefunden haben. Hierbei lässt sich der Stellenwert von online und offline Kommunikation für den kommunikativen Beziehungsprozess reflektieren. Die Narrationen sind also nicht im Forschungsprozess generiert – insofern „natürliche" Daten – stellen jedoch eine spezifische Textsorte dar. Man könnte sie in Analogie zu Goffmans „fresh talk" als „fresh narrative" bezeichnen – kulturelle Skripte romantischer Liebesgeschichten werden aktualisiert: relativ formlos, unaufgefordert und authentisch im Sinne einer personalen Autorenschaft (die für uns freilich anonym bleibt, aber auch anonym bleiben kann). Hierbei ist es aber wesentlich, zwischen zwei Geschehensabläufen zu unterscheiden: nämlich zwischen der erlebten Geschichte im Zeitverlauf und der aufgeschriebenen Geschichte, die die Anbahnung einer *intimen* Beziehung mit Mitteln narrativer Ästhetik (zum Beispiel mit narrativen Mitteln der Spannungssteigerung für das Publikum) konstruiert bzw. bereits re-konstruiert. Genauer ist es für unsere Analyse relevant, in Bezug auf die Informationsorganisation innerhalb der verschriftlichten Geschichte zwischen dem Kommunikationsprozess in der erlebten Zeit, dessen Informationsdeutung im Sinne von „Verstehen" zu einem bestimmten Zeitpunkt einerseits und der aktuellen, zeichenhaften Vermittlung für einen antizipierten Adressatenkreis andererseits zu unterscheiden.

3   Annäherungsgeschichten von PARSHIP – Eine empirische Untersuchung

Die Internetpartnerschaftsagentur PARSHIP veröffentlicht auf ihrer Homepage „Erfolgsgeschichten": Paare, die sich als Kundinnen und Kunden über diese Online-Partneragentur kennengelert haben, erzählen ihre Geschichte über das Zustandekommen einer intimen Beziehung, nachdem sie als zahlende Mitglieder der Partnerschaftsagentur andere Partnersuchende kennengelernt haben. Auf den Homepages von PARSHIP und gayPARSHIP im deutschsprachigen Raum, Deutschland, Österreich und Schweiz, sind zum Zeitpunkt der Erhebung (2012) etwas mehr als 1300 derartige Geschichten dort nachzulesen. Ihr Grundtenor ist erwartungsgemäß positiv, jedoch werden die Geschichten laut PARSHIP nicht für die Veröffentlichung redigiert[4]. Die Auswahl der von uns analysierten Erfolgsgeschichten richtet sich nach einem *theoretical sampling*. Nach einer anfangs unstrukturierten Auswahl wurden anhand der Kategorien und Konzepte, die sich im Anschluss an das offene Codieren ergaben, im Hinblick auf die Fragestellung Kriterien für die weitere Auswahl getroffen. Unter Beibehaltung einer prinzipiellen Offenheit im Forschungsprozess verdichtete sich das Material in weiterer Folge zu zentralen Dimensionen, die schließlich in einen axialen Codierprozess übergeführt wurden. Das Datenmaterial, an dem die Feinanalyse besonders ergebnisreich war, stellt die wenigen Erfolgsgeschichten, bei denen beide Personen den Paarbildungsprozess aus der jeweils eigenen Sicht erzählen, dar.[5]

---

4   Die Geschichten werden laut einer Mitarbeiterin von PARSHIP in einem face-to-face-Gespräch nicht redigiert, was sich an einem Einzelfall zumindest von uns auch bestätigt fand: Eine Person, die eine Geschichte verfasst und zur Veröffentlichung auf den PARSHIP-Seiten zur Verfügung gestellt hat, hat uns mündlich mitgeteilt, dass ihr Text unverändert online gestellt wurde.

5   Damit wurde jedoch nicht das Ziel verfolgt, auf der Suche nach den tatsächlichen Geschehnissen Bestätigungen zwischen den „Aussagen" zu finden. Ebenso erfolglos wie für unser Erkenntnisinteresse bedeutungslos dürften Versuche sein, von der Geschichte, die am Ende des Kennenlernprozesses verfasst wird, auf die damaligen Geschehnisse und Erlebnisse zu schließen. Zurückzublicken auf eine Vielzahl von einzelnen Ereignissen ist selbstverständlich eine Handlung an sich und unter Umständen vereint sich der Sinn aller erlebten Widrigkeiten oder Glücksfälle erst dann, wenn sie am Ergebnis gemessen werden können. Siehe hierzu auch die von Schütz getroffene Unterscheidung zwischen dem aktuellen Erleben und dem durch den reflexiven Blick als sinnvoll konstruiertes Erleben (1960: 49). Deutlich wird damit, welche Rolle die subjektive Zeit dabei spielt. Handlungen müssen abgeschlossen sein, um ihnen eine Sinnhaftigkeit beimessen zu können (Schütz 1960: 9f). Insofern haben nicht nur die einzelnen Ereignisse Bedeutung für das Paar, sondern vor allem die Geschichte selbst, die als eigenständige Datensorte ernst zu nehmen und zu bearbeiten ist.

4   Eine Liebesgeschichte wird erzählt

Die Erfolgsgeschichten beginnen typischerweise mit einer Erzählung über den von
Vorsichtigkeit und Neugier geprägten Einstieg bei PARSHIP, im Zuge dessen man
sich registriert und einen langen Fragenkatalog beantwortet, der von PARSHIP
nach „Persönlichkeitsmerkmalen" ausgewertet und, spezifisch aufbereitet, anderen
Mitgliedern zur Verfügung gestellt wird. Außerdem können die Mitglieder weitere
Informationen über die eigene Person online stellen. Wie von dieser Möglichkeit
individuell Gebrauch gemacht wurde, ist ein Punkt, der in den Erfolgsgeschichten
beschrieben, gedeutet und meist auch begründet wird. Die anfängliche Skepsis,
womit man es bei dieser Art der Kommunikation eigentlich zu tun hat, wandelt sich
schließlich in eine gewisse Freude beim spielerischen Umgang damit, Suchkriterien
zu definieren und Selbstbeschreibungen potentieller Partnerinnen oder Partner
in Hinblick auf Vorlieben, Gewohnheiten, Hobbies und Erwartungen zu lesen.
Allmählich wird ein Plan entworfen, der die Form und Reihenfolge der Kontakt-
aufnahmen zeitlich strukturiert. Eine enorme Aktivität richtet sich dabei zunächst
weniger auf das Finden einer idealen Partnerin, eines idealen Partners, als auf die
ideale Suchstrategie. Ein entsprechend vorstrukturiertes Vorgehen ermöglicht es
schließlich, schneller und mehr Kontakte zu knüpfen und so eine breite Basis für
eine weitere Auswahl dafür zu treffen, welchen Personen man sich intensiver widmen
möchte. Obwohl die Verfasserinnen und Verfasser der Erfolgsgeschichten auf eine
sozusagen abgeschlossene Geschichte zurück blicken und diese auch als schlüssigen
Geschehensablauf darstellen, enthalten die Geschichten dennoch typischerweise
einen dramatischen Umschlag. Wenn – meist erst – gegen Ende der Geschichte die
große Liebe des Paares betont und dargestellt wird, spielt der eigene Beitrag zur
Entstehung dieser Liebesgeschichte keine Rolle mehr. Obwohl sich die Partnersu-
chenden Wissen über das Suchinstrument angeeignet, sich dort selbst dargestellt
und die Darstellungen anderer zu lesen gelernt haben und nicht zuletzt in einer
Suchphase regelmäßig mit verschiedenen anderen Personen, von denen bekannt
war, dass diese ebenfalls auf der Suche nach einer Partnerschaft sind, in Kontakt
getreten sind, erfolgt in der Erzählung die Zusammenführung des Paares schlussendlich nicht als Ergebnis dieser Handlungsfolge, sondern wird vielmehr einer dem
Paar nicht weiter erklärbaren äußeren Kraft zugeschrieben. Hierbei fällt auf, dass
das narrative Ich auf ein Erzählmuster der romantischen Liebe zurückgreift. Auch
wenn das Zustandekommen der Beziehung – in Anbetracht der typischen Abfolge
kommunikativer Situationen – eher besser nachvollzogen werden kann als bei nicht
online initiierten Partnerschaften, so werden die abschließenden Beschreibungen
dieses Zustandekommens doch in ein *klassisches* Modell romantischer Beziehung

überführt, das heißt, die Erfahrungen mit (neuen) Kommunikationsmedien in ein bestehendes Erklärungsmuster integriert.

5   Intimitätserleben und Medienkommunikation

Neben der Erzählperspektive und dem dramaturgischen Aufbau ist das Erleben der kommunikativen Annäherung in Abhängigkeit zu den Medienformen interessant. Aus unserer Analyse ergeben sich drei voneinander isolierbare Typen. Typus I – *den wir kontinuierlich sich steigerndes Intimitätserleben* nennen wollen – zeichnet sich dadurch aus, dass Intimität nicht etwa plötzlich erlebt wird, sondern sich allmählich steigert. Hierbei baut sich das Erleben von Intimität polythetisch auf, wobei jedoch in diesem Verlauf unterschiedliche Kommunikationsmedien genutzt werden. Zu Beginn ist die Kommunikation ausschließlich online vermittelt. »Normal« ist es für diesen Typus im Anschluss daran, zu telefonieren und schlussendlich sich zu treffen. Das höchste Intimitätserleben stellt sich zwar im face-to-face Kontakt ein, dabei ist körperliche Kopräsenz jedoch nicht das entscheidende Kriterium, da bereits im schriftlichen Kontakt und im Telefonat Intimität erlebt und dann gewissermaßen beim ersten Treffen face-to-face bestätigt wurde:

> *„Richtig, so ist es zu erklären, dass wir unseren ‚offiziellen Anfang‘ am 17. Dezember begehen – denn erst an diesem Tage sahen wir uns (spätabends am Wiener Westbahnhof) wieder. Diesem ungeduldig erwarteten Wiedersehen gingen zahllose SMS-Botschaften und einige lange E-Mails voraus. Als wir einander in die Arme nahmen, war es eigentlich nur noch das ‚körperliche Besiegeln‘ einer inneren Verbindung, derer wir uns schon viel früher bewusst waren.“*
> Daniel (29) aus Wien, in einer Beziehung mit Walter (45)

Dass die Annäherung in einer spezifischen Reihenfolge stattfindet, besitzt subjektive Bedeutung. Dabei werden jedoch nicht die unterschiedlichen Kommunikationsmedien nach einem bestimmten Kriterium gereiht, sondern für das Intimitätserleben ist eine gewisse Zeitspanne von Bedeutung, die sich durch die Abfolge der verwendeten Medien eröffnet. Die Herstellung von Intimität ist ein Handlungsprozess, der weitgehend unabhängig von Informationsinhalten kommunikativ erarbeitet und ausgehandelt wird. »Sich Kennenlernen« betont in diesem Sinne kein spezielles Wissen über eine Person, sondern bezieht sich auf die Zeit, in der man unabhängig vom Kommunikationsmedium in Kontakt ist. Eine auf den ersten Blick zögerliche

Annäherung ist dann auch weniger als Skepsis zu verstehen, denn als eine in diesem Sinne geplante zeitliche Dehnung:

> *„Ich war von Anfang an bemüht, das Tempo aus dem Kennenlernen heraus-*
> *zunehmen, um sich nicht selbst unter Druck zu setzen. Die Liebe braucht Zeit*
> *– auch in unserer schnelllebigen Zeit!"*
> Ulrich (50) aus Bayern, in einer Beziehung mit Ursula (48)

> *„Mir fällt das Schreiben leicht, weil die Nachrichten von Dir auf meiner*
> *Wellenlänge liegen. Eine Mail folgt der nächsten – ohne übereilter Nähe und*
> *heißen Liebesschwüren."*
> Elke (39) aus Belgien, in einer Beziehung mit Bianca (42)

Typus II – er lässt sich als *kumulatives Intimitätserleben* bezeichnen – durchlebt das Kennenlernen ebenfalls in jener Reihenfolge, die mit dem schriftlichen Kontakt beginnt und über das Telefonat sich zum kopräsenten Treffen spannt. Dabei sind die einzelnen Phasen jedoch mit einer jeweiligen Bedeutung versehen und werden als Stufenabfolge erlebt. Charakteristisch für die Erfolgsgeschichten, die diesem Typus zugeordnet werden können, ist, dass das Kommunikationsmedium in unmittelbaren Bezug zu speziellen Formen des Intimitätserlebens gesetzt wird:

> *„Ich hab es geliebt von ihm zu lesen, saß immer mit einem breiten Grinsen da*
> *und hab mit Herzklopfen gelesen, was er so schreibt."*
> Lara (32) aus Calw, in einer Beziehung mit Kasper (35)

Auf den schriftlichen Kontakt aufbauend werden in weiterer Folge im Telefonat andere Formen von Intimität erlebt.

> *„Wir kamen über ein Spass-Match sehr schnell in intensiven E-Mail-Kontakt.*
> *Diese Schieberei ging so ca. zehn Tage hin und her, bis von ihr der Vorschlag*
> *‚Lass uns telefonieren!' kam. So kam es, ich rief sie von unterwegs kurz an, wir*
> *hörten gegenseitig unsere Stimmen, geführt von einer leichten Unsicherheit,*
> *und all die Zeilen, die wir über uns niederliessen wurden noch viel, vieeeeel*
> *schöner. So wie der rege Mail-Kontakt war, wurden daraus zeitvergessende,*
> *‚Bauchkribbeln'-bringende Telefonate."*
> Florence (33) aus der Ostschweiz, in einer Beziehung mit Johanna (37)

> *„Nach nur wenigen E-Mails fühlten wir uns beide schon so nah und vertraut,*
> *schnell wurden dann die Handynr. ausgetauscht – dann das erste Telefonat –*
> *diese Stimme, whow! Mein Herz raste wie verrückt!"*
> Tom (33) aus Regensburg, in einer Beziehung mit Jo (33)

Im letzten Beispiel zeigt sich etwa, dass auditiv vermittelte Zeichen im Vergleich zu sinnlich „vollständigen", kopräsenten Kontakten nicht als Einschränkung, sondern eher als Verstärkung erlebt werden. Jedoch vollendet auch bei diesem Typus der face-to-face-Kontakt die erlebte Stufenabfolge. Das Paar blickt dann allerdings auf mehrere Höhepunkte im Kennenlernprozess zurück, bei denen in der Interpretation schon die kommunizierten „Inhalte" und Medienformen verschmelzen. Dabei wird das Intimitätserleben in direkten Bezug zur Medienkommunikation gesetzt – so geht es nie um das Gesagte oder Getätigte alleine, es geht immer auch um die Form, die damit subjektiv untrennbar verbunden ist. Wenn der „erste Blick" in Kopräsenz retrospektiv oft als besonderer Moment in einer Kennenlerngeschichte ausgedeutet wird, da er subjektiv eine plötzlich und überraschend veränderte Lebenssituation markiert, ist in den Erfolgsgeschichten bei PARSHIP dagegen die Situation des ersten Treffens aufgrund der vorhergehenden, beziehungsfokussierten Informationen von einer spezifische Erwartung vorgeprägt. Dadurch wird die Kommunikation mit Hilfe der unterschiedlichen Medien nicht nur insgesamt als ein eher gleitender Übergang erlebt, sondern eine in Bezug auf die Herstellung einer intimen Beziehung „erfolgreiche" erste, körperlich-sinnliche Begegnung wird von einer expliziten *Vorbereitung* abhängig gemacht. Dies macht Markus deutlich:

> *„Klar ist erst das persönliche, wirkliche Sehen, Hören, Riechen und Fühlen*
> *die letztendliche Sicherheit, dass es passt aber das Gefühl, trotz erst weniger*
> *Wochen Mailens, jemanden doch schon recht gut zu kennen, erleichtert das*
> *Aufeinandereingehen doch sehr."*
> Markus (54) aus Oberösterreich, in einer Beziehung mit Monika

Typus III – als *plötzliches Intimitätserleben* umschreibbar – fördert eine vergleichsweise rasche Annäherung. Der Grund hierfür ist insbesondere in der subjektiv für nicht notwendig erachteten Einhaltung der Reihenfolge des Einsatzes der Kommunikationsmedien zu suchen. Die Annäherung kann damit auch bereits online abgeschlossen werden, was bei den beiden vorherigen Typen – nicht aufgrund der räumlichen Abwesenheit, sondern aufgrund der zeitlichen Dimension bzw. des stufenweisen Aufbaus von Intimität – nicht denkbar gewesen wäre. Das heißt zugleich, dass jedem Kommunikationsmedium die prinzipielle Möglichkeit zugeschrieben wird, Intimität vermitteln zu können. Welches Medium beim initialen Intimitätserleben verwendet wurde, ist in diesen Fällen unterschiedlich. Ihnen ist jedoch gemeinsam, dass sie die Kommunikation mit unterschiedlichen Medien unterschiedlich erlebt haben, wobei jeweils nur eine Medienform zum Intimitätserleben führte. Den entscheidenden Moment haben Katharina und Patrick bereits während des schriftlichen Kontakts erlebt:

„Es folgten zwei Wochen intensiven Mailaustauschs, bei dem wir uns so nah kamen, wie ich es im schriftlichen Kontakt nie für möglich gehalten hätte."
Katharina (23) lernte während ihres Auslandssemesters Patrick (24) kennen.

„Man kann es als naiv, kindisch, hoffnungslos romantisch oder verrückt bezeichnen, aber noch bevor wir uns trafen war ich bis über beide Ohren in sie und in ihre einmaligen Worte verliebt."
Patrick

Dagegen spielte bei Meike und Tanja das Telefon die entscheidende Rolle:

„Der Austausch der Telefonnummern liess auch nicht lange auf sich warten und ein persönliches Telefonat rückte immer näher. Meine Nervosität stieg ins Unermessliche, als ich zum ersten Mal Tanjas Stimme hörte. Allein die Art und Weise, wie ihre Worte in mein Ohr drangen, liessen die Schmetterlinge in meinem Bauch fliegen. In diesem Moment wollte ich nie wieder auflegen. Wir telefonierten fast jeden Tag stundenlang."
Meike (33) aus Braunschweig, in einer Beziehung mit Tanja (34)

Und sich einig sind Nadine und Pierre hingegen, dass diese Form der Kommunikation übersprungen werden kann, weil für sie nur das kopräsente Treffen zählt:

„Lustigerweise – ich konnte es schon wieder gar nicht glauben – bekam ich Pierres Telefonnummer mit den Worten 'Ich muss vor dem ersten Treffen nicht unbedingt telefonieren'. Wir haben uns später darüber unterhalten und festgestellt, dass wir das aus den gleichen Gründen nicht gerne tun."
Nadine (30) aus Berlin, in einer Beziehung mit Pierre (33)

---

6 Intimität und ihre intrakulturelle Herstellung durch Internetkommunikation

Die zu den zuvor beschriebenen drei Typen verdichteten, empirischen Praktiken lassen sich weiter analysieren, indem sie in zwei grundlegenden Dimensionen unterschieden werden können: dem Kommunikationsprozess und den medienspezifischen Erlebensqualitäten. Die beiden Dimensionen sind dabei jeweils als Spektren zwischen zwei analytischen Polen zu verstehen, innerhalb denen sich die drei Typen verorten lassen. Eine schematische Anschauung könnte folgendermaßen aussehen:

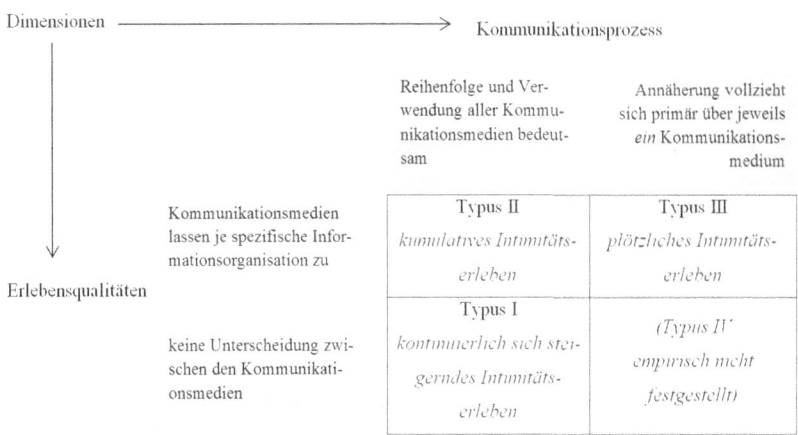

Die erste Dimension bezieht sich auf das Kennenlernen als kommunikativer Prozess. Die Pole dieses Spektrums sind geprägt durch zwei idealtypische Vorstellungen. Einerseits besteht die Vorstellung, die Annäherung auf dem Weg zu einer intimen Beziehung habe über einen ausgedehnten *Zeitraum* zu erfolgen; hierbei sollten möglichst verschiedene (in unseren Beispielen: die Online-Kommunikation, das Telefonat und das Treffen in Kopräsenz) Kommunikationsmedien mit unterschiedlichen sinnlichen Wahrnehmungs- und Interpretationsebenen zum Einsatz kommen, um schlussendlich zu einem abgerundeten Bild des Gegenübers zu gelangen. Den analytischen Gegenpol bildet die idealtypische Vorstellung, dass die Annäherung zu einem *Zeitpunkt*, also vergleichsweise schnell, und unabhängig vom Kommunikationsmedium – in einzelnen Fällen auch über ein einziges alleine – erfolgt. Die zweite Dimension betrifft die gedeutete Erlebensqualität der Kommunikationsmedien. Das heißt, dass den einzelnen Medien eine kommunikative Vermittlungsfunktion zu- oder aberkannt wird. Einen idealtypischen Pol bildet jene Vorstellung, wonach sich sowohl durch das Internet als auch das Telefon und den Körper Intimitätserleben vermitteln lässt. Dabei werden den unterschiedlichen Medien keine spezifischen kommunikativen Bestimmungen zugeschrieben; sie können gleichermaßen für die individuellen Intentionen genutzt werden. Am anderen Ende des Spektrums zeigt sich ein Umgang mit Medienformen, der sich dadurch auszeichnet, dass ihre Nutzung situativ reflektiert wird, da den einzelnen Medien inhärente Vermittlungsqualitäten zugeschrieben werden. Das bedeutet, für jede intendierte Informationsvergabe wird ein Wissen eingesetzt, das es erst ermöglicht, das *richtige* Medium auszuwählen. Aus subjektiver Sicht unterscheiden sich die einzelnen Medien also signifikant voneinander und Intimität kann nur über bestimmte Kommunikationsmedien zum Ausdruck gebracht und erlebt werden. Die empirischen Ergebnisse zum Intimitätserleben unter Verwendung von Kommunikationsmedien zusammenfassend, lassen sich interessante Aspekte in die bisherige Diskussion (vgl. erster Abschnitt) einbringen. Eine Frage bezog sich darauf, ob die Entwicklungen der Kommunikationstechnologien zu einer strukturellen Veränderung des Romantikkonzepts geführt haben. Ein weiterer Aspekt betraf die Erlebensqualitäten von Medienkommunikation, die einzelnen Medien eine scheinbar inhärente Medienlogik zuschreiben.

Es zeigt sich, dass kulturelle Skripte, die in der subjektiven Deutung des Beginns der Paargeschichte im Laufe des 20. Jahrhunderts eine immer größere Rolle spielen, auch mit der Nutzung von Internetkommunikation für die Partnerschaftsanbahnung nicht an Bedeutung verloren haben. An den Erfolgsgeschichten von PARSHIP ist ersichtlich, wie ein strategisches und instrumentelles Handeln in das Erlebensskript der Romantik eingeordnet werden kann. Auch wenn die Paare in der Anbahnungsgeschichte rationale Suchkriterien beschreiben, insofern sie den Ablauf der Kommunikation durch Reflexion der eingesetzten Medientechnik gesteuert haben, enthält die Erzählung dennoch einen für romantische Geschichten charakteristischen Umschlag. Er wird dadurch markiert, dass die glückliche Zusammenführung dem Einfluss einer „höheren Macht", hier: PARSHIP, zugeschrieben wird. Aus dieser Perspektive scheinen die Handelnden nicht selbst aktiv geworden, sondern – klassisch – von etwas Schicksalhaftem unverhofft überrascht worden zu sein. Indem die „neue", mediale Seite der Partnersuche umgedeutet wird, können die Erfolgsgeschichten von Aufführungssituationen des *klassischen* Romantikskripts erzählen. Der Internetdienst wird hierbei zum *amor ex machina*.

Gleichzeitig gibt es aber auch spezifische Medienaneignungsstile. Obwohl auch bei der „Auswahl" von Partnerinnen und Partnern innerhalb einer Online-Partnerschaftsagentur traditionelle bürgerliche Kriterien wie Herkunft, Wohnort, sozialer Status oder Bildungsstand eine Rolle zu spielen scheinen,[6] bringt der Medienaneignungsstil noch eine neue Komponente in die Diskussion der Partnerschaftsanbahnung. Wir beobachten, dass sich jene Personen zu Paaren zusammenfinden, die sich darüber einig sind, ob es eine Reihenfolge im Verwenden unterschiedlicher Medien geben soll und ob die einzelnen Medien eine signifikant eigenständige Bedeutung haben. Dabei ist es unwahrscheinlich, dass sich die Nutzerinnen und Nutzer von Medientechnologien hierüber explizit verständigen. Es ist vielmehr

---

6   Ebenso wie – wenngleich in weit geringerem Maße – die sogenannten Matching-Punkte. (Vgl. zur Bedeutung der „Matching-Punkte" in der Interpretation der Paare unter Berücksichtigung kultureller Unterschiede Schmidl 2014)

davon auszugehen, dass es sich um implizites und nicht verbalisierbares Wissen in Medienkulturen handelt. Bei der Partnersuche online heißt das, dass zwei Personen mit demselben Medienaneignungsstil sich für sie auf unerklärliche Weise, insofern »blind«, verstehen werden, ein Umstand, der sich retrospektiv ebenfalls besonders gut innerhalb eines Romantikskripts ausdeuten lässt.

Ein anderer interessanter Aspekt besteht darin, dass sich gezeigt hat, dass leibliche Aspekte im Vorgang des Verliebens und seiner begleitenden Deutung auch unter Einsatz neuer Kommunikationstechnologien relevant bleiben. Unsere Ergebnisse verweisen mit dem Fokus auf differenzierte Kommunikationstypen bzw. -modi implizit darauf, dass mit kopräsenten Situationen jeweils unterschiedliche Erlebensstile verbunden werden. Dabei gibt es unter den PARSHIP-Nutzerinnen und -Nutzern Interpretationen, die davon ausgehen, dass der Körper als nicht rational steuerbares Medium mit Hilfe der Technologie besser kontrolliert werden kann – und, gerade wenn es um etwas subjektiv so Wichtiges wie eine intime Beziehung geht – auch kontrolliert werden sollte. Diese Vorstellung führt zum be- und gewussten Einsatz von Medien je nach ihrer betonteren oder unbetonteren Leiblichkeit in der Kommunikationssituation. Emailnachrichten, Telefonkommunikation und das Schreiben und Lesen von SMS, also die Nutzung von Medien, die jeweils spezifische sinnliche und vor allem auch interpretative Qualitäten haben, unterstützen jeweils einen individuell präferierten Kennenlernprozess. Während von manchen die Medientechnik dazu genutzt wird, um überhaupt mit bisher unbekannten Personen in Kontakt zu kommen und diese dann relativ rasch bei einem kopräsenten Treffen „kennenzulernen", gehen andere umgekehrt vor: Bevor ein kopräsentes Treffen vereinbart wird, soll das „Kennenlernen" in der extensiven Kommunikation durch Medientechnologien stattfinden. Dabei wird besonders positiv erachtet, dass hierbei eine selbst gewählte zeitliche Verzögerung in der Beantwortung von Nachrichten auftreten kann sowie insbesondere auch, dass die Nachrichten vor der Beantwortung intensiv studiert oder sogar mit Dritten diskutiert werden können. Damit lässt sich feststellen, dass die Medien in jeweils spezifischer Weise zur Beschleunigung, aber auch zur Entschleunigung des Kennenlernprozesses beitragen. In letzterem Fall werden Kommunikationstechnologien „zwischengeschaltet", um die Informationsvergabe zwischen den beiden Kontaktsuchenden auf eine spezifische Weise zu steuern und zu verlangsamen.

Somit zeigt sich, dass auch im Zeitalter der Internetkommunikation die kopräsente Situation durch das vor- bzw. zuhandene Wissen bestimmt ist. Neu ist aber, dass Kommunikation in einer kopräsenten Situation systematisch zeitlich aufgeschoben wird: Nachdem Informationen in nicht kopräsenten Kommunikationssituationen erhalten und Mitteilungen subjektiv besser, problembezogen gedeutet wurden, ist das Eintreten in einen kopräsente Kontakt subjektiv angemessen vorbereitet. Dabei schätzen unsere Akteurinnen und Akteure die Möglichkeiten, durch Einsatz von Technologien Kommunikation in ihrer räumlichen, zeitlichen und sachlichen Dimension flexibel gestalten zu können. Es scheint, dass unter dieser Bedingung romantisches oder intimes Erleben überhaupt erst eintreten kann. Umgekehrt formuliert wäre es bei einer *zufälligen* kopräsenten Begegnung – ohne spezifische vorbereitende Informationsorganisation – wahrscheinlich erst gar nicht zum Verlieben gekommen. Kopräsenz ist in diesem Sinne eben nicht mehr *immer* „folgenschwer", wie Goffman (1994: 58) es einmal prominent charakterisierte.

Erfolgsgeschichten

Daniel und Walter
http://www.gay-parship.at/erfolgsgeschichten/er-sucht-ihn/jubilaeum.htm

Ulrich und Ursula
http://www.parship.de/liebesgeschichten/bayern/langsam-aber-zielstrebig.htm

Elke und Bianca
http://gay.parship.de/liebesgeschichten/sie-sucht-sie/what-a-difference-a-day-makes.htm

Lara und Kasper
http://www.parship.de/liebesgeschichten/baden-wuerttemberg/jemand-der-mit-mir-gluecklich-sein-moechte.htm

Florence und Johanna
http://gay.parship.de/liebesgeschichten/sie-sucht-sie/wer-suchet-der-findet.htm

Tom und Jo
http://gay.parship.de/liebesgeschichten/er-sucht-ihn/topf-und-deckel.htm

Katharina und Patrick
http://www.parship.de/liebesgeschichten/hessen/wie-in'Email-fuer-dich'.htm

Nadine und Pierre
http://www.parship.de/liebesgeschichten/berlin/unser-erkennungszeichen-war-speziell.htm

Meike und Tanja
http://www.gay-parship.ch/erfolgsgeschichten/sie-sucht-sie/chance-genutzt.htm

Literatur

Ben-Ze'ev, Aaron (2011): Love Online. Emotions on the Internet. Cambridge: Cambridge University Press.

Burkart, Günter (2009): Gründungsmythen und andere Mechanismen der Institutionalisierung von Einheit in Paarbeziehungen. In: Sozialer Sinn 10/2, S. 249-264.

Dombrowski, Julia (2011): Die Suche nach der Liebe im Netz. Eine Ethnographie des Online-Dating, Bielefeld: Transkript.

Giddens, Anthony (1992): The Transformation of Intimacy. Sexuality, Love & Eroticism in Modern Societies. Stanford, CA: Stanford University Press.

Goffman, Erving (1994): Interaktion und Geschlecht. Frankfurt am Main/ New York: Campus.

Hahn, Kornelia (2009): Ent-fernte Kommunikation. Zur Soziologie fortgeschrittener Medienkulturen. Konstanz: UVK.

Hillenkamp, Sven (2012): Das Ende der Liebe. Gefühle im Zeitalter unendlicher Freiheit, München: DTV.

Illouz, Eva (2007): Gefühle in Zeiten des Kapitalismus. Frankfurt am Main: Suhrkamp.

Illouz, Eva (2011): Warum Liebe weh tut. Berlin: Suhrkamp.

Jamieson, Lynn (2005): Intimacy. Personal Relationships in Modern Societies. Cambridge u. a.: Polity Press.

Kranzlmüller, Patrick (2007): Die Taktik der Vereinnahmung. Zur Architektur von Dating-Interfaces. In: Ries, Marc/ Fraueneder, Hildegard/ Mairitsch, Karin (Hrsg.): Dating.21. Liebesorganisation und Verabredungskulturen. S. 193-205. Bielefeld: transcript Verlag.

Merkle, Erich R./ Richardson, Rhonda A. (2000): Digital Dating and Virtual Relating: Conceptualizing Computer Mediated Romantic Relationships. In: Family Relations 49/2, S. 187-192.

Miller, Vincent (2011): Understanding Digital Culture. Los Angeles u. a.: Sage.

Regan, Pamela C. (2008): The Mating Game. A Primer on Love, Sex, and Marriage. Los Angeles et al.: Sage, 2. Auflage.

Schmidl, Alexander (2014):»Liebe ist, wenn's matcht« Über die Rationalität des Kennenlernens und den Zauber der Liebe im kulturellen Kontext. In: Takemitsu Morikawa (Hrsg.): Die Welt der Liebe. Liebessemantiken zwischen Globalität und Lokalität. S. 295-311. Bielefeld: transcript Verlag.

Schütz, Alfred (1960): Der sinnhafte Aufbau der sozialen Welt. Eine Einleitung in die verstehende Soziologie. Wien: Springer, 2. Auflage.

The manufacturer's authorised representative in the EU is Springer
Nature Customer Service Centre GmbH, Europaplatz 3, 69115 Heidelberg,
Germany. If you have any concerns regarding our products, please
contact ProductSafety@springernature com

Printed and bound by CPI Group (UK) Ltd, Croydon, CR0 4YY
27/04/2026
02097661-0001